DIO
È TORNATA

VAURO SENESI

DIO
È TORNATA

PIEMME

Pubblicato per

PIEMME

da Mondadori Libri S.p.A.

ISBN 978-88-566-6314-3

I Edizione marzo 2018

Anno 2018-2019-2020 - Edizione 1 2 3 4 5 6 7 8 9 10

1

Ottuso, ritmico, costante. Più che un suono una vibrazione. Si espande e si ritrae a onde concentriche, centrifughe e centripete. Increspature liquide. Liquidità densa, dilatata e compatta. Senza argini. Lo spazio è liquido, infinito. "Io sono liquido. Io sono lo spazio." Mi affaccio con stupore al pensiero. È la nozione stessa del pensare che mi stupisce. "Io sono il tutto." Mi spaventa essere tutto e una parte del tutto nel medesimo tempo. Il tempo è la vibrazione. Alla prima se ne aggiunge un'altra. Le increspature si fondono e si confondono. La seconda sta aumentando di intensità. Si fa via via più forte. È vicina. Vicinissima. "Io ne sono la fonte." La sento dentro. "Dentro, fuori", esterno, interno. Ci sono confini nell'infinito. Mi racchiudono, mi contengono, mi separano. L'io si rattrappisce in una forma. Non la vedo, la percepisco. È mia ma non mi appartiene. "Non ne ho memoria." Si muove. "La muovo." È un movimento goffo, impacciato. Si innesta come un grumo nella fluidità della mia memoria e subito ne diviene un elemento. Libero con sforzo la forma dal suo rattrappimento. Il moto si incanala in direzioni diverse. "Gambe", "braccia", "mani"... Le esplora e le definisce. "Occhi." Buio. Nel buio torno a rannicchiarmi. Sospeso. L'ansia svanisce fluttuando. Il sogno è liquido. Ne emergo. Tossisco come se avessi ingoiato acqua salata. “Dovrei smettere di fumare...” Sollevo il busto dal materasso. Appoggio la schiena alla spalliera del letto. Le lenzuola sono umide del mio sudore. Spesso quando dormo torno nel ventre materno. Non è solo un sogno, è un ricordo preciso. “È lì che sono divenuto carne.” Io che non ho mai avuto inizio ho trovato lì il mio inizio. Scrutando all’indietro nel sonno mi rivedo: forma rattrappita, rannicchiata in posizione fetale. Quella immagine mi angoscia, ma allo stesso tempo mi intenerisce per la sua fragilità. La mia fragilità. A ogni risveglio vengo partorito. La finestra è spalancata. Appena apro le palpebre, la violenta luce bianca mi colpisce gli occhi facendoli lacrimare. Li stropiccio con le dita per alleviare il bruciore. È bella la luce del sole. “In ogni bellezza c’è un dolore. Anche piccolo, ma c’è” mi dico allontanando lo sguardo dalla luce. “Eppure... non c’è alcuna bellezza nel dolore.” Questa riflessione mi rattrista. “Non amo il dolore. Anche se so che è proprio l’assenza di amore che lo genera e lo alimenta.” Allungo la mano verso il comodino. Cerco a tentoni il pacchetto di sigarette. Per cacciare il pensiero del dolore. “Creo ciò che penso e non voglio creare dolore.” Lo scatto dell’accendino. La fiammella che si avvicina al tabacco. La luminosità rossastra della brace accesa. E il fumo. Incorporeo, impalpabile. Spirito, “sostanza simile alla mia sostanza originale”. Lo inalo e lo espiro per confondermi nella sua eternità.

«Respiri profondamente.»

Fatico a decifrare le parole. Più che una voce pare un rimbombo. Mi martella alle tempie come le pulsazioni che ne gonfiano le vene.

«Forza, un bel respiro» insiste il rimbombo.

Vorrei gridare: “Ma che cazzo vuoi? Accidenti a te, lasciami in pace! Non ce la faccio, porca puttana!”. Ma insulti e imprecazioni si frantumano contro il muro dei miei denti serrati. Stretti per il dolore. Mi esce solo un grugnito roco, sconcio. Sono fradicia di sudore. Fradicia come il telo sotto di me. “Come una scrofa inzuppata di melma.” È così che mi sento, e la rabbia si mischia al dolore.

«Maledetti... maledetto!»

L'urlo supera la barriera dei denti. Potente, terribile. Mi atterrisce. È la mia voce che maledice. “Sto maledicendo mio figlio che sta nascendo...” Io figlio. Io padre. Io madre. La potenza della bestemmia mi travolge. Mi scuote come un ramo secco investito da un vento di tempesta. Temo mi spezzi. È una sensazione nuova. Forte quanto la bestemmia. Rigida come gelo. Paralizza nella sua morsa il mio essere. Lo sta annullando. Annullamento, bestemmia nella bestemmia. È paura. La paura mi sveglia.

«Io sono. Tu sei.»

Spalanco gli occhi. Non è una voce altra, quella che mi giunge, ma un'eco. Mi guardo attorno. La sigaretta appoggiata sul bordo del comodino si è fatta cenere. Un velo di fumo ristagna nell'aria ferma. La luce bianca della finestra lo attraversa dandogli il baluginio della polvere cosmica. La stanza è angusta. Chiusa. Il fumo luminoso la dilata espandendosi lento. “Forse è da quella galassia diafana che proviene l'eco...” Le parlo.

«Io sono?» domando.

«Tu sei. Tu eri. Tu sarai» risponde l'eco.

«Chi sono?» insisto. «Chi sono?» ripeto più volte.

I vetri della finestra sono chiusi. “Da dove può essere arrivato l'alito d'aria che ha dissipato il fumo e spento la galassia?” Eppure l'ho sentito bene. Un soffio freddo che mi ha accarezzato. Come l'eco. “Il mio respiro. Il soffio è il mio stesso respiro.” Lo trattengo in me insieme alla domanda che racchiude... “Chi sono?” Mi alzo per andare a cercarmi, magari nel riflesso del vetro. Ma la luce bianca è troppo intensa. Brucia ogni rifrazione. Le volto le spalle. L'intonaco nudo della parete fa da schermo alla mia ombra che vi si proietta. Scura, allungata, netta. Una sagoma con il volto celato nel proprio medesimo buio. Mi osservo e non scorgo occhi, naso, bocca. Solo un abbozzo di identità indefinita, in nuce. "Come un embrione." Nel letto vuoto le lenzuola sono stropicciate. Umide. Intrise del mio sudore. Torno a immergermici strappando l'ombra dalla parete. La raccolgo in me, racchiudendola tra le braccia e le gambe piegate. I gomiti che toccano le ginocchia, la testa incassata, le palpebre chiuse. L'embrione si fa feto. Il respiro amniotico. La paura si diluisce nel liquido. "Chi sono?" La domanda assillante si dissolve nell'esistere allo stato puro. Sonno e veglia si mescolano nella placida immobilità di quell'umore.

«...Maledetto!»

Il grido giunge chiaro alle mie orecchie. Ho consapevolezza di me nel ventre materno. È coscienza e conoscenza. Scorgo nitido il cordone ombelicale, sembra fluttuare lento come un'alga in un mare quieto. Sento il grido. Sento il sentire di mia madre. Lei è il tutto, e io sono parte di lei. C'è dolore, un dolore fisico continuo e lancinante. Ma l'anima del grido è amore. Più intenso e più acuto del dolore. Lo innerva. Lo placa. Mi commuove di una commozione adulta, consapevole. Non c'è bestemmia. Dolore e amore sono fusi nell'atto creativo. Io che l'ho concepito mi scopro a sorprendermi del miracolo della vita nell'attimo stesso in cui la sperimento.

«Ecco, ecco, ci siamo...» Una voce.

«Spinga, spinga adesso...» Una seconda voce.

Il grido di mia madre si tramuta in un ansito. Ritmico, profondo come il suono delle onde che si infrangono sulla riva. La placidità delle acque si rompe. Il liquido vortica. Il fluttuare dell'alga si fa frenetico. Il cordone ombelicale è teso come la gomena di un'ancora che resiste alla corrente.

Mi sento risucchiare in un mulinello. Immagino l'accelerazione del battito cardiaco della creatura inconsapevole che sta per essere scagliata dai marosi in una dimensione nuova e sconosciuta. Lo immagino soltanto, perché le pulsazioni del mio cuore non subiscono alcuna alterazione. I tonfi sordi che si succedono rapidi e disordinati provengono dal cuore di mia madre. Li distinguo nettamente dai miei, eppure proprio come i miei risuonano nel mio petto.

La sua ansia non è la mia paura. Non provo più paura. "Io so." So che sto per essere partorito. Coscienza e conoscenza. Attore e spettatore del parto.

«Ecco, ecco... Ci siamo... Un ultimo sforzo!»

Le voci fuori sono borboglii dentro il flusso di acqua torbida. Un fiotto che mi trascina in una vorticosa rotazione tra le pareti di un condotto angusto, buio. Poi, improvvisa e violenta, la luce. Bianca. Brucia come l'aria rovente che invade i polmoni. Vado verso la finestra, la apro. Mi affaccio. Guardo il cielo notturno. E allora comprendo. "Io sono la luce." Mi ritraggo. Chiudo i vetri. La luce si attenua finché la sua intensità non smette di bruciare il riflesso. Il vetro ora mi specchia. Lentamente metto a fuoco la mia forma, che si delinea tenue e trasparente sulla superficie liscia del cristallo sullo sfondo del cielo notturno.

All'improvviso, la scia lucente di un corpo celeste attraversa la volta buia e si perde dietro un invisibile orizzonte. Una scintilla della sua luminosità rimane per un attimo ancora impressa nei miei occhi. Vedo quelli di mia madre che dal riflesso mi osservano. Segnati dalla fatica del parto. Guardo il viso, i seni, i fianchi larghi. Nelle sue forme riconosco la mia forma. Fatto uomo, mi sono concepito donna. Donna mi sono generato. Luce, riflesso, corpo. Corpo fisico. Un brivido freddo mi percorre sotto pelle. Con il palmo delle mani mi stropiccio le braccia per attenuarlo. Pelle contro pelle. Un contatto spontaneo ma inatteso. La sensibilità dell'epidermide mi meraviglia quanto il pensiero che diviene atto. "Ho freddo." Sensazioni nuove incontrano parole che le definiscono. Possiedo ogni parola da prima che se ne formi il contenuto. Ma questa consapevolezza non mi priva della struggente e splendida emozione dello stupore. Sono colma di stupore. Le dita si muovono frenetiche, ansiose di raggiungere e scoprire ogni luogo del mio corpo, quasi a plasmarlo. A plasmarlo di nuovo. Parole e sensazioni si incrociano in un rutilante flusso emozionale che pare inarrestabile. "Ho freddo." Mi soffermo sulla mia nudità. "Si nasce nudi" bisbiglio, mentre percepisco gli angoli della mia bocca piegarsi in un sorriso. Abbandono sul vetro la mia immagine riflessa. Con lo sguardo cerco nella stanza qualcosa per ripararmi. È spoglia: un comodino con sopra un posacenere con dentro un mozzicone spento di sigaretta. Le ante di legno verniciato di un piccolo armadio a muro. Un letto dalle lenzuola stropicciate. Ma ecco... sul pavimento, proprio ai piedi del letto, spiegazzata come se qualcuno l'avesse scalciata dal giaciglio, c'è una coperta. È ruvida, consunta, di un marrone sbiadito. "Una vecchia coperta..." La raccolgo e me la avvolgo addosso come un manto.

2

«E dov'era quella stanza, ragazza mia?» mi domanda il vecchio prete. Le cataratte gli velano le pupille, eppure il suo sguardo è vivace come quello di un bambino. Vi leggo perplessità, ma anche attenzione. Anche se è incredulo, nei suoi occhi non c'è ombra di diffidenza. Per questo vorrei tanto potergli rispondere. "Quella stanza..." La cerco affannosamente tornando con il pensiero indietro nel tempo.

Ma il tempo è ancora una misura estranea alla mia memoria perenne. Il tempo non mi appartiene. Non mi apparteneva. Era puro pensiero, il suo moto era espansione esponenziale mai scandita da passato, presente e futuro. Adesso il trascorrere si è insinuato in me. Come un siero ha preso a fluire nel reticolo dei miei nervi alterando la mia cognizione dell'esistenza. Scorre e cancella con il suo passaggio il sedimento dell'eternità depositandovi in modo caotico l'accadere e l'accaduto. Come detriti strappati alle profondità oceaniche e abbandonati sul bagnasciuga dalle maree. "Quella stanza" non so collocarla in nessun luogo. È un'immagine sospesa in una dimensione quasi astratta, priva di un quando. E se un quando c'è stato, non è definibile.

«Non lo so. Non so dov'era» rispondo al prete.

La mia risposta è un bisbiglio. La stanza è lontanissima.

Avvolta dalla nebbia del fumo di una sigaretta abbandonata nel portacenere. So che lì sono stato uomo, donna, feto e bambina. Padre, madre e figlia. Quella stanza era la porta sul tempo. Conteneva un tempo di attesa incommensurabile. Avulso da quello in cui mi trovo adesso. Lo so con la mente, ma la mia nuova memoria umana non ne è rimasta impressionata. Distolgo i miei occhi da quelli del prete. Mi guardo attorno. Il grigio sporco di un marciapiede vicino, sotto di me. Ci sono seduta. Rannicchiata. L'ellisse di luce giallastra proiettata da un lampione mi lambisce senza illuminarmi. Su, oltre il lampione, la parete alta di una costruzione, grigia come il marciapiede, si perde nell'oscurità del cielo notturno.

«Hai freddo?» La voce del prete è roca, mite, profuma di sigaro. Ne stringe tra le labbra un mozzicone spento. Mi accorgo che sto tremando. La coperta in cui sono avvolta è troppo lisa per proteggermi dal gelo. Riporto il mio sguardo nel suo. Lui è accovacciato di fronte a me.

«Sì. Ho freddo» gli rispondo.

Lui si alza. Lentamente. Con sforzo. Quasi mi pare di udire lo scricchiolio delle sue vecchie ossa. «Dai, vieni con me.» Mi porge una mano magra solcata da spesse vene blu.

"Eccolo, il tempo." Lo vedo scolpito nelle sue vene. Scorre e scorre. Prima fluido, sciolto, poi sempre più lento. Si addensa, si raggruma fino a fermarsi, ostruito dal suo stesso scorrere. Un brivido. Non di freddo. È l'idea. L'idea della morte. Che si affaccia, assurda come un sospetto. Incredibile come una menzogna.

«Io sono vita, come posso aver concepito la morte?»

«Cos'hai detto?»

Devo essermi posta la domanda ad alta voce senza accorgermene. Non gli rispondo. Allungo la mano e afferro quella che il prete mi sta porgendo. Mi alzo continuando a stringerla nella mia. Lo tocco, ora, il tempo indurito nelle sue vene. Vorrei che il mio tocco lo sciogliesse. Vorrei coprire questo piccolo prete con la coperta che ho addosso per proteggerlo dallo scorrere del tempo.

Lui mi sorride da sotto le falde del cappellaccio nero che gli copre la testa. «Che strano» mi dice. «Hai freddo ma la tua mano è calda.» Poi il suo sorriso si spegne. «Speriamo che tu non abbia la febbre. Ti senti bene?»

Accenno di sì con il capo.

«Dai, andiamo. Andiamo da me.»

Lascio la sua mano e lo seguo. Cammino un passo dietro di lui. Quando entra nel cono di luce del lampione, la sua ombra si fonde con la mia. Il tempo sufficiente perché io riesca a percepire in me l'amore semplice e ostinato che lo anima e a fonderlo con il mio.

«Don Mario, e quest'altra poveretta dove l'ha raccattata?»

Il prete non ha il tempo di girare la chiave nella serratura che la porta si spalanca di botto. Nel vano illuminato dalla luce dell'interno si materializza la sagoma un po' tozza di una donna non più giovane.

«Giuseppina, per favore...» Don Mario accenna un blando tentativo di arginare l'irruenza della donna. Invano.

«Va bene la carità, ma mica ci possiamo tirare in casa ogni squinternato che Dio ha mandato in terra!»

Queste ultime parole mi colpiscono. Trovo buffa l'idea di essere realmente una squinternata mandata in terra da Dio, e mi diverte pensare a quanto la donna, senza saperlo, si sia avvicinata alla verità. "Tu l'hai detto" sto per risponderle. Ma il prete è più veloce di me.

«Adesso basta, Giuseppina. Non vedi che questa creatura sta tremando di freddo?» E con un gesto pacato ma deciso la sposta, rivelando un'energia insospettabile per il suo corpo magro e un po' ricurvo. «Vieni, entra» mi esorta, mentre Giuseppina si fa da parte brontolando tra sé e sé. «Non ci fare caso. È un po' rustica ma è una brava donna.»

Lo sento a malapena. Sono stordita, confusa. Troppe, troppe parole dopo l'infinito silenzio. A tratti mi sembrano grida, a tratti sussurri. Suoni bassi e acuti, che si alternano senza armonia. Un codice complesso che fatico a decifrare.

«Be'? Che fai lì impalata come uno stoccafisso?» Giuseppina mi scuote dall'immobilità in cui inconsapevolmente mi sono rifugiata. «Vieni con me, che ti do qualcosa da metterti addosso. O preferisci startene avvolta in quello straccio di coperta?»

La seguo automaticamente in un'altra stanza. La sua, probabilmente. Un letto singolo con la spalliera di ferro battuto addossata a una delle pareti. Un comodino, un armadio a un'anta e nient'altro, se non un profumo pulito. Lavanda, forse. Dall'armadio tira fuori una veste lunga, di tessuto pesante, e una maglia di lana grossa. Le appoggia sul letto. «Queste dovrebbero andarti.»

Mi soffermo a osservare quegli indumenti. Lei invece, a braccia conserte, osserva me. «Allora? Che aspetti a toglierti quella coperta e a metterli? Mica ti vergognerai di me?»

È quel suo accenno a indurmi a provare vergogna per la mia nudità, quando lascio cadere la coperta sul pavimento. Giuseppina non mi sta solo guardando, mi sta studiando. Quasi cercasse una verità celata sotto la mia pelle. Distoglie lo sguardo solo dopo che, in fretta, mi sono rivestita. La veste mi sta larga, scende dritta sui fianchi come una tunica.

«Certo che sei magra...» sentenzia Giuseppina. «Be', non credere, anch'io alla tua età ero magra» aggiunge con un tono stranamente più venato di amarezza che di nostalgia.

A colpirmi, però, è il suo riferimento all'età. "Qual è la mia età?" Devo trattenere l'impulso di rivolgere a lei questa domanda. Ma dentro di me non trovo risposta. L'eternità non ha età. Eppure la dimensione a me familiare dell'eternità si sta facendo via via più astratta, come un ricordo talmente lontano che non si sa più con sicurezza se sia reale o ci appartenga. Dentro quella lontananza, il mio io presente occupa tutto lo spazio. "Esiste da quando l'ho concepito" mi ripeto. Ma in questa certezza si insinua come una crepa il dubbio. Sto imparando a pensare per immagini e non ne trovo alcuna della mia forma bambina, adolescente. Anche di quella attuale i contorni sono vaghi. Come un riflesso nel vetro di una finestra. Al di là del vetro, memoria fluida in cui si mescolano coscienza totale e conoscenza parziale, in un vortice talmente rapido da sembrare immobile. Perenne. Congelato. Improvvisamente, vivo l'assenza di figure mnemoniche come uno strappo violento. Un'amputazione. Solitudine, smarrimento... Parole affiorano alla mia mente per definire lo stato d'animo che mi pervade. Lo definiscono, certo. Ma non lo leniscono. Qualcosa di liquido scende a bagnarmi le gote. Sgorga dagli occhi. "Lacrime..." Non ho il tempo di terminare la parola che mi sento cingere da un abbraccio stretto. Una mano aperta sulla nuca accompagna il mio viso a adagiarsi nel tepore della spalla di Giuseppina. Le mie lacrime la bagnano. La pressione della mano sulla nuca si trasforma in carezze. «Bambina, povera bambina mia» ripete lei sussurrando come in preghiera. «Non piangere. Non devi piangere...»

Nelle narici un odore strano. Come una tela grezza. È sapone di Marsiglia. Non è sufficiente a coprire la miscela degli altri: fritto, polvere, fumo. Odori di chiuso. Stantii. Mi accorgo che la mia faccia non è più appoggiata sulla spalla di Giuseppina, ma premuta nel tessuto. Me ne discosto giusto un poco per poter guardare. È un grembiale, grigio, consunto, quello al quale sono abbracciata. I fianchi sono più magri di quelli di Giuseppina. Li sento ossuti sotto il grembiale. Anche se le mie braccia non arrivano a cingere del tutto il corpo che sto stringendo. Alzo lo sguardo. La mia statura si è ridotta a quella di una bambina. Vedo il viso della donna dal basso in alto. «Non devi piangere» mi ripete. Si china verso di me. La sua faccia adesso è all'altezza della mia. La sua voce è rauca, pesante. Ha una vena sottile di dolcezza schiacciata da una crosta indurita. Mi intimidisce guardarla negli occhi. Resto a capo chino. Lei con una mano fa una pressione lieve sotto il mio mento e mi induce ad alzare la testa. «Non devi piangere, Giuseppina, hai capito?» mi dice fissandomi seria.

"Giuseppina?" Un lieve capogiro e capisco.

«No, mamma, non piango» le rispondo. Sento la mia voce ed è quella di Giuseppina. Sono io Giuseppina. Sono Giuseppina bambina. «Non piango, mamma» ripeto, sforzandomi di restituirle lo sguardo per affermare la mia determinazione. Per rassicurarla. È allora che lo vedo. Un ematoma scuro macchia il suo zigomo destro. Si allarga sino a gonfiarle la palpebra, che le serra l'occhio in una tumescenza bluastra. Dovrebbe farmi paura il volto di mia madre ridotto a una maschera grottesca. Ma, nella scheggia della memoria di Giuseppina che si è conficcata nella mia, vedo riflessa questa scena decine e decine di volte. Mi rendo conto che è consueta. Inghiotto le mie lacrime. Voglio mostrarmi forte agli occhi della mamma. Però sento cedermi le ginocchia e un sapore acido in gola. Forse è per cacciarlo che grido: «Io non piango!» e mi stringo più forte a lei, tornando a tuffare la faccia nel grembiale. La affondo con forza. Schiacciata dalla pena che provo per lei. Oppressa dalla colpa della mia impotenza, della mia debolezza bambina. Lei si libera dalla mia stretta, o sono io a liberarmi dalla sua...

«Va un po' meglio, adesso?»

Giuseppina ha la stessa voce di quando era piccola. Ora la riconosco perché è stata la mia. Ritrovo nel suo corpo solido e massiccio le ginocchia che mi cedevano. Nel suo viso, l'ombra della somiglianza con sua madre si delinea liquida. La scheggia della sua memoria infantile penetrata nel vuoto della mia duole come una ferita recente.

«Sì, sì, Giuseppina va meglio... scusami. Scusami tanto» le rispondo nascondendo la pena per timore di riaccenderla in lei.

«Bene» ribatte lei e scoppia in una risata grezza, sguaiata. «Comunque tranquilla, se chiederti l'età ti fa questo effetto, non te la domanderò più, signorina!» Mi dà le spalle continuando a ridere. Nel timbro della risata, la raucedine pesante di sua madre si smorza e si trasforma in un invito secco come un ordine. «Forza, andiamo a mangiare, che don Mario starà morendo di fame.»

Il tavolo è apparecchiato alla bell'e meglio. Tre scodelle di legno scuro, senza tovaglia. Tre bicchieri di vetro spesso. Cucchiai e un fiasco di vino. Sì, un fiasco come quelli di un tempo, bombato e con le foglie di paglia attorno. Don Mario è seduto. Nemmeno a tavola si è tolto il cappellaccio nero. Mi fa cenno di accomodarmi con un gesto della mano. Gli obbedisco. Lui mi guarda e sorride dietro il mozzicone di sigaro. Non mi dice niente, non mi domanda niente. Afferra il fiasco e mi versa il vino. «È buono, ti scalderà.»

Ne bevo un sorso. Al palato è denso, quasi vischioso. Ha un sapore che ricorda il ferro. Provo la curiosa sensazione di aver già sentito il medesimo sapore in un'altra dimensione. Riporto il bicchiere alle labbra e ne trangugio ancora. "Chissà che il gusto mi aiuti a ritrovarne il ricordo..."

È don Mario a interrompere la mia riflessione. «Ehi, ehi, vacci piano. Va giù bene ma è bello forte, dà alle gambe» mi ammonisce, ma nel suo tono non c'è rimprovero, piuttosto una nota allegra.

«Ecco qua» annuncia Giuseppina. Ha lasciato i fornelli sui quali era affaccendata e si avvicina alla tavola tenendo per i manici una grossa pentola con due presine di panno per non scottarsi le dita. Dal recipiente esce il vapore della zuppa bollente. Il fumo che sale a spirali le annebbia il volto e pare attenuarne i contorni, addolcendone l'insieme. È il viso di Giuseppina bambina quello che mi sembra di vedere. È questione di un istante. Quando appoggia la pentola al centro del tavolo, il fumo smette di lambirla e si disperde nell'aria. Ed ecco che la sua faccia torna quella di adesso, ma ai miei occhi l'istante si dilata in un tempo più lungo, sufficiente al dipanarsi di una serie di trasformazioni che osservo avvicendarsi sul suo volto. La faccia bambina assume tratti adolescenziali. Due piccole rughe si formano agli angoli della bocca. Rapidamente le rughe si tramutano in solchi, tendendole le labbra in una smorfia amara. Le labbra diventano sottili come margini di una cicatrice. Subito dopo, però, ritrovano spessore: è uno strato addensato di rossetto a darglielo. Eccessivo. Le deforma. Il rossetto si asciuga, si crepa come fango secco e cade, restituendo a Giuseppina il viso che conosco. Solo i solchi agli angoli della bocca restano, reperti della sua storia.

«Giuseppina, per favore, prima gli ospiti.» La voce di don Mario blocca per un attimo la donna nel gesto di riempirgli la ciotola con il mestolo.

«Quante storie» sbuffa Giuseppina versando la zuppa nel mio piatto. Dalla minestra calda sale ancora fumo, ma ora è il mio viso che ne è avvolto. Il calore mi arriva agli occhi provocando qualche lacrima. "Le lacrime che Giuseppina non ha mai versato..."

Mangiamo. La cena si svolge in un silenzio rotto solo dal tintinnio leggero delle posate sui piatti. Vorrei parlare, ma le parole mi affogano in gola insieme alle cucchiaiate di zuppa. Ogni tanto don Mario alza il capo e mi sorride. Giuseppina, invece, pare avere occhi solo per il piatto. È la prima a finire. Si alza, sparecchia e poi, dandoci le spalle, comincia a lavare le poche stoviglie. Don Mario prende il mozzicone di sigaro che aveva poggiato sul bordo del tavolo per mangiare, se lo riporta alla bocca e lo accende, tirando grandi boccate di fumo.

«Fumi, fumi...» brontola Giuseppina senza voltarsi. «Saranno quei maledetti sigari a portarla all'inferno.»

Lui ridacchia. «Bene, sarò in compagnia di un sacco di colleghi. Tu non immagini quanti preti vanno all'inferno» le ribatte emettendo un infernale sbuffo di fumo e strizzandomi l'occhio. Giuseppina borbotta di rimando qualcosa che non arrivo a capire, forse parla tra sé e sé. Termina il suo sfaccendare, si gira verso di noi e, restando in piedi a braccia conserte, si mette a fissarci, quasi fosse in attesa di qualcosa. Il suo sguardo si sposta da me a don Mario e viceversa, a intermittenza.

«Sì, sì, lo so, è ora di andarsene a letto» dice il sacerdote come rispondendo a un'ingiunzione inespressa. Poi si rivolge a me. «E tu, se vuoi, stanotte puoi fermarti a dormire qui.»

Non faccio in tempo a rispondere che Giuseppina interviene con irruenza. «E dove vuole che vada, a quest'ora, povera creatura?»

«Giuseppina...» la riprende don Mario bonariamente. «È lei che deve decidere. Lasciamole la libertà di farlo con serenità.» Fa cenno di alzarsi da tavola e, tornando a rivolgersi a me, aggiunge: «Il posto c'è».

Di nuovo non faccio a tempo a rispondere che Giuseppina mi prende per un braccio e mi solleva un po' bruscamente dalla sedia. «Su, su, vieni, che ti accompagno alla stanza. Il letto è fatto» mi ingiunge in un tono che non ammette repliche, proprio come l'occhiata che lancia a don Mario. Lui scuote la testa sorridendo con aria rassegnata, ma lei mi sta già trascinando via. Nessuna resistenza, la lascio fare.

«Be', allora buonanotte.»

«Buonanotte.» Stavolta riesco almeno a restituire il saluto a don Mario.

«Ecco, tu dormi qui» mi dice perentoriamente Giuseppina dopo avermi condotta lungo un breve corridoio. Con una mano ancora mi tiene il braccio, con l'altra ha aperto la porta di una camera. Sembra quasi una guardia carceraria che stia portando un detenuto nella sua cella. «Quello è il letto, lì c'è una sedia dove puoi appendere la tua roba...» Faccio per entrare ma lei mi trattiene. «Senti...» prosegue allentando la presa e addolcendo un po' la voce «la stanza accanto è la mia. Be', se... non so, se hai bisogno, io sono lì.» Poi, come imbarazzata dalla sua stessa generosità, si affretta a riprendere il tono duro di prima: «Ma chiamami soltanto se è qualcosa di importante, di grave... Non per delle sciocchezze, ché io lavoro tutto il santo giorno e sono stanca. Avrò pure il diritto di riposare in santa pace, no?». Finalmente mi molla il braccio e se ne va senza aggiungere altro, lasciandomi lì sulla soglia della camera.

Entro. Mi chiudo la porta alle spalle e mi guardo attorno. La stanza è piccola. Senza finestre. Le pareti sono intonacate di bianco, spoglie. Fatta eccezione per il piccolo crocifisso appeso sopra la spalliera del letto. La croce è di legno. Il suppliziato a braccia aperte è di plastica ingrigita dalla polvere. Salgo sul materasso basso per arrivare a prenderlo. Non mi attrae, ma per qualche ragione mi incuriosisce. Scendo dal letto con l'oggetto tra le mani. Me lo rigiro tra le dita studiandolo come se dovessi trovarvi la risposta a una domanda dimenticata che non sono in grado di formulare. È leggermente appiccicoso al tatto, forse per lo strato di polvere e umidità che vi si è depositato sopra. L'oggetto è muto. Lo poso sul comodino. Distrattamente alzo gli occhi verso la parete. Sotto il piccolo chiodo al quale era appeso, vedo impressa l'impronta della croce nella patina lasciata sull'intonaco dal tempo. È di un candore quasi luminescente, in confronto al bianco sporco del muro. Improvvisamente, la domanda dimenticata mi sale alle labbra.

«Dio mio, Dio mio, perché mi hai abbandonato?» bisbiglio.

Il sussurro mi rimanda un'eco forte. «Dio mio, Dio mio, perché mi hai abbandonato?»

L'eco ha un timbro maschile straziato, straziante. Eppure nasce dal mio mormorio. Mi spaventa. Senza rendermene conto lancio un grido. E nel mio grido sento lo stesso timbro maschile. Dal corridoio giunge un rumore di passi affrettati. Mi volto verso la porta nel momento stesso in cui questa si spalanca.

«Bambina mia, che succede?» Giuseppina ha gli occhi dilatati dall'apprensione. I capelli grigi, non più raccolti in una crocchia dietro la nuca, scendono in ciocche spettinate a incorniciare il volto. Provo vergogna per aver gridato, per l'eco della domanda. Abbasso il capo.

«Un brutto ricordo?» mi domanda lei avvicinandosi e posandomi le mani sulle spalle. Sento che il suo sguardo sta cercando il mio e mi sforzo di alzare la testa per restituirglielo.

«Non è nulla, non è nulla. È già passato» mi rassicura. Nella sua voce e nelle sue carezze che mi sfiorano le guance vibra un'inaspettata dolcezza. «Ma ancora non ti sei messa a letto?» Ha lanciato un'occhiata verso il giaciglio e ha notato che le coltri sono ancora quasi intatte, appena sgualcite dal mio peso quando c'ero salita su. «Eh no, no, così non va...» mi dice, ritrovando il tono del rimbrotto. «Hai bisogno di dormire. Hai solo bisogno di dormire» sentenzia decisa. «Forza, ti aiuto a togliere i vestiti.»

Mi lascio spogliare come una bambina. «Ecco. E ora subito sotto le coperte.» È lei a rimboccarmele. Spegne la luce e si siede sul materasso vicino a me. «Mi fermo qui qualche minuto per cacciar via i brutti sogni.»

Il ritmo del suo respiro mi culla. Sento che mi si abbassano le palpebre...

Di nuovo. Di nuovo quell'odore di chiuso, di stantio. Apro gli occhi. È buio. Un buio fitto. Denso come l'odore. Nell'oscurità, un rumore metallico. Si ripete finché non si trasforma quasi in fracasso. Qualcuno sta tentando di aprire una porta, poco lontano da dove mi trovo, senza riuscirci. Alla fine, uno schianto secco di legno che cede. L'eco del tonfo si riverbera nel mio petto facendolo sussultare. Per l'ansia ho l'impulso di alzarmi a sedere sul letto. Invece mi rannicchio nascondendo il capo sotto la coperta. Di là, sento passi pesanti ma incerti, come di chi stia barcollando.

«Sei tu?»

La voce rauca e venata di apprensione – la riconosco subito – è quella della madre di Giuseppina. La voce, l'odore. Sono tornata a essere Giuseppina bambina. Mi rannicchio ancora di più sotto le coltri. Vorrei sparire. Vorrei non esserci. Vorrei non essere questa bimba piena di paura. Respiro piano, a piccoli ansiti repressi, fino allo spasimo. "Se non respiro non esisto" mi ripeto nella mente come in un'angosciante filastrocca infantile.

«Sei tu?» ripete la voce. Le risponde un borbottio sordo, minaccioso come un ringhio.

«Sei ubriaco.»

La voce si è avvicinata. Non c'è timbro di rimprovero, solo una nota lunga di desolazione rassegnata. Poi, improvvise, esplodono le grida. La voce di mia madre è sovrastata, sballottata, soffocata dall'altra che vi si abbatte sopra con lo scroscio fragoroso delle onde di un mare in tempesta. Altri rumori si aggiungono, come se i marosi scagliassero violentemente relitti sugli scogli. Colpi e urla, ancora urla. Poi, imprevisto, repentino, torna il silenzio.

"Se non respiro non esisto, se non respiro non esisto..." continuo a ripetere per misurare il tempo del silenzio. Non so quanto tempo vado avanti prima che un cigolio mi interrompa. Sono i cardini della mia porta che si sta aprendo lentamente. Abbasso di poco la coperta dal viso. Vorrei non guardare, invece guardo. Spio la sagoma scura di un uomo che si staglia nel vano aperto contro la luce giallognola di una lampadina da pochi watt. Solo per un momento, perché subito rificco la testa sotto. "Se non respiro non esisto. Se non respiro non esisto..." Stavolta trattengo davvero il fiato. L'apnea mi fa pulsare le vene sulle tempie ma resisto. "Se non respiro non esisto. Se non respiro non esisto..." Finché una mano non afferra il bordo della coperta e con un gesto brusco me la strappa via. Stringo forte le palpebre per non aprire gli occhi. I polmoni stanno per scoppiarmi. Sono costretta a inalare aria. Ne inspiro una boccata mista a un lezzo acido di alcol. Il puzzo e la paura mi provocano un conato di vomito che soffoco ingoiando l'uno e l'altra. L'uomo mi è accanto, vicinissimo. Percepisco la sua presenza incombente con ogni fibra del mio corpo. Il suo respiro è affannato, ansimante. Continuo a tenere gli occhi chiusi. Resto immobile anche quando le sue mani mi toccano. Prima è una carezza, vischiosa come la bava di una lumaca. Mi aspetto uno scatto, un movimento, un riflesso di reazione allo schifo. Invece niente, il mio corpo rimane fermo, stampato sul lenzuolo come una sindone. La lumaca si muove su di me. Finalmente comprendo il perché della mia inerzia. Conosco questo contatto odioso. Si è ripetuto più e più volte. La repulsione è diventata una sensazione familiare. Le mani iniziano a frugarmi. I palpeggiamenti e le strette si fanno via via più frenetici, seguendo il ritmo crescente del suo ansimare. Devo solo restare ferma. Ferma. Lasciare che il ribrezzo mi scivoli addosso come una ventata fetida. Poi finirà. Passerà. Passeranno il disgusto e la paura. Passerà tutto. Tra le cosce sento colare qualcosa di liquido, di viscido, che mi sta imbrattando la pelle...

Spalanco gli occhi e d'impeto mi metto a sedere. Giro il capo guardandomi attorno, attanagliata dall'ansia. Ma non vedo niente. È buio. Però quell'odore, quel lezzo acido di vino cattivo, non lo sento più. Non sento più l'ansimare osceno. Allungo la mano sul comodino. Cerco a tastoni la peretta dell'abatjour per accendere la luce. Urto qualcosa che cade sul pavimento con un piccolo tonfo sordo. Non ci bado. Finalmente trovo l'interruttore. Presa dalla foga lo premo più volte. La lampadina si accende e si spegne a intermittenza come un segnale di allarme impazzito. Lascio andare il pulsante e finalmente la luce rimane fissa. Un chiarore soffuso si diffonde tutto intorno. Ancora stordita, fatico a orientarmi. Non riesco a capire dove mi trovo. Osservo le pareti nude davanti e ai lati. Poi il mio sguardo scende fino al pavimento. Ed è lì, a terra, che lo vedo. Il piccolo crocifisso di legno con appiccicato sopra il suo bravo suppliziato di plastica a braccia spalancate. Ma solo quando alzando gli occhi noto l'impronta bianca sul muro dov'era appeso realizzo di essere a casa di don Mario. Quella che mi è rimasta è la sensazione di umidità tra le gambe. Di riflesso scendo con la mano a esplorarne la fonte. Quando la ritraggo, le dita sono intrise di sangue. Denso, appiccicoso. Mentre sfregando i polpastrelli ne saggio la consistenza, mi pare di vedere le mie dita che si assottigliano e le mani rimpicciolire fino a diventare minute. Mani di bambina. Il sangue è ancora lì che le macchia. Il sangue di Giuseppina. E di colpo il suo stupore, intriso di dolore e di una vergogna oscura e profonda come un pozzo senza fine, mi invade, mi attira giù, nelle sue viscere. Mi aggrappo all'impronta della croce sulla parete con tutta la forza del mio sguardo.

«Dio mio, Dio mio, perché mi hai abbandonata?»

Il mio bisbiglio si perde come un'eco tra le pareti del pozzo. Nel nulla che giunge ad avvolgermi. La memoria infantile di Giuseppina mi ha travolta come una frana. Riemergo a fatica dai detriti. Vi scavo dentro alla ricerca di me stessa. Sono stordita. Forse sono ricaduta nel sonno. Forse ho perso i sensi per un po'. "Per quanto?" mi chiedo allarmata riprendendomi. Mi siedo sul bordo del letto. Dalle mie gambe qualche goccia di sangue cola sul pavimento disegnandovi piccoli cerchi vermigli. Li osservo stranita. Poi, improvvisamente, capisco. "Il sangue! Le mestruazioni!"

Mi alzo di scatto con l'angoscia di aver macchiato le lenzuola. Ed è così. Una chiazza rossa impregna il tessuto sgualcito al centro del letto. D'impulso strappo via il lenzuolo dal materasso. Lo appallottolo tra le mani. In fretta. Come se la macchia potesse scomparire tra gli anfratti della stoffa. Mi chino. Uso il groviglio per strofinare il pavimento e cancellare i cerchi vermigli. Sento bussare alla porta. Due colpetti rapidi appena accennati. Faccio appena in tempo a trovare la voce per mormorare: «Un momento per favore» che la porta si spalanca.

I capelli di nuovo raccolti dietro alla nuca, Giuseppina mi guarda perplessa. Sono china sul pavimento con la matassa aggrovigliata del lenzuolo tra le mani. Il suo sguardo mi coglie dall'alto in basso. Avvampo per la vergogna, neanche fossi stata sorpresa a rubare. «Mi dispiace» farfuglio.

«Cos'è successo?» Giuseppina non attende la mia risposta. Si china su di me e prende il lenzuolo dalle mie mani. Lo svolge e vede la macchia. Vorrei sprofondare nel pavimento. Se riuscissi ad alzare lo sguardo potrei notare l'abbozzo di sorriso che incurva le sue labbra. «Ah, ho capito!» esclama in tono complice. «Tutto qui? Sono cose che capitano, alle ragazze...» La sua voce è sempre più rassicurante.

Mi alzo in piedi, impacciata.

«Be', be', non ti preoccupare, ci penso io. Vado a mettere tutto in lavatrice.» Si avvia verso la porta. Poi si gira verso di me. «Ti cerco qualcosa. Una pezza pulita... Io non ho assorbenti perché è da un pezzo che sono in menopausa» mi dice ridacchiando. «Aspettami qui che risolviamo.» E se ne va, richiudendosi la porta alle spalle con la mano libera.

Resto immobilizzata dalla vergogna. La vergogna di aver sporcato. La vergogna di Giuseppina bambina violata. La vergogna di non capire. Di non capire, dopo che ho vissuto la sua infanzia, come lei possa essere la donna solida che adesso mi rassicura ed è capace addirittura di un sorriso. Il crocifisso è ancora lì per terra dove mi era caduto. Lo guardo. Mi chino a raccoglierlo con rabbia. Con rabbia lo stringo in pugno. Mi fa una rabbia insensata osservare quella figurina di plastica inchiodata. Impotente. Nella mia mente risuona di nuovo il grido: "Perché mi hai abbandonato?", e di nuovo la voce è maschile. Un soffio della mia memoria eterna mi sussurra la parola "padre". "Ma io sono padre, madre, figlio, figlia. Io sono quella figurina di plastica..."

Il soffio è il mio stesso respiro che mi parla. Lancio il crocifisso sul materasso nudo. È a me stessa che ora rivolgo la rabbia. "Padre, perché mi hai abbandonata?" penso digrignando i denti. "Il padre di Giuseppina l'ha violentata da bambina." Nella mia memoria di carne è mio padre. "Mio padre mi ha violentata." All'improvviso, la parola "padre" mi incute ribrezzo. Il mio essere e il mio essere carne si scontrano con una violenza che mi attraversa annichilendomi. È il vuoto. Come quello che rimane nel cielo dopo il bagliore del lampo. Non sento più vergogna, rabbia, dolore. Sono semplicemente smarrita nel vuoto. "Pregare, devo pregare" mi dico avvertendo l'urgenza di questo desiderio. "Ma a quale Dio può rivolgersi Dio?"

Il crocifisso di legno è caduto sul materasso a faccia in giù. La figurina di plastica è nascosta dalle assi alle quali è inchiodata. Invisibile. "Dio è solitudine." È un pensiero duro come un'eresia, e mi colpisce come una sassata alla tempia. Per non cadere mi siedo sul letto. Una pausa, perché il respiro perda l'affanno. Poi prendo il crocifisso e lo volto dalla parte giusta. Come si farebbe con una tartaruga rovesciata sul guscio per farle riprendere il suo lento cammino.

«Ecco, ti ho portato la pezza e anche qualcosa da metterti addosso.»

Giuseppina è di nuovo davanti a me. Tenendolo per le spalle mi mostra un vestito di un rosso acceso, con un collettino bianco. «Lo so, è un po' sgargiante, ma è l'unico che ho trovato frugando. Chissà chi lo ha lasciato qui... In questa canonica è un viavai continuo. Lo hai visto, don Mario raccoglie tutti.»

Guardo il vestito. Indugio a prenderlo. Giuseppina mi fa un ammicco: «Ma tu puoi ancora permetterti un vestito così!». Sorride, e per un secondo i solchi ai due angoli della sua bocca scompaiono. Il suo sorriso inghiotte l'eresia di solitudine che ho concepito. Me ne vergogno, adesso, di fronte alla sua semplicità e alla sua pacatezza. Sono stravolta dall'essere stata lei per i pochi momenti trascorsi nel suo tempo trascorso. Schiacciata sotto la sua croce, che pure non ha schiacciato lei.

«Dai, prendilo» insiste porgendomi il vestito.

Impacciata, lo afferro e lo poso sul letto. Vicino al crocifisso. Il suo sguardo segue il mio gesto. Dal vestito i suoi occhi vanno alla croce di legno adagiata lì accanto. Vi si soffermano e per un brevissimo momento assumono un'espressione perplessa e interrogativa. Poi si alzano a fissare l'impronta chiara lasciata dall'oggetto nel punto della parete a cui era appeso. Mi sorprendo a temere che mi domandi: "Perché l'hai tolto da lì?". Invece lei piega le braccia sui fianchi e borbotta: «Accidenti, sono proprio sporchi questi muri. Avrebbero davvero bisogno di una bella imbiancata. Non sai quante volte gliel'ho detto, a don Mario...». Solo quando si è già voltata per andarsene aggiunge: «Rimettilo al suo posto, per favore» prima di chiudersi la porta alle spalle.

Le obbedisco subito. In piedi sul letto infilo il gancetto fissato sul retro della croce al chiodino nella parete. “Un altro chiodo...” mi sorprendo a pensare. “Alle mani, ai piedi... e questo.” L’idea che, per poterlo innalzare, abbiano dovuto aggiungere un altro chiodo a quelli che già lo trafiggono mi strappa un sorriso. Senza pieghe amare. Semplice. Pacato. Come quello di Giuseppina.

Scendo dal letto e gli lancio un ultimo sguardo. La traccia bianca è scomparsa dal muro, coperta di nuovo dal legno della croce.

3

Il freddo deve aver pulito l'aria rendendola trasparente come non mai. È una giornata tersa. Il sole risplende ma non scalda. Il mio respiro si condensa in piccole nuvole di vapore che si dissolvono rapide come spiritelli. Io però non ho freddo, imbacuccata come sono in un cappotto pesante di parecchie taglie più grandi della mia. Il tessuto spesso e grigio nasconde come una nube densa di pioggia il rosso vivo del vestito. "Il cappotto è sicuramente di Giuseppina" penso. Ho tentato di rifiutarlo, perché lei non restasse senza, ma non c'è stato verso: «Se non te lo metti non esci di qui». Brandendo l'indumento come un'arma, si è piazzata davanti alla porta ostruendomi l'uscita. «Sei pazza? Fuori si gela! Se vuoi andartene, vai. Non posso certo impedirtelo. Ma questo te lo metti e basta. Poche storie.»

Ho dovuto cedere e obbedirle. "Le obbedisco da quando l'ho incontrata" penso adesso che non c'è... "Io che non ho preteso l'obbedienza perché non tollero la disobbedienza" mi ricorda con un bisbiglio lontano la mia antica essenza perenne. È che davvero mi è sempre più lontana quell'essenza, tanto che quasi sfiora l'assenza. E poi il cappotto è caldo. Così caldo che, per contrasto, il soffio dell'orgoglio divino mi pare gelido. Il cappotto mi protegge anche da quel gelo. Mi ci stringo dentro per goderne ancora di più il tepore. In bocca ho ancora il sapore del caffellatte che Giuseppina mi ha offerto per colazione. Nel congedarmi l'ho abbracciata. Ha risposto alla mia stretta irrigidendosi, quasi a respingere il contatto. Al momento ho immaginato che fosse per timore: forse pensava che toccandola volessi rubarle altri scorci di memoria. Ma è impossibile. Lei non può sapere. «Vai, vai. Tanto tornerai presto» mi ha detto sciogliendosi frettolosamente dall'abbraccio. «Tutti tornano, prima o poi.» Chissà cosa intendeva...

Avrei voluto salutare anche don Mario, ma era già uscito. «Dice messa ogni giorno alle sei di mattina. Anche se a quell'ora la chiesa è quasi vuota, a parte qualche barbone che ne approfitta per scaldarsi un po' le ossa e qualche anziana a cui la vecchiaia ha tolto il sonno» mi ha spiegato Giuseppina, aggiungendo poi con tono di rimbrotto: «Crede di essere ancora un giovanotto. Dormirà sì e no tre o quattro ore per notte e poi via, in giro, in cerca di disgraziati da aiutare. Come te...» ha detto fissandomi per un breve momento prima di abbassare gli occhi «...e come me tanto tempo fa».

Sì, avrei voluto salutarlo. Ma dovevo andarmene. Non ho nessuna meta. Solo l'impellente bisogno di camminare. Di percorrere la mia via. Ammesso che io abbia una via da percorrere, perché là dove si stendeva un lago piatto e placido di immota certezza adesso dubbi e timori sconosciuti soffiano a incresparne la superficie e a confonderne i riflessi. Probabilmente è per questo che, nonostante l'urgenza dell'impulso, sono ferma da parecchi minuti su questo marciapiede, a pochi passi dalla canonica, e non riesco a decidere che direzione prendere. O forse sono le parole di Giuseppina: «*Come te... e come me*». Nella loro eco, "te" e "me" si confondono e si uniscono in due suoni che si succedono cadenzati come i rintocchi di una campana. "Se almeno quella maledetta campana smettesse di suonare" penso imprecando tra me e me. "Ho sempre odiato il suono delle campane... sono come passi. *Din*, un passo... *Don*, un altro passo. Passi che si avvicinano ostili..."

Come un rigurgito acido, l'ansia e il malessere mi salgono in gola dalla bocca dello stomaco. Sputo per terra. Il grumo di saliva colpisce un ciuffo di erba vizza, cola giù sfilacciandosi come brina malata e si aggruma in una piccola pozza opaca sul terriccio. *Din*, *don*... I passi continuano a battere implacabili. *Din*, *don*... Stanno per raggiungermi. *Din*, *don*... Voglio fuggire prima che sia troppo tardi. Ossa, muscoli e nervi sono molli come il grumo di sputo nell'erba. Non rispondono al mio richiamo disperato. Non un fremito li attraversa. Sono carne morta. *Din*, *don*... I passi mi hanno raggiunta. *Din*, *don*... Rimbombano dentro di me. *Din*, *don*, *din*, *don*... Mi si appiccicano addosso vischiosi. "Sono carne morta. I morti non hanno respiro. I morti non esistono più." Mi aggrappo freneticamente a questo pensiero. *Din*, *don*... Se non respiro non esisto. *Din*, *don*... "Se non respiro non esisto, se non respiro non esisto..." mi ripeto con foga perché i passi si allontanino da me. "Se non respiro non esisto..."

All'improvviso riconosco la voce che cantilena ossessivamente quella specie di filastrocca. È la voce di Giuseppina bambina. La mia voce nel ricordo di lei vissuto da me. E in un ultimo sprazzo di identità riflessa faccio in tempo a capire che sono di nuovo lei. Trattengo il respiro e mi lascio sommergere dalla sua essenza.

I polmoni mi bruciano, paiono sul punto di esplodermi dentro. "Se non respiro non esisto... Devo resistere..." Già mi sembra che i passi rintocchino più lontano. Serro forte le mascelle, perché non esca da me il minimo alito, la minima spia del mio esserci. Una fitta alla gengiva. Nello sforzo un dente l'ha trafitta. "Un dente... Ne ho pochi, e quelli che mi restano masticano solo me stessa." Il sapore rugginoso del sangue mi invade la bocca. Altro sangue. Compresso nelle vene, preme rabbioso sulle mie tempie. "Non ce la faccio, non riesco a resistere..." Erutto dalle labbra contratte aria mista a bava e sangue. Aspiro ossigeno a sorsi brevi e concitati. "I passi... Non li sento più."

Dopo la tensione, sfinimento e illusione di calma. Le palpebre mi calano sugli occhi lente come il filo di saliva che dal labbro inferiore scende giù a bagnarmi il mento. Non ho nemmeno la forza di alzare un braccio per asciugarlo con il polso. Il sonno. "È il sonno che mi distacca da Giuseppina." Nel sonno ritorno alla mia dimensione perenne di pura entità. Fuori dal tempo posso concepire ogni tempo. Mi stordisce la placidità del lago immoto che pure è la mia eterna essenza. Quasi fatico a immergermici di nuovo. Come se quel luogo senza argini né confini mi stesse stretto, mi opprimesse, e la sua infinita vastità fosse uno spazio angusto, una cella chiusa. Sbarre alla finestra. Provo una strana nostalgia, un'urgenza. Vorrei affacciarmi a quella finestra e guardare. Oltre le sbarre. Per raggiungere di nuovo, con lo sguardo, il punto che ho appena lasciato. E allora immagino. Immagino che la finestra non abbia più sbarre. Che non sia più un pertugio troppo in alto sulla parete grigia della cella, ma che si apra e si dilati fino a far scomparire il muro. Immagino, e tutto ciò che immagino avviene. Perché ciò che immagino comincia a esistere nel momento stesso in cui ne concepisco il pensiero. Così è e così sarà sempre. Eppure, adesso la cosa mi sorprende. Mi stupisco che la mia volontà di vedere divenga vista.

Il filo di saliva continua a colarle giù dal labbro. Si è allungato fino a bagnare un lembo della camicetta sporca. Alzo lo sguardo dalla piccola macchia umida sul tessuto a cercare il suo volto. La mascella abbandonata e la bocca semiaperta scavano fosse profonde sotto i suoi zigomi sporgenti. Gli occhi affondano nell'ombra delle orbite infossate. Le palpebre sono chiuse. "Sta ancora dormendo. Sto ancora dormendo." Sulla fronte, alcune ciocche di capelli scuri appiccicati dal sudore che paiono dipinte. Pennellate intrise di umori dal colore spento. "Non è Giuseppina bambina. Non è nemmeno la solida Giuseppina che mi ha dato il suo cappotto per proteggermi dal freddo." Stento a darle un'età. È giovane, ma sulla pelle porta impressi tutti i segni della vecchiaia. Mi commuove e mi respinge. Distolgo di scatto lo sguardo dal suo viso. Vedo la sua figura intera. Il capo reclinato in avanti sul petto. Le gambe distese, scomposte, le braccia aperte, adagiate inerti sulle assi della panchina su cui è buttata. "Se al posto del legno delle assi ci fosse marmo bianco, parrebbe il Cristo della *Pietà* di Michelangelo, abbandonato tra le braccia della madre" mi sorprendo a pensare. "Invece no. Il suo pallore grigiastro, polveroso, mi rammenta di più il Cristo del piccolo crocifisso di plastica..."

Plastica. Un piccolo cilindro di plastica semitrasparente. Una siringa macchiata di sangue. La noto per caso tra i ciuffi d'erba ingiallita, per terra, non lontano dalla panchina. In quel momento, sul vialetto di ghiaia appare un'ombra. La figura di qualcuno che sta camminando. La sua andatura accelera quando passa davanti alla panchina e poi, come un'ombra, svanisce. Altre ombre si succedono a tratti. Tutte accelerano. Tutte svaniscono. Eccone un'altra. Si sta avvicinando. Stavolta, però, non accelera l'andatura. Anzi, si ferma. Si volta. Guarda verso Giuseppina. La sua immobilità mi permette di darle forma e contorni: è un uomo magro, di mezza età, vestito di scuro. Si passa una mano tra i capelli neri mentre continua a fissare la ragazza. Sembra esitare. Di nuovo la sua mano si alza per ficcare le dita nei capelli. Ma il gesto si interrompe e, come se qualcuno da dietro gli avesse dato una spinta improvvisa, l'uomo si avvia deciso verso la panchina. Vi si accovaccia davanti piegandosi sui polpacci per poter scrutare il viso reclinato di Giuseppina. Io scruto il suo. Il naso un po' curvo, affilato. Gli occhi scuri come i capelli e il velo di barba che ha sulle guance. La bocca serrata in un'espressione perplessa e attenta. Le labbra cominciano a muoversi e la bocca si dischiude a pronunciare parole che mi paiono mute.

«Ragazza...» Ne percepisco appena il labile suono. «Ragazza» ripete. Adesso mi sembra di udire un po' più distintamente la sua voce. «Tu hai bisogno di aiuto!»

Non è una domanda. È un'affermazione, anche se il tono è pacato. "Quel tono... Quel tono arrochito dal fumo io lo conosco" penso. "Ma certo!" realizzo improvvisamente. "È la voce di don Mario!"

«Ragazza!» La sua voce mi sta chiamando. Mi richiama a Giuseppina. Sento le mie pupille muoversi nel buio sotto la coltre pesante delle palpebre abbassate. È come se fossero saldate l'una all'altra, tale è lo sforzo che faccio per riuscire a dischiuderle. Alla fine, una striscia sottile di luce appannata si fa strada tra le ciglia impastate.

«Ragazza, mi senti?»

Chinando un poco il capo in avanti lo vedo. Il suo viso in ombra sotto le falde di un cappello nero è vicino. Terribilmente vicino. Mi fissa con occhi neri quanto il cappello. Perché mi fissa così? Cosa cazzo ha da guardare?

«Ehi, svegliati, per favore.»

Parla, parla e continua a parlare. La sua mano mi si avvicina come la testa di un serpente con le fauci spalancate. Si allunga per toccarmi.

Un brivido di repulsione mi scuote. Non voglio che il serpente mi morda. Scatto indietro con il busto, appiattendo la schiena sulle assi di legno della panchina, e grido. Grido con il poco fiato che ho in gola. Con rabbia, per spaventare il serpente: «Vattene! Che cazzo vuoi da me? Vattene via, bastardo! Lasciami in pace!».

Funziona. Il serpente si ritrae. Ma i suoi occhi... i suoi occhi neri continuano a fissarmi dalla tana del cappello. «Hai bisogno di aiuto, ascoltami» sibila. Se ne sta lì davanti a me, accovacciato, e sembra pronto a scattare per ghermirmi. Allora grido ancora più forte: «Non ho bisogno di niente, io! Levati di torno, maledetto!».

Ma pare che le mie urla non lo raggiungano. Non accenna il minimo movimento. Devo alzarmi e fuggire da qui. Subito. Faccio per balzare in piedi, ed è in quel preciso istante che il dolore mi azzanna a tradimento. Sento il suo morso alle viscere. Improvviso, lancinante. Una fitta che mi toglie il respiro. Mi accascio sulla panchina. Un altro morso, e un altro ancora. Strappi sempre più violenti. "Il serpente... Ce l'ho dentro e mi sta divorando le budella..." Mi dimeno come una forsennata per liberarmene. Il suo veleno mi sta impregnando i muscoli. Ogni movimento è un dolore insopportabile. Mi sento irrigidire. Il veleno mi paralizza. Non riesco nemmeno a gridare: è solo un lamento rauco e cavernoso, quello che sale dalle mie labbra contratte. Una bava vischiosa mi bagna il mento. Torride vampate e brividi ghiacciati mi attraversano. Braccia e gambe mi si agitano spasticamente in preda alle convulsioni. E il serpente continua a mordere. Mi divora da dentro avvinghiandosi ai miei nervi e stritolandoli tra le sue spire. La gola. Mi si sta avvolgendo intorno alla gola. Mi manca l'aria. Non respiro più. Un velo nero cala a oscurarmi la vista...

Vedo Giuseppina scossa da tremiti. La vedo laggiù, riversa sulla panchina, e vedo don Mario andarle vicino per tergerle con un fazzoletto il sudore dalla fronte e la bava dagli angoli della bocca. Poi alza verso il cielo uno sguardo denso di tristezza e di rabbia. Pare che guardi me. Che mi fissi con l'ostilità di una bestemmia non pronunciata. Provo lo sconosciuto impulso di ritrarmi. Di serrarmi nel mio stesso nucleo cosmico come una stella morta. Ma la percezione fisica della sofferenza di Giuseppina è ancora troppo viva in me, troppo violenta perché me ne possa allontanare. E allora a me che conosco ogni risposta sorge una domanda. O forse è solo l'eco di quella inespressa di don Mario. "Come puoi permettere questo? Come posso permettere questo?" mi chiedo bestemmiando me stessa. "Amore" mi sento rispondere. Ma no. Non mi basta. "Se so concepire soltanto amore, il dolore forse nasce e cresce generandosi da solo nell'ombra della mia incapacità di supporlo? Ne sono quindi responsabile? E se no, se mi è estraneo, perché mai la sua esperienza diretta può stravolgermi sino ad annichilirmi?"

Da ogni domanda che mi pongo ne scaturisce un'altra. Uno sciame di interrogativi che mi stordisce con il suo ronzio sempre più fitto. "Amore", "amore", continuo a rispondermi, ma è come la nenia di una preghiera biascicata da una vecchia per ottusa consuetudine. E il dubbio. Il dubbio soffia ancora più forte a corrugare le acque piatte della certezza. Non c'è pace nel dubbio. C'è ansia, c'è angoscia, c'è dolore. "È l'umano che si fa divino e non viceversa" mi dico continuando affannosamente a cercare risposte. "Forse... forse ne posso trovare negli occhi di quel prete..."

Ed è lì che allora rivolgo la mia ricerca. Cerco il suo sguardo, ma non lo intercetto. Non mi sta più guardando. Ha abbassato il capo e i suoi occhi sono nascosti sotto le falde del cappello nero. Sta tentando di sollevare Giuseppina dalla panchina. "Lei è magrissima, ma lui ancora di più: come può pensare di farcela?" mi domando istintivamente. Don Mario le solleva un braccio e chinandosi se lo mette sulle spalle. Le cinge la vita. Ed ecco che... "ma sì, ci sta riuscendo!". Piano piano la solleva tirandola a sé. Ora sono in piedi, e lei gli sta addosso come un peso morto. "Dove ha trovato la forza per tirarla su?" un'altra domanda. "Forse sono io. Sono io che gliel'ho infusa..." Un po' mi vergogno della risposta che mi do, un po' mi piace credere sia vera, e ho come l'impressione che mi stia spuntando un sorriso.

Quasi potesse veramente cogliere l'alito di quel mio sorriso appena abbozzato, mentre a passi brevi trascina via Giuseppina il piccolo prete alza di nuovo il capo. Ancora pare fissarmi per un breve momento. Ma faccio in tempo a leggere nei suoi occhi la pietà. Una semplice, infinita pietà che non si pone quesiti e non cerca risposte. Un'improvvisa folata di vento per poco non gli strappa via il cappello dalla testa. Sul mio lago, invece, il vento del dubbio si è placato. L'acqua è tornata immobile, ma luccica di nuovi riflessi.

Din, don... Due rintocchi di campana. Gli ultimi. Ora non mi danno più alcun fastidio. Solo, mi stordisce l'idea del breve tempo che può essere trascorso tra il primo rintocco e questi ultimi. A me è parso lunghissimo. "Un altro tempo," mi dico "ho vissuto il tempo della memoria"... E alla mente, tenera, torna l'immagine di don Mario con i capelli ancora neri. Insieme a quella tragica di una Giuseppina disfatta dalla droga. Accarezzo i fianchi del pesante cappotto che mi ha dato come se accarezzassi lei. Provo forte la voglia di tornare sui miei passi, rientrare in canonica e abbracciarla. E poi chiederle: «Perché? Perché procurarsi tanta sofferenza?»...

«Perché tu non ci hai donato il piacere.»

Ma a rispondermi non è la voce di Giuseppina. È una voce rabbiosa, accusatoria. Sembra vicina. Alle mie spalle. Mi volto di scatto per individuarne la fonte, ma il marciapiede è deserto. Solo in lontananza, all'angolo di un palazzo dalle finestre ancora chiuse e buie, scorgo la figura un po' curva di un vecchio che cammina lento. Le rare automobili che mi sfrecciano accanto lasciano nell'aria una scia di metallica indifferenza. "Che sia stata io stessa a parlare?" mi chiedo. Ma no. Sono certa che quella non era la mia voce.

Nessuna delle mie voci interiori può essermi al tempo stesso così vicina e così distante. Zittisco anche il mio pensiero, oltre al respiro. Cerco di coglierla di nuovo. Ma sento solo silenzio e l'eco di quell'accusa.

"L'essere è piacere e io ho concepito l'essere!" si ribella il residuo divino che mi porto dentro, offeso da un'accusa tanto ingenerosa. Ma i suoi argomenti mi lasciano indifferente come le scie delle auto che continuano a transitare, ora un po' più fitte, lungo la striscia di asfalto. Sono altre le parole che mi affiorano alle labbra. E sono tutte interrogative: «Perché l'essere non è sufficiente a se stesso? E il piacere? Cos'è il piacere, allora?».

Una risata cattiva mi colpisce come uno schiaffo in piena faccia. Mi porto di riflesso una mano alla guancia per attenuare il bruciore.

Distratta dai miei pensieri, non l'ho vista sopraggiungere, e adesso ce l'ho proprio qui davanti a me: è una donna di mezza età. Il viso avvolto in una pezzuola colorata e semiaffondato nel bavero di pelliccia sintetica del soprabito beige. Ma non tanto nascosto da impedirmi di scrutarlo in cerca di tracce del riso. È pallida. Soltanto le gote sono leggermente arrossate dal freddo. Anche il suo sguardo è pallido, distratto, come se da tempo si fosse spento in lei ogni barlume di curiosità. Il mio le scivola addosso come acqua su un telo cerato. E la bocca... "La bocca è come quella di un pesce..." Anche sulle sue labbra ogni sorriso sembra essersi spento da tempo.

"No. Non può essere stata lei a ridere, nemmeno in quel modo cattivo. Chi non ha sorriso non ha riso" mi dico mentre la donna mi oltrepassa senza nemmeno vedermi. La seguo per un breve tratto con gli occhi mentre si allontana lungo il marciapiede. Nella mano sinistra stringe un guinzaglio sottile di cuoio rosso, agganciato al collare di un piccolissimo cane che le zampetta accanto goffamente, imbacuccato com'è in un soprabitino beige con il collo di pelliccia sintetica identico a quello di lei. Il cagnetto è buffo e mi strappa una risatina che per un attimo cancella l'eco di quella cattiva. Che però torna subito a farsi sentire. Provocatoria, forzata.

Il traffico sulla strada ora si è fatto intenso. Le auto viaggiano lentamente, a pochi centimetri l'una dall'altra, contendendosi lo spazio. Osservo ogni faccia al di là del vetro dei finestrini. Non ce n'è una che sembri ridere.

«Il piacere? Il piacere è uscire, fuggire dall'essere in cui tu ci hai imprigionati. Ecco cos'è...» La risata si fa voce e poi di nuovo risata.

Di nuovo si offende il mio residuo divino. Fatico a tacitarlo. E grido all'aria: «Dove sei?».

«Dove sei tu!» mi risponde l'aria con tono beffardo.

Il residuo divino prende il sopravvento e risponde al mio posto, vibrante di orgoglio: «Io sono in ogni luogo!».

«Io invece in nessuno» sento ribattere. Il tono è ancora sarcastico, ma tradisce una vena sottile di amarezza, rossa come il guinzaglio del buffo cagnetto. «Forse è per questo che non riesci a trovarmi.»

«Sei tu a dovermi cercare» tuona il divino che è in me. Io, disobbedendogli, inizio a muovermi, a camminare, a cercare. A cercare l'origine della voce misteriosa.

«Io non ti voglio, non ho bisogno di te...»

«Io sono la vita» ribadisce scandalizzato il mio elemento divino.

«La vita è merda» bestemmia la voce.

La voce e il divino continuano a sovrapporsi. Io invece, lentamente, continuo a cercare. Già non distinguo più le loro parole. Sono un brontolio sordo come il rimbombo di un temporale in arrivo. Si confondono con i rumori del traffico sulla strada che mi sto lasciando alle spalle.

Mi addentro tra le siepi di un parco. Deve essere un piccolo giardinetto urbano. Di quelli periferici, con gli alberi malati e l'erba rada sul terreno costellato di cartacce, bottiglie vuote e altri rifiuti. Su uno spiazzo ghiaioso scorgo i relitti arrugginiti di un piccolo scivolo e di un'altalena. Poco più in là, un altro relitto. Più grande e ancora più arrugginito. Un tempo doveva essere un chiosco per le bibite e i gelati. Il tetto di ferro a pagoda, inclinato verso il basso, è quasi per metà sprofondato tra le pareti contorte della struttura. Al posto della porta, un buco che dà sul buio dell'interno.

È lì che mi sto dirigendo. Accelero l'andatura, quasi mi stessi recando a un appuntamento al quale non posso arrivare in ritardo. La ghiaia smossa dai miei passi fa un rumore liquido, come uno sciabordio d'acqua. Varco il buco. I miei occhi faticano ad abituarsi all'oscurità. Non riesco a vedere nulla. Avanzo di poco, a tentoni. L'aria chiusa è satura di odori: urina stantia, marciume. La nausea mi assale. A stento trattengo un conato di vomito. D'impulso arretro verso l'uscita. Sto per fuggire da questo posto schifoso quando la sento. Sento ancora, vicinissima, la risata cattiva. Mi blocco di scatto. Guardo dal buio nel buio, verso un punto ancora più oscuro, perché è da lì che proviene. Ma niente. Non riesco a penetrare l'ombra con lo sguardo. La risata si spegne in una sorta di singhiozzo strozzato e subito si accende la voce. «Allora sei riuscita a trovarmi, eh?»

«Non ti vedo» ribatto.

«Lo so, lo so. Quando mai mi hai visto? Sono troppo in basso per te» mi risponde sprezzante. Capisco che sta di nuovo sfidando il residuo del divino che è in me. Ma stavolta sono determinata a impedire che sia quel residuo a parlare al mio posto. Faccio qualche passo in avanti, decisa, verso l'angolo oscuro, nella speranza di poter cogliere una forma. E ci riesco. Intravedo qualcosa. Pare un mucchio amorfo di stracci buttato lì. Ma vi riconosco una persona semidistesa.

«Alzati. Usciamo da qui» l'invito.

«No. Non ci provare» mi risponde sgarbato il mucchio di stracci.

«Ma qui c'è un odore tremendo» insisto.

«No, non c'è nessun odore. Non c'è niente, qui. Non c'è nemmeno un qui.»

«Hai bisogno di aiuto? Vuoi che ti dia una mano ad alzarti?» tento di blandirlo.

«Non mi serve aiuto. Non voglio alzarmi. Non mi alzerò mai più.»

Non riesco a capire se sia un folle, se si stia prendendo gioco di me.

Il mucchio di stracci sembra intercettare i miei dubbi. «Sei tu che hai bisogno di me» dice «ed è per questo che mi hai cercato.»

«Che vuoi dire?»

«Tu hai concepito l'essere senza essere tu stessa. La vita senza viverla tu stessa. Il tempo senza subirlo tu stessa. Tu non ne conosci il dolore né la noia. Non sai cos'è il piacere. Perché il piacere è l'annullamento totale di tutto ciò che hai concepito.»

A ferirmi è più l'asprezza del tono che il contenuto delle parole. Decido di sfidarlo: «Mostrati. Fatti vedere».

Se in questo loculo di ferro arrugginito ci fosse il respiro di un'eco, sarebbe solo quello a rispondermi. Invece, la mia sfida affonda nel silenzio. "Forse davvero non c'è nessuno e quella forma là nell'angolo è veramente soltanto un mucchio di stracci abbandonati" mi dico, nel protrarsi del silenzio. Muovo un passo. Poi un altro. Devo avvicinarmi di più alla figura. E più mi avvicino, più l'odore che appesta l'aria si intensifica. Come una barriera che ispessendosi si erge tra me e l'angolo oscuro. La supero e finalmente vedo. Ha la nuca appoggiata contro la parete. Gli stracci sono due vecchie coperte raggrumate sul corpo supino. Ma quello che più emerge dalla penombra è il biancore dei suoi occhi spalancati. Non hanno più pupille. Sono rovesciati all'indietro nelle orbite scavate. Il mento appoggiato sul petto in una posa innaturale. Le labbra tese sulla bocca socchiusa. Tirate come in una risata immobile. Mi fermo a osservarlo e la risata risuona nuovamente, cogliendomi alla sprovvista. Passata la sorpresa, osservo meglio la figura distesa. È completamente inerme. Il riso non scuote minimamente il suo torso. La bocca è congelata nella smorfia di prima, così come gli occhi bianchi, privi di sguardo. Allora capisco. Ma senza alcuno stupore. Come se già lo sapessi. Come se lo avessi saputo prima ancora di addentrarmi in quel chiosco. Le due parole che mi affiorano alle labbra suonano naturali, senza enfasi, come il saluto abituale rivolto al vicino di casa che ogni mattina si incrocia sul pianerottolo. «Sei morto» dico al ragazzo disteso nell'angolo oscuro.

La sua risata si dissolve. Adesso è lui a sembrare stupito dalle mie parole. Esita a rispondermi, quasi fosse stato colto da un improvviso smarrimento. Il suo silenzio mi commuove. Provo una profonda pietà. Una pena che aumenta quando finalmente lui mi risponde, con un tono che non ha più nulla di provocatorio ma suona piuttosto come un sussurro malinconico: «Sono sempre stato morto».

È in questo preciso momento che decido d'impulso di richiamare a me l'elemento divino sopito. Allargo le braccia. Le mani rivolte in alto con i palmi aperti in un gesto di preghiera. Ed ecco che il fetore che impregnava l'aria svanisce. Sento la mia voce scandire le parole: «Io posso ridarti la vita».

Per una frazione di secondo, le pupille riappaiono negli occhi del ragazzo e si fissano su di me. Attendo con ansia che questo breve lasso di tempo si prolunghi. Invece, con uno spasmo repentino, i suoi occhi tornano a rigirarsi su se stessi. I globi di nuovo bianchi. Il grido è improvviso e assordante, disperato. Un urlo animale che mi investe scuotendomi come una violenta raffica di vento. Il fetore torna ancora più forte a saturare l'ambiente. «Nooo!» grida il ragazzo. «Tu non puoi nulla!»

La sua figura pare rattrappirsi, cercare di rintanarsi sotto le coperte sporche che ne coprono i resti. È terrorizzato. Arrabbiato.

«Tu non dai vita, dai dolore! Io mi sono dato la vita annullandola in un orgasmo infinito, e tu non me lo strapperai!»

Il divino si ritrae offeso. Arretra in me e si tramuta in un vuoto.

«Vattene! Vattene da qui!»

Adesso sono totalmente vulnerabile a quelle grida rabbiose. Rimbombano nel vuoto del divino fino a stordirmi. La vulnerabilità si trasforma in vergogna, la vergogna in paura.

«Vattene!»

Le grida sono una forza che mi spinge fuori. Che mi espelle come un corpo estraneo. Calpesto qualcosa che si rompe con un rumore secco sotto il mio piede. Abbasso lo sguardo. A terra giace spezzata una piccola siringa. Uguale a quella che avevo visto nell'erba vicino alla panchina di Giuseppina. Ce ne sono altre sparpagliate qua e là, quasi crescessero spontaneamente germinando dal sudiciume del suolo.

«Vattene!»

Le grida mi spingono via sempre più violentemente. Mi volto e corro verso l'uscita. Fuggo. Fuori, l'aria è pulita. Ma non riesco a interrompere la mia fuga. Corro e corro ancora. Poi mi fermo, con il respiro ansimante. Pensavo di essere scappata lontano. Invece scorgo ancora la sagoma sbilenca della struttura a non più di cento metri. Come se mi avesse inseguita. Riprendo fiato e lentamente rientro in me. Solo quelle parole gridate mi hanno inseguita. «*Tu non dai vita, dai dolore...*» Mi opprimono, mi pesano sul petto come un'ingiustizia subita. Un'assurda accusa. Vorrei scagionarmi. Liberarmene. "La vita non è dolore" mi ripeto. Me lo ripeto come se io per prima volessi convincermene. E forse è proprio così. "No, la vita è anche dolore... Ma io non ho creato il dolore" controbatto. "Eppure sono viva per provarlo. Il dolore si annida nella carne, nei nervi. Da quando ho carne e nervi lo sperimento. Nella mia e in quella degli altri. E ne fuggo" concludo amaramente volgendo di nuovo per un momento lo sguardo al chiosco, sepolcro dal quale un Lazzaro ostinato e spaventato si rifiuta di uscire.

«*Io mi sono dato la vita annullandola in un orgasmo infinito*» mi grida ancora nella memoria il Lazzaro dal suo angolo buio. "Ma quale piacere può dare il nulla?" Mi rendo conto che io, che sono il tutto, non riesco nemmeno a definire il nulla. Non ne possiedo né l'esperienza né il concetto. Il nulla è la mia antitesi, la mia negazione assoluta. "Ed è per questo che lo temi" mi sussurra all'orecchio la voce del Lazzaro. "Perché il piacere è la tua assenza. L'orgasmo è la piena mancanza dell'essere e solo la morte può renderlo eterno. L'orgasmo è l'antidoto a Dio" conclude blasfemo.

Ma sono io che sto bestemmiando. Perché sono io che, immaginandola, do suono alla sua voce.

4

Non so per quanto tempo ho vagato per questo misero parco, lungo vialetti ghiaiosi e stradine sterrate, tra aiuole incolte. Mi è sembrato di passare e ripassare innumerevoli volte per gli stessi luoghi. Ma devono essere trascorse ore, perché inizio ad avvertire i crampi allo stomaco. Anzi, "crepo di fame" mi dico ascoltando i segnali del mio corpo. Tendo ancora a trascurarlo, a dimenticarmi di averne uno. Mi rimprovero, perché finché continuerò a considerarmi solo pensiero non sarò autenticamente un essere umano. Quasi provo soddisfazione nel percepire che la mia fame sta aumentando. Ma non sarà questa sorta di compiacimento a poterla saziare. "Devo cercare del cibo" mi impongo. Ma dove? Di certo devo uscire da questo parco se voglio trovare qualcosa. Inoltre mi accorgo che già la luminosità del giorno si sta affievolendo.

Nell'ombra della sera, il flash azzurrognolo del lampeggiante risplende come un faro. Per un istante mi illumina, e poi scompare per riapparire ancora. Mi volto incuriosita verso la fonte di quella luce artificiale. Non è solo una. Ci sono un'ambulanza e una macchina della polizia. Entrambe hanno il lampeggiante acceso sul tetto. I raggi blu fendono l'aria. I fari anteriori, invece, sono puntati tutti su un unico punto. Lo riconosco anche a questa distanza. È il chiosco. Il sepolcro di Lazzaro. Riesco anche a scorgere delle figure, quattro o cinque, che vi si affaccendano intorno. Alcune si muovono lentamente, altre in modo più concitato. Ecco che, al suo passaggio, il raggio blu tocca e dà vita ad altre sagome delle quali non mi ero accorta, colorandole per un attimo di luce azzurra per ricacciarle subito dopo nell'oscurità che nel frattempo è calata. Stanno tutte a una certa distanza dal chiosco, come me, solitarie o a piccoli gruppi, attratte come falene dalle luci. Falene diffidenti, prudenti, che non si avvicineranno abbastanza per bruciarsi le ali. Io invece azzardo qualche passo in avanti per vedere meglio, vincendo la riluttanza del ricordo di quel luogo triste. Mi fermo nel momento in cui due delle figure scompaiono nel chiosco. Trattengo il fiato, come se temessi di respirare di nuovo l'aria fetida che vi stagna dentro. Lo trattengo fino a che le due figure non ne riemergono, una dietro l'altra. Reggono una barella coperta da un telo scuro sotto cui intuisco un corpo gracile. Il telo scuro è il sudario di Lazzaro. «Così hai infine abbandonato il tuo sepolcro» gli sussurro. Senza alcun senso di rivalsa, ma con infinita mestizia. Non mi aspetto che mi risponda, perché già non riesco più a immaginare la sua voce. L'unico suono che mi giunge è lo schiocco metallico dei portelloni dell'ambulanza. Poi il rumore dei motori accesi. Luci e lampeggianti si allontanano lentamente fino a sparire.

Mi sento la bocca dello stomaco chiusa. Forse è la fame che è tornata a farsi sentire, o la scia di solitudine che Lazzaro ha lasciato dietro di sé. Sono tentata di lasciarmi andare e seguirla...

Sobbalzo. Una mano si è posata all'improvviso sulla mia spalla come per trattenermi. Mi volto di scatto divincolandomi dalla sua presa.

«Ehi! Non volevo spaventarti...»

È troppo buio perché riesca a distinguere il viso dell'uomo che mi sta parlando, anche se mi è talmente vicino da potermi afferrare. Ne distinguo solo il contorno scuro. Poi la luce tremolante di una fiammella che si avvicina alla sua bocca per accendere la sigaretta lo rischiara per un momento rivelandone l'aspetto. Labbra spesse. Zigomi accentuati, sporgenti. Una barba corta e ispida gli ombreggia le guance. Prima che riesca a guardare i suoi occhi, il volto torna a scomparire, stavolta nella nuvola di fumo che ha sbuffato fuori dopo averlo aspirato profondamente.

«Be', lo conoscevi?» mi domanda riemergendo dal fumo. Con un movimento del capo indica il chiosco.

"Lo conoscevo?" ripeto tra me e me la domanda. "Gli ho parlato, ma sono io che gli ho dato voce. Con la voce ha gridato la sua rabbia, la sua noia. Ma io conosco rabbia e noia? Ha esaltato il piacere del nulla. Ma io conosco il piacere e il nulla?" Mille domande cominciano a echeggiare in me. Persa in quegli echi, mi dimentico di rispondere.

«Ehi» mi apostrofa l'uomo, spazientito dal mio silenzio. «Guarda che puoi anche parlarmi! Mica sono uno sbirro, cosa credi?» Si fa un po' avanti per fissarmi negli occhi. Adesso vedo meglio il suo viso. Ha la pelle scura come l'ombra attorno a noi. «E nemmeno tu sembri una poliziotta, così imbacuccata» continua ridacchiando.

Allunga una mano e con due dita saggia la stoffa del bavero del cappotto che indosso.

Visto che resto immersa nel mio silenzio, si risponde da solo. «Io lo conoscevo. Tante volte gli ho passato la roba. Non gli bastava mai. Però i soldi per pagarla li aveva sempre. Non so come se li procurasse. Di certo non spacciava. La voleva tutta per lui, la roba.» Fa una breve pausa, come se stesse riflettendo, e poi riprende: «Bah. Doveva essere ricco di famiglia. Ma io lo sapevo che presto sarebbe finito così. Lo avevo pure avvertito, qualche volta... "Guarda che stai esagerando, in questo modo crepi." E lui: "Fatti i cazzi tuoi, stronzo". "Ah, sì? Devo farmi i cazzi miei? Benissimo, allora la roba te la fai dare da qualcun altro." Non mi andava di farmi offendere da un ragazzetto viziato, e di certo i clienti non mi mancano. Così non gliel'ho data più. Allora dovevi vedere come piagnucolava, mi implorava, si arrabbiava, mi sventolava mazzette di banconote sotto il naso. Ma io niente. Non sono uno che molla». Si interrompe, credo per vedere se quest'ultima affermazione d'orgoglio ha sortito qualche effetto su di me. Poi, un po' deluso, riattacca: «Avrà trovato sul serio qualcun altro. Erano un po' di giorni che non si faceva vivo. E chissà che merda si è lasciato rifilare. Così alla fine ci è riuscito, a restarci secco...». Di nuovo con il mento accenna al chiosco, quasi volesse dare un ultimo saluto a Lazzaro. «Era proprio un coglione» conclude invece con un'alzata di spalle.

Quell'insulto a Lazzaro mi provoca un improvviso moto d'ira. «No!» gli grido in faccia. «Non era un coglione, capito? Non era un coglione!» Mi salgono le lacrime agli occhi. Non riesco a trattenerle. Non riesco a trattenermi. D'impeto mi getto addosso all'uomo e comincio a tempestargli il petto di pugni.

«Ehi, ehi, calma, calma, bambina...» Mi afferra i polsi per bloccarmi le mani. Ma non è una presa cattiva. Stringe poco e, non appena sente che rilasso i muscoli, mi molla. Lascio che le braccia mi ricadano inerti lungo i fianchi.

«Allora lo conoscevi. Era il tuo ragazzo?» Anche stavolta si risponde da solo: «Ma no. Macché ragazzo, non era mica in grado di avere una donna, gli interessava solo la roba, a lui».

La mia rabbia svanisce di colpo così com'era apparsa, e al suo posto affiora il dubbio. "E se davvero fosse stato solo 'un coglione'? Uno che scambia la noia per il dolore, incapace di sostenere l'una e l'altro?" Scaccio subito questo pensiero impietoso e superbo. "Sì, superbo, perché anch'io sono fuggita dal chiosco, incapace di sostenerli..." Provo pena per lui e per me. «Povero Lazzaro» sussurro.

«E chi è Lazzaro?» L'uomo ha colto il mio bisbiglio e mi interroga con tono stupito.

«Lazzaro» ribadisco alzando un po' la voce.

«Ma quello si chiamava Lorenzo, mica Lazzaro... Certo che sei una tipa strana, tu...» Si porta l'indice alla tempia e gli fa fare un mezzo giro. «Devi essere un po' fuori di cervello.» Quindi mi volta le spalle e si incammina per la superstrada.

Non so perché io abbia cominciato a seguirlo, a qualche passo di distanza, fatto sta che gli sto andando dietro. Forse perché non ho un posto dove dirigermi. Forse per via della fame che è tornata a mordermi lo stomaco. Camminiamo così per un po'. Lui davanti io dietro. Ombra nell'ombra. In silenzio. Silenzio nel silenzio. Schiaccio inavvertitamente con il piede una bottiglietta di plastica vuota, che si mette a gracidare come una rana. A quel verso, lui si volta. «Be'?» esclama allargando le braccia.

«Ho fame» gli rispondo di slancio.

«Dai, vieni.» Con una mano mi fa segno di andare con lui. Si gira di nuovo e riprende a camminare più lentamente. Per darmi il tempo di raggiungerlo.

Adesso procediamo affiancati, ma sempre senza parlare. Imbocchiamo una traversa stretta e mal illuminata della strada principale. C'è un solo lampione acceso, ma deve essere in agonia, perché si spegne a tratti con un'intermittenza irregolare. Mi ricorda vagamente i lampeggianti dell'ambulanza e della macchina della polizia. La stradina è deserta.

«Eccoci a casa» esclama lui fermandosi di botto davanti a una saracinesca abbassata e chiusa da un lucchetto. Si fruga in una tasca. Ne estrae una chiave. Si accovaccia per inserirla nella serratura del lucchetto. La fa scattare e alza la saracinesca. Il clangore risuona come un boato nel silenzio della via.

«Vieni, entra» mi invita. Poi preme l'interruttore della luce.

Socchiudo gli occhi, perché il contrasto tra la luminosità biancastra del neon e la penombra dalla quale proveniamo è forte. Quando riesco di nuovo a mettere a fuoco le immagini, comincio a esplorare l'ambiente con lo sguardo. Alle mie spalle, intanto, lui ha ribassato la saracinesca. È una stanza non molto grande, forse un tempo era un garage o un piccolo magazzino. Addossata a una delle pareti c'è una branda rifatta con cura, le lenzuola ripiegate sull'orlo della coperta ben tesa su un materasso sottile. Un grosso frigorifero, un vecchio modello dalla forma bombata. Un tavolo e due sedie, una diversa dall'altra. Una grossa cassapanca accostata a un'altra parete. Sopra, alcuni vestiti, anche quelli riposti con ordine. Poche cose, ma tutto è ordinato e pulitissimo, al contrario di ciò che ci si potrebbe aspettare in un luogo così misero.

«Be', mettiti comoda. Vediamo cosa abbiamo...»

Mi siedo meccanicamente al tavolo mentre lui apre il frigo. La fame mi induce a spiarne l'interno. Lui se ne accorge subito. «È rotto, non funziona» mi spiega ridacchiando. «Qualcuno lo aveva mollato in strada e io l'ho adottato... un po' come ho fatto con te stasera...» Distolgo immediatamente gli occhi dal frigo e li abbasso a fissare il ripiano del tavolo. «Ma non ti preoccupare,» continua lui ridendo sempre di più «lo uso come dispensa. Qualcosa da mettere sotto i denti c'è di sicuro.»

Lo sento frugare.

«Ecco qua.» Appoggia sul tavolo due canovacci e li apre. In uno c'è una mezza forma di pane un po' secco, nell'altro quattro salsicce ancora legate l'una all'altra dal filo. Trattengo l'impulso di arraffare subito tutto e portarmelo alla bocca. Per riuscirci distolgo lo sguardo anche da lì. Non mi resta che rivolgerlo al soffitto, verso l'alto. Mi viene da sorridere, perché credo di aver assunto un'espressione mistica.

«E c'è anche da bere!» esclama lui. Dopo i cartocci ha tirato fuori dal frigo un bottiglione di vino bianco un po' torbido e due bicchieri, uno diverso dall'altro come le sedie. «Prego. Serviti.»

Ancora non ha fatto a tempo a sedersi che già mi sono avventata sul cibo. Strappo dal filo una delle salsicce e spezzo il pane. Addento due grossi bocconi dell'una e dell'altro. Sento del grasso colarmi sul mento ma sono troppo impegnata a masticare per curarmene. Deglutisco e subito mi riempio di nuovo la bocca. Vado avanti così finché non mi sento i suoi occhi addosso. La vergogna mi blocca di scatto, con le guance deformate dal bolo e le briciole di pane incollate alle labbra.

«Questa sì che è fame!» esclama lui sorridendo. Lo guardo a mia volta e nelle sue pupille nerissime scorgo un luccichio di allegra soddisfazione. Penso: "È felice che io mi sazi più che se si stesse saziando lui", e questo pensiero mi fa vergognare ancora di più. Di colpo mi rendo conto che non ha ancora toccato cibo. Riprendo a masticare ma pianissimo, con pudore, solo per liberarmi la bocca dal boccone. Se potessi, lo ingollerei intero, perché è la prova materiale della mia avidità.

Lui forse se ne accorge, perché riempie di vino fino all'orlo uno dei bicchieri e me lo allunga spingendolo verso di me. «Tieni, manda giù.»

Bevo il vino. È un po' aspro. Svuoto il mio secondo bicchiere ancora prima che lui sia riuscito a riempire il suo. Un'altra vampata di vergogna mi fa arrossire. Almeno credo, visto il calore che mi sento salire alle gote. Lui però non sembra badarci. Smette di versare nel suo bicchiere e torna a riempire il mio. «Salute!» brinda alzandolo. Gli rispondo imitando il suo gesto. «E che Dio mi perdoni» aggiunge prima di bere una sorsata.

L'invocazione risveglia la mia divinità sopita. "Mi sta nutrendo e dissetando... Per quale colpa dovrei mai perdonarlo?" La domanda, ne sono certa, echeggia soltanto dentro di me. Resto incredula quando lui sembra rispondermi direttamente.

«Alcol, carne di maiale... Non posso certo dire di essere un fedele devoto» sorride di nuovo, e intanto dà un piccolo morso alla salsiccia che tiene tra le dita e con la quale stava giocherellando. «Ma sì, sono sicuro che, se esiste, Allah mi perdonerà...» Spezza il pane come avevo fatto io poco prima e se ne mette in bocca un pezzetto. Senza smettere di masticare, riprende: «Il vero peccato è la fame. Ogni cibo è redenzione». Mi fissa per un momento come a cercare conferma. Il suo sguardo mi imbarazza. Trangugio in un unico sorso il bicchiere pieno che ho davanti. «E tu di fame mi sembra ne avessi parecchia...» scherza. «Ma ora sei redenta, no? Tu sei la redenzione» conclude continuando a fissarmi.

Non saprei dire se è per via del vino che sta iniziando a farmi effetto o per il conflitto di sensazioni che sto provando, che oscillano tra la vergogna e il conforto della sazietà, ma la mia voce e quella del divino cominciano a confondersi. Non so quale delle due esca in un bisbiglio dalle mie labbra: «Sì, sussurro, io sono la redenzione».

Spezzo ancora il pane, ma stavolta è a lui che porgo il tozzo.

Sul tavolo i cartocci vuoti e qualche briciola sparsa qua e là. Sul fondo del bottiglione invece restano due dita del vino torbido. Solo due dita. Sento la testa pesarmi. La sorreggo tra due pugni, i gomiti puntati sul ripiano. Lui. Lui è al di là della bottiglia. Il suo volto oscuro mi appare oblungo, deformato dalla convessità del vetro. Pare una maschera grottesca. Anche il mio pensiero è deformato. Le acque immote della mia essenza eterna si sono intorbidite come il vino. Non rimandano un riflesso, un riverbero, la loro immobilità è stagnante e opaca. Sento che sto lentamente affondando. Strambe idee affiorano come bolle d'aria dalla superficie paludosa dissolvendosi in un borboglio, prima ancora che riesca a distinguerle. Ora mi sembra che la maschera mi stia guardando beffarda dalla bottiglia. Maligna. Un'altra bolla d'aria sale dalla mia coscienza confusa. Dissolvendosi si traduce in parole che emetto borbogliando a mia volta. "Tu sei il diavolo" mi sento dire rivolta alla maschera.

È alla maschera che mi sono rivolta. "Alla maschera, non a lui" ribadisco mentalmente in uno sprazzo di lucidità. Ma questo pensiero non arriva a tradursi in parole. Resta affondato nell'intorpidimento in cui sono semisommersa. "Spero che non mi abbia sentita..." Mi aggrappo a questo desiderio con la poca energia che mi rimane. La presa è debole e subito mi sfugge. Sfidata, la maschera reagisce agitandosi nella bottiglia. Si allarga, si allunga, si dilata e si contrae in forme sempre più grottesche. Pare volerne uscire, per poi espandersi e invadere tutto l'ambiente. Ecco, è scomparsa dalla sua prigione di vetro. Un nodo di paura mi stringe la gola. Poi, all'improvviso, anche la bottiglia sparisce dalla mia vista.

«La metto via, se non ti dispiace. Ce lo siamo scolato quasi tutto.» Lui solleva la bottiglia a mezz'aria stringendola per il collo e si alza per andare a riporla nel frigorifero. Il nodo di paura si scioglie. Riavvolgo il nastro della mia fantasia distorta dai fumi del vino e quasi quasi mi viene da ridere. E poi... "E poi forse davvero non mi ha sentita, quando sproloquiavo del diavolo."

Lui richiude il portello del frigo e si volta verso di me con un sorriso strano, a metà tra l'amaro e il divertito. «Io sarei il diavolo?» esclama.

"No, accidenti, mi ha sentita eccome" mi dico, delusa e allarmata.

Si sofferma per un po' in piedi accanto al frigo, come a riflettere. «È una buffa idea, ma perché no? Potrebbe essere...»

Sono imbarazzata. Non so cosa dirgli. Fingo un accesso di tosse per evitare il suo sguardo e sviare il discorso. Ma il trucco non funziona.

«Dici che sono il diavolo perché la roba che vendo porta la gente all'inferno... come è successo al tuo amico Lorenzo.»

«Lazzaro» lo correggo istintivamente.

«Va bene, Lazzaro, come vuoi tu» si interrompe, come in preda a un moto di stizza. «Lazzaro o Lorenzo, che importa? È andato, morto, stecchito, finito, kaputt. Credi che non mi dispiaccia? Sì, mi dispiace. Ma la roba che lo ha fatto fuori non gliel'ho venduta io. Era un coglione, te l'ho detto. Non so se all'inferno accettano i coglioni» conclude, con una risatina forzata e un po' aspra.

Qualcosa ribolle nel lago della mia essenza eterna. Un rifiuto. Un rifiuto netto che però nella mia voce assume un tono quasi disperato. «L'inferno non esiste» esclamo in una sorta di singhiozzo.

Lui pare colpito dalla sicurezza della mia asserzione. Mi squadra perplesso e dopo un momento di silenzio mi chiede: «E tu che ne sai?».

«Lo so e basta» rispondo con fermezza, senza esitazione. E lo so veramente, con tutto il mio essere umano e divino. "L'inferno non esiste perché io non voglio che esista" riaffermo in me.

«Okay, però se l'inferno non esiste io non posso essere il diavolo... Peccato!» conclude lui simulando un'espressione delusa che rapidamente si trasforma in una smorfia allegra. «Ma allora potrei essere un angelo!» Allarga le braccia e le sbatte in aria come fossero ali. «Sì, sì, sono un angelo e vendo le chiavi per il paradiso!» Poi smette di sbattere le ali e alza le spalle: «Sarà anche un paradiso artificiale, ma è pur sempre un paradiso».

È buio, eppure da qualche parte, lontano, ci deve essere una fonte di luce che si rifrange sul vetro della bottiglia, perché da dove mi trovo posso ancora vederla. Ma anche la bottiglia è distante, tanto che non riesco a distinguere i tratti del demone che contiene. Vorrei avvicinarmi fino a poterla afferrare per il collo. Vorrei spaccarla, mandarla in frantumi. Ma il buio è talmente denso che ogni mio tentativo di movimento vi affonda dentro. È come se le mie gambe fossero sprofondate nelle sabbie mobili. Più mi sforzo di muovermi, più l'immobilità mi imprigiona. La bottiglia invece si muove. Sembra galleggiare nell'oscurità. Ondeggia trasportata da correnti invisibili. A tratti scompare alla vista, come se venisse risucchiata sotto la superficie. Poi riemerge. Sempre più vicina. "Eccola, eccola, è quasi accanto a me..." Tra poco potrò finalmente guardare in faccia il suo demone. La luce lontana continua a colpirla. "Sì, sì, lo vedo..." Un grido senza eco mi scaturisce dalla gola. È solo una vibrazione. Il suo suono, come i miei movimenti, affonda nelle sabbie mobili del buio. Gli occhi dilatati dall'angoscia, fisso il volto nella bottiglia e vi riconosco il mio, riflesso sul vetro. Ma quello non ha le pupille sgranate né la bocca distorta dall'angoscia. Mi sorride con un sorriso di sfida. Quasi un ghigno. Improvvisamente la bottiglia pare allontanarsi di nuovo. Invece no. Si sta deformando. Come se il vetro fosse tornato allo stato fuso. Si riduce, si restringe, si allunga verso l'alto. Il collo si fa sempre più sottile. Al vertice si assottiglia talmente tanto che il suo spessore diventa appena visibile. Come quello di un ago. È ancora lì. Il mio volto riflesso nella siringa mi fissa ed esclama: «Io sono la redenzione!». Poi scoppia in una risata violenta, sguaiata, irrefrenabile. La siringa esplode. Migliaia di minuscole schegge taglienti si conficcano nel buio e nella mia pelle. Sento il sangue che comincia a colare. Mi scende giù per la fronte, caldo e aspro come il vino bianco. Poi... Poi il tocco di una mano che sembra volerlo detergere. Leggero, ma più deciso di una carezza.

«Sei tutta sudata.» La sua voce mi arriva ovattata. «Scusa se ti ho svegliata, ma ti lamentavi nel sonno. Ho pensato che ti sentissi male.»

Socchiudo le palpebre e metto a fuoco il suo viso. È vicino e mi sta guardando con espressione preoccupata. Ritrae la mano dalla mia fronte, con pudore. Mi accorgo di essere distesa. "Deve essere la sua branda..." Sulla mia guancia poggia qualcosa di ruvido. È il cappotto che mi ha dato Giuseppina. Deve essere stato lui a stendermelo addosso, a mo' di coperta. Non ricordo di essermi addormentata né di essermi coricata su questa branda. Sono confusa, disorientata. Lui pare percepire il mio spaesamento. Sorride.

«Eh sì, abbiamo bevuto un po' troppo, ieri sera.... Sei crollata come un sasso.»

Di scatto mi alzo a sedere sul bordo del giaciglio. «Mi dispiace» bofonchio, la voce ancora impastata.

«E per che cosa? Capita.»

«E tu dove hai dormito?»

Mi risponde con un'alzata di spalle indicandomi un punto nella stanza. Sul pavimento c'è una coperta tutta spiegazzata. «Lì.»

«Così, per terra?» gli domando in tono dispiaciuto.

«Non ti preoccupare. Sono abituato. Ho dormito in posti molto più scomodi» si schermisce. «Ma ora rimettiti a dormire. È presto. Non è ancora l'alba.»

La prospettiva di reimmergermi nelle sabbie mobili del buio mi provoca un brivido d'angoscia. Le schegge di vetro conficcate nella pelle ricominciano a dolermi, il sudore a colare. Forse è per questo che la richiesta scaturisce dalle mie labbra ancora prima che la fissi in un pensiero: «Voglio provare».

Lui si è già avviato verso la coperta spiegazzata. Si volta verso di me, quasi le mie parole lo avessero colpito alla schiena come un oggetto contundente. «Cosa vuoi provare?»

«La roba. Il paradiso. Voglio provarla.»

La sua reazione è un moto di rabbia: «Tu sei pazza».

«No, non sono pazza. Voglio sapere cosa si prova» insisto, sentendo crescere in me un'assurda determinazione.

«Senti, ragazza...» Dalla rabbia è passato a un tono quasi paterno. «Quella roba è merda, credimi. Io non l'ho mai presa. La vendo, è vero, ma non mi piace farlo. È solo che non ho trovato un altro modo per campare e mandare un po' di soldi alla mia famiglia che è ancora laggiù.» Stende il braccio e con la mano indica un orizzonte indistinto al di là della parete. «E adesso basta. Rimettiti a dormire» taglia corto in tono perentorio.

Il suo invito, però, produce il solo effetto di farmi intestardire ancora di più. «È perché la vendi. È perché io non ho i soldi per pagarti» abbaio con cattiveria. Mi libero del cappottone e mi alzo in piedi.

Stavolta l'oggetto lanciato sembra averlo centrato in piena fronte. Mi guarda con un misto di umiliazione e stupore. «Ma cosa stai dicendo?» riesce appena a balbettare.

Spinta da un impulso irrefrenabile, approfitto del suo smarrimento per infierire. Con un movimento rapido afferro gli orli della gonna del mio vestito rosso e lo tiro su. «Prendi il mio corpo.»

Lui esita nel distogliere lo sguardo. Quel tanto che basta

perché io riesca a cogliere un lampo di eccitazione, subito soffocato da un'espressione offesa e triste nello stesso tempo. Mi volta le spalle. «Non importa. Ti darò quello che vuoi. Stenditi, che preparo la roba» mi risponde in un sussurro amaro.

Mi riabbasso il vestito e torno a coricarmi. Sono stordita dal mio stesso comportamento. Sballottata tra i flutti del mio trionfo e quelli del senso di colpa per averlo umiliato. Per non guardare ciò che sta facendo fisso il soffitto. L'aspettativa pulsa alle tempie impedendomi di elaborare anche un solo abbozzo di pensiero. Paura e attesa, attesa e paura si alternano frenetiche in una sequenza che pare destinata a non finire mai. Finché qualcosa non ne arresta bruscamente il flusso. Lui sta stringendo il laccio emostatico poco sopra l'incavo del mio gomito. La morsa della gomma dà rilievo alle vene. Non mi volto a guardarlo. Sento solo il ritmo del suo respiro.

«Sicura?»

Non gli rispondo. La stretta del laccio si scioglie. Guardo il soffitto. Sento la puntura fredda dell'ago che entra nella vena. Guardo il soffitto. Il freddo dell'acciaio dell'ago mi penetra dentro come uno spiffero artico. Un brivido gelato mi attraversa in un breve tremito. Il soffitto si incurva verso l'alto. Sempre di più. Si allarga e si inarca. Non è più piatto, ma a volta. L'interno della cupola di un tempio, di una cattedrale. Il brivido si stempera in vampate di calore. Sulla volta, invece, vampate di colore. Come luce proiettata attraverso la semitrasparenza di vetrate gotiche. Lentamente. Molto lentamente. I colori si mischiano e si sovrappongono in un gioco caleidoscopico. È bellissimo. La mia percezione rallenta per prolungare l'estasi della visione. Mi sento sollevare in alto con infinita leggerezza verso i colori. Ed ecco che la luce si liquefa. La volta si capovolge per contenerla come un grande bacino. Non sto più fluttuando nell'aria, adesso: galleggio sulla superficie dell'acqua colorata. È tiepida. Accogliente. Mi lambisce e mi carezza. Piccole, frequenti, intense onde di piacere svuotano i miei polmoni tra sospiri di godimento. Piano piano affondo. Scendo sotto la superficie, dove tutto è luce e colore. L'apnea non mi provoca nessuna angoscia, anziché d'aria mi colmo di appagamento, un appagamento crescente che basta a se stesso. Niente, nulla, nessuna sensazione molesta può giungere a increspare la liquida beatitudine in cui sono immersa. "Il lago. Il lago dell'eterna essenza" deliro credendo di riconoscerlo nella mia memoria mistica. Ma subito il pensiero appena abbozzato si scioglie. Non ci sono più pensieri nella mia mente. La mente stessa si sta sciogliendo. Le mie fibre, i miei nervi si stanno sciogliendo. Io mi sto sciogliendo in luce e colori. Liquida nel liquido. Il piacere è talmente smodato da fagocitare forme e tempo, soggettività e oggettività. È violento. Assoluto. Totalizzante. Annichilente. Dal profondo iniziano a salire minuscole bolle d'aria trasparenti, incolori. Mi attraversano, attratte dalla superficie invisibile. Altre, più grandi, si succedono alle prime. Le sento infrangersi a contatto con la mia pelle. Si scindono e riprendono il loro beccheggiante percorso verticale. Qualcosa di inquietante si insinua viscido nella compattezza del piacere turbandone l'immutabilità. "Le bolle... Le bolle mi stanno ridando forma" penso allarmata. Brulicano. Si moltiplicano. Centinaia, migliaia di bolle salgono su dal fondo, mi circondano, mi colpiscono. Ogni bolla ruba luce e colore al liquido. La trasparenza si opacizza. L'aria rientra tossica nei miei polmoni come i pensieri nella mia mente. Pensieri d'ansia. Di perdita. Mi dimeno tra le bolle sempre più fitte nel tentativo disperato di ricacciarle sul fondo. Più mi agito, più le aspiro. Ancora aria. Aria rovente nei miei polmoni. Tossisco. La sputo fuori per poter tornare ad affondare in profondità, ma le bolle mi spingono verso la superficie, e io non voglio. Non voglio riemergere. Le bolle dissolvono il piacere nel loro borboglio. La morte del piacere mi riempie di lutto impotente. Sfinita, non riesco più a opporre resistenza. La superficie è sempre più vicina. Eccola. Piatta, senza colore. Triste come un soffitto spoglio. Lo fisso attraverso lo spiraglio sfuocato delle palpebre socchiuse. Ogni mio nervo è teso per il dolore lancinante della perdita del piacere. Il dolore mi spossa. Il mio fiato è denso, respiro a singulti, come se stessi sputando acqua.

«Ecco, adesso sei battezzata» mormora una voce che sembra avere il medesimo suono delle bolle. Un rumore, solo un rumore molesto al quale non voglio e non riesco a prestare attenzione.

«Su, su. Cerca di riprenderti.»

Ora il borboglio è più forte, ed è accompagnato dalla presa di due mani che mi scuotono le spalle. Piccole scosse, certo. Ma a me arrivano come uno sbatacchiamento impetuoso e violento che mi fa salire la nausea. «Lasciami» credo di sussurrare. Sono piena di rabbia. «Lasciami» credo di gridare. Sono stordita.

Il suo sorrisetto è sarcastico. «Sei battezzata» ripete.

«Amen» rispondo sarcastica al suo sarcasmo. Una sola parola, breve, anche perché non me la sento di parlare.

Ma lui insiste: «Ben tornata».

Ora riesco anche a metterne a fuoco il viso. Mi sta fissando con aria perplessa.

Il suo saluto ironico mi provoca un moto di rabbia, subito abortito per la stanchezza. Lascio che la sua mano passi sul mio capo ad asciugare il sudore che mi bagna i capelli, "l'acqua del battesimo". Spero che poi taccia. Che mi lasci al mio lutto.

«Be'? Almeno dimmi com'è stato» insiste invece.

E allora, per rispondergli, inizio a cercare freneticamente in me una traccia di ricordo. Ma le bolle hanno risucchiato tutto lasciando un vuoto incolmabile. Aleggia solo un alone di nostalgia morbosa. Tento di afferrarlo, ma mi si dissolve tra le dita. «Beatitudine» è l'unica cosa che riesco a esprimere a parole. Pronuncio questa parola e immediatamente me ne vergogno. È come se improvvisamente il mio essere divino fosse stato messo a nudo. Costretto a esibire in modo sconcio la sua inutilità.

Tutto il mio divino sopito si desta e si ribella a questa parola. "Io sono la beatitudine" tuona in me. "Io soltanto posso placare la fame dello spirito."

Eppure, per quanto labile, sento ancora nel mio corpo la scia dell'orgasmo potente da cui sono appena emersa. Estrema ribellione al divino. È il mio stesso corpo a contraddirlo. E adesso ho paura.

«Tu non dai vita. Dai dolore» rispondo con la voce di Lazzaro nel chiosco.

«Io non ti ho dato proprio niente.»

No, non è stato il divino a ribattere. È stato lui, il mio spacciatore. Mi volto a guardarlo: "Mi ha sentito? Ho forse dato voce al mio pensiero?".

Lui se ne sta lì, poco distante, con un sorriso appena accennato sul viso, e picchietta con un dito sulla siringa che tiene ancora in mano.

«Come sarebbe a dire "niente"?» gli domando tra la rabbia e l'incredulità. Lui si mette a ridere.

«Insistevi così tanto» mi risponde beffardo «che ho dovuto accontentarti, altrimenti non avresti più smesso di rompere.»

«Ma... Ma io...» balbetto. «Io ho provato il piacere.»

Lui scoppia a ridere di nuovo. «È perché hai una bella fantasia!»

«Non capisco. Che significa?» lo incalzo, più confusa che offesa dalle sue risate.

«Vedi questa?» mi dice picchiettando sulla siringa. «Be',

dentro non c'era nessuna droga. Solo una semplice soluzione fisiologica. Acqua e sale. Tutto qui.»

«Ma... Ma allora...» continuo a balbettare.

«Allora tutto quello che hai provato è solo suggestione. Il frutto della tua fantasia. Comunque sono contento che ti sia piaciuto» conclude con un'ultima risata più blanda, quasi complice.

Mi sento invadere dall'ira. Poi leggo l'ombra del sorriso divertito che permane sul suo volto. Esprime affetto. Un affetto pulito, gratuito. E allora comprendo. Comprendo che non voleva in nessun modo darmi la "roba" e trasformarmi in un Lazzaro che rifiuta di risorgere. La mia rabbia si spegne come la fiammella di una candela al soffio di un alito leggero. Sorrido anch'io.

«Sì. In effetti ho una bella fantasia» gli rispondo. E, a voce molto più bassa, aggiungo: «Ciò che immagino è».

5

Se n'è andato da poco. «Devo uscire,» mi ha detto «ma tu puoi restare quanto vuoi. Basta che quando te ne vai tiri giù la saracinesca e fai scattare il lucchetto.»

E io sono rimasta. Forse perché ho bisogno di stare sola per capire.

Mi siedo al tavolo. Appoggio un braccio sul ripiano. Ci sono briciole, rimasugli del pasto che abbiamo consumato ieri sera. C'è anche una chiazza di vino bianco che ancora non si è asciugata. Vi intingo la punta di un dito e distrattamente, come fosse un pennello, comincio a disegnare con quella. Un contorno semplice. Un pesce stilizzato. Ne disegno un altro e un altro ancora. Pesci tra le briciole di pane. Continuo finché il liquido della chiazza non si è esaurito. "Lazzaro non voleva risorgere dal piacere dell'annullamento. Giuseppina invece è risorta afferrando la mano di don Mario... E io? Come ho potuto concepire una beatitudine priva di amore? Io che sono resurrezione come Lazzaro non volevo risorgere..."

Sento la pelle della fronte corrugarsi al calore del dubbio. Poi la mano. Il ricordo della mano dello spacciatore che mi passa sul capo per asciugarmi dal sudore, l'acqua del battesimo. Il ricordo della sua voce: «*Ecco, adesso sei battezzata*».

La pelle della fronte si distende. "C'era l'amore. C'era il suo affetto, nella beatitudine che ho provato. Era nascosto, diluito nell'acqua e sale della soluzione fisiologica. Così ho avuto il mio battesimo" mi dico, e sorrido. Sorrido del suo stesso sorriso, ironico e dolce.

Vorrei fare qualcosa per lui, che mi ha dato molto non dandomi niente... Mi guardo attorno. La branda su cui ho dormito è disfatta. La sistemo lisciando per bene le lenzuola. Abbandonata vicino al lavandino c'è la siringa usata. La prendo. Con cura svito l'ago, perché nessuno possa ferirsi, e la getto nella pattumiera senza più alcuna nostalgia. Bagno uno straccio per pulire il tavolo, ma prima mi fermo per un attimo a osservarlo. I pesci disegnati con il vino sono evaporati. Non si vedono più. Passo lo straccio stando attenta a raccogliere nel palmo della mano le briciole di pane.

Nell'angolo dove lui ha dormito c'è ancora la coperta spiegazzata che gli ha fatto da giaciglio. La raccolgo, la piego e faccio per riporla nella cassapanca. Scosto alcuni vestiti che vi sono buttati sopra e apro l'anta: sul fondo, tra alcune paia di vecchie scarpe, vedo spuntare una busta di plastica. "Che sia lì dentro che tiene la 'roba'?" Tento invano di trattenere la curiosità. Prendo la busta e ne estraggo il contenuto. È un piccolo barattolo di latta, tutto ammaccato. Dell'etichetta rimane soltanto qualche minuscolo brandello di carta ostinatamente appiccicato sulla sua superficie. Ma da quei rimasugli è impossibile decifrarne il contenuto. Il coperchio è ben chiuso, ma non sigillato. Si capisce che il barattolo è già stato aperto. Lascio la coperta nella cassapanca e con il barattolo in mano vado in cerca di qualcosa con cui far leva per sollevare il coperchio. Prendo un coltello da cucina e ne infilo la punta sotto il bordo. Una pressione leggera e il coperchio cede. Curiosa, guardo all'interno. Il barattolo è vuoto. Non mi rassegno. Guardo meglio, orientando l'apertura verso la luce. "No, no, c'è qualcosa sul fondo." Un tenue luccichio. Appena accennato. Come un riflesso di minuscoli cristalli. Vi infilo dentro un dito per toccarlo. Al tatto è duro, granuloso. Quando estraggo l'indice, qualche piccolo granello biancastro è rimasto incollato al polpastrello. "Sembra sale. Sale marino..." Con la punta della lingua lecco il polpastrello per averne conferma. È proprio sale.

Come se me ne fossi ficcata in bocca un'intera manciata, il suo sapore acre mi impregna la lingua e assorbe ogni goccia di saliva, lasciandomi il palato completamente asciutto. Sento le labbra seccarsi e screpolarsi. Una sete implacabile mi attanaglia la gola, talmente spessa da impedirmi quasi il respiro. Tossisco di una tosse arida. Ogni suo colpo sembra un conato. Devo avere una crosta di sale anche sugli occhi, perché mi bruciano. La vista è opaca, quasi cieca. Non riesco a muovermi. Anche la pelle mi brucia. E, attaccate alla mia, altre pelli ardono. Intuisco una massa compatta di corpi addossati al mio. Sudore e sudori. Odore e odori. Su tutti quello della nafta. Sono impregnata di nafta. Tutti lo siamo. Fa caldo. Un caldo asfissiante. Il sole a picco arroventa il sale e la nafta. La pelle arde. Si squama. Si spacca. C'è un silenzio di sfinimento. Solo qualche colpo di tosse secca. Un lamento flebile qua e là. Sotto di me, una superficie dura si muove beccheggiando in maniera nauseante. Tosse e conati di vomito. Ma lo stomaco è vuoto, contratto. Dalla gola sale soltanto un umore acido che non arriva alla bocca.

Mi sforzo di mettere a fuoco lo sguardo. Devo capire dove mi trovo. Cerco di liberare un braccio dal groviglio umano in cui è imprigionato. Voglio strofinarmi gli occhi, ripulirli dalla patina di sale. L'accenno di movimento mi provoca un crampo doloroso. I muscoli del braccio sono come atrofizzati. Insisto. Stringo i denti di riflesso. Sento le labbra tirare e spaccarsi per la contrazione delle mascelle. Ma finalmente il braccio si districa e scivola fuori dal groviglio, strisciando sulla pelle unta e bruciata di chi mi sta addosso. Mi sembra di sentire un gemito, o forse è un borbottio rauco di protesta. Non ci faccio caso. Mi porto la mano al viso, le dita alle palpebre. E stropiccio. Stropiccio sempre più forte, incurante del bruciore che aumenta. Stropiccio finché riesco a stillarne una lacrima. "Forse questa goccia basterà a sciogliere la patina di sale che mi acceca e a ridarmi la vista..."

È la lacrima a fare il miracolo. Sento che faticosamente le palpebre si stanno scollando tra di loro. Una luce violenta, cattiva, ferisce i miei occhi aperti abbagliandoli. Ma poi, come la patina di sale, lentamente si dissolve. Nel bagliore cominciano a delinearsi delle forme. Forme scure. Indefinite. Tutte attorno a me. Tutte addosso a me. I corpi sono ancora confusi. Fusi. L'uno all'altro. Stracci sporchi. Pelli dello stesso colore degli stracci sporchi. Schiene, braccia, nuche. Cerco un viso, a conferma che si tratta di esseri umani. È un ansito appena percettibile a guidarmi. Mi giro, spezzando i crampi che mi irrigidiscono il collo, e lo vedo. La vedo. È vicinissima. Solo una schiena ricurva coperta da una maglietta strappata mi separa da lei, dal suo viso incastonato tra altri corpi. Ha un velo stinto che le copre il capo scendendo giù fino al busto. "Mi sta guardando" penso. E comincio a mia volta a fissare i suoi occhi infossati in orbite d'ombra. Sono due sottili spicchi bianchi che risaltano nel buio della sua pelle. Ma mi sbagliavo. Mi accorgo subito che quegli occhi non stanno guardando nulla. È come se non avessero pupille. Sono persi in un orizzonte di infinita stanchezza. Eppure, continuo a scrutare il suo viso. Le guance scavate, le labbra spesse, tumide, da giovane donna. Ma bruciate, piagate come le mie. Una folata di vento giunge improvvisa a sollevare un lembo del velo che le scende sul petto. E allora lo vedo. Un altro viso, più piccolo. La nuca reclinata all'indietro. È un bambino. Ha gli occhi chiusi. Pare addormentato. La folata cessa e il velo ricade a coprirlo. Io però ho avuto il tempo di capire che quel bambino è morto.

Un grido lacera l'aria. Come un urlo di dolore straziante. Sussulto. Il grido si ripete. Ali bianche spalancate attraversano per un attimo il mio campo visivo. Poi il gabbiano si allontana continuando a emettere il suo verso stridulo. Allora una voce emerge roca dalla massa umana: «Un gabbiano...». E subito un'altra voce le fa eco: «Se c'è un gabbiano, la terra non può essere lontana». Insieme alle voci emergono le teste. E gli occhi, bianchi come le ali del gabbiano, che guardano, scrutano. Anch'io mi volto per guardare la piatta, infinita, indifferente superficie del mare tutto intorno a noi. No, non si vede terra. Gli sguardi bianchi si spengono sotto palpebre gonfie e pesanti. Anche il mio si smorza, spossato. Il tempo si spegne insieme agli sguardi.

Un colpo violento mi trafigge al fianco. Unghie mi graffiano il braccio. Mi riprendo di soprassalto. Mille gabbiani gridano insieme. No, non sono grida di uccelli. Sono urla umane, quelle che mi squarciano i timpani. Un altro colpo. Una gomitata in pieno petto. Gesti frenetici, convulsi. L'intreccio di corpi si sta animando, quasi fosse attraversato da un'improvvisa, fortissima scarica elettrica. Le grida si fanno sempre più animalesche. Riesco a distinguere una sola parola: «Affondiamo!».

Sento il pavimento sotto di me inclinarsi per le folli spinte del grumo di persone che si dimenano in preda al panico. L'acqua salata è come piombo fuso sulla pelle riarsa e piagata dalla nafta. Mi arriva addosso a spruzzi, sollevata da chi si sta buttando in mare. Anche il pavimento ora è bagnato. Mi bruciano le gambe. Qualcuno mi urta violentemente nell'impeto di gettarsi in acqua. Mi lancio anch'io, o forse altri mi trascinano. Un brivido gelido, ma subito il piombo liquido torna rovente. Spalanco la bocca per il dolore e il piombo mi invade i polmoni. Mi sbraccio cercando istintivamente di riguadagnare la superficie. Riesco a riemergere con la testa. Bevo aria a grandi sorsate che attenuano un poco il bruciore del piombo. L'acqua ribolle di schiuma. Vi si intravedono altre teste, braccia, gambe. Cerco con grande fatica di tenermi a galla e comincio a guardarmi freneticamente intorno finché non lo vedo: il viso della donna con il bambino. È una visione pazzesca, incredibile. Non ci sono spruzzi intorno a lei. La donna è distesa, adagiata sul pelo dell'acqua come se stesse riposando su una coltre trasparente. Tra le braccia stringe il suo bambino. Nuoto forsennatamente verso di lei. Voglio svegliarla, salvarla. L'acqua è spessa, dura. Mi resiste come una sostanza solida. Ho la sensazione di non riuscire a fenderla con le mie bracciate disperate. Alzo getti di schiuma bianca che si sollevano come sipari fradici tra me e lei. Insieme alle mie forze svaniscono anche i sipari di schiuma. Mi rimane solo l'energia per uno sguardo. Dov'era lei, adesso c'è solo il suo velo stinto. Lentamente si impregna d'acqua e comincia ad affondare. Chiudo gli occhi e mi lascio affondare anch'io...

«...Poi ho sentito delle mani afferrarmi.»

Mi volto di scatto, colta alla sprovvista dalla sua voce che mi arriva alle spalle. Non ho sentito il rumore della saracinesca che veniva riaperta. Eppure, adesso lui è qui davanti a me. Mi guarda con quel suo strano sorriso e continua tranquillamente a parlare. «Ma forse è un falso ricordo. Forse ero svenuto.»

Ho il barattolo aperto ancora in mano. Mi invade una profonda vergogna. Sorpresa a frugare come una ladra nella sua storia. Lui però non sembra farci caso.

«Mi sono risvegliato sulla tolda di una grossa nave. Accovacciato vicino a me c'era qualcuno che mi diceva qualcosa in una lingua che non capivo. Ero avvolto in una specie di coperta, dorata come il manto di un sultano. Quel qualcuno mi stava avvicinando alle labbra un recipiente con dell'acqua... Acqua fresca, non salata come quella del mare. L'ho mandata giù a piccoli sorsi, perché a malapena riuscivo a deglutire. Mi sono guardato attorno. C'erano altri sultani e regine avvolti in manti d'oro. Non tanti. Non quanti eravamo prima sul gommone. È stato in quel momento che ho capito: ero stato salvato, e con me quei pochi che avevo attorno...»

Lo ascolto raccontare in silenzio e mi domando come possa aver capito che stavo rivivendo nel presente il suo passato. Come abbia fatto a rientrarci nell'attimo stesso in cui io ne uscivo. E ripenso al tempo. Al tempo che si spegneva con gli sguardi stremati. E capisco che non è soltanto il mio divino sopito a potersi muovere nel tempo, a poterlo fermare. Anche lo sguardo umano che scaturisce dal profondo di sé ha lo stesso dono.

I suoi occhi si spostano rapidi e ansiosi da una parete all'altra della stanza, come se stesse cercando qualcosa o qualcuno. Come se fosse ancora sulla tolda di quella nave. «Il luccichio dei manti d'oro...» dice, e il suo timbro è calmo, pacato, al contrario del suo sguardo così mobile. «...Come il luccichio degli spruzzi bianchi di schiuma. Guardo, guardo, cercando di attraversarlo con la vista... Forse...»

Timidamente gli porgo il barattolo aperto, fantasticando che possa essergli d'aiuto nella sua disperata ricerca. Lo prende con un gesto meccanico, poco più di un riflesso indotto. Poi lascia cadere il braccio e la mano su un fianco, inerte, come sopraffatto da una grande stanchezza. «Forse. Ma...»

Anche la sua voce ora cade inerte. Lo sguardo si ferma a fissare il pavimento.

È la mia voce a colmare il silenzio della sua: «Ma loro non c'erano».

«No. Loro non c'erano» mi fa eco reclinando il capo.

«La donna e il bambino erano tua moglie e tuo figlio.»

Non è una domanda, la mia, ma l'affermazione che vorrei risparmiargli di pronunciare.

Lui risolleva la testa e mi fissa per un momento prima di voltarmi la schiena. Lo vedo sollevare le spalle. «Ieri sera ti ho mentito» mi dice. «Non ho più nessuno laggiù. Nessuno a cui mandare i soldi che tiro su vendendo la roba.»

Mi avvicino e gli appoggio delicatamente una mano sulla spalla. Si volta. Ritraggo la mano. Finalmente guarda il barattolo di latta.

«Loro... sono rimasti nel mare.» Mi restituisce il barattolo, quasi mi appartenesse. «Ci avevo messo un po' di mare, lì dentro. Un po' di loro.»

«Mi dispiace» mormoro.

«No. Sapevo che l'acqua sarebbe evaporata presto. Che sarebbe rimasto solo il vuoto. Tu non c'entri. Non hai fatto niente di male.»

È il perdono. Il suo perdono mi annichilisce. Non so se sta perdonando me o Dio. Sto per rispondergli, quasi gridando: "No! Non è rimasto solo il vuoto. C'è il sale sul fondo del barattolo...". Invece taccio. "Il sale sulle ferite brucia" mi dico. Adesso sono io a voltargli le spalle. Mi avvio verso il lavandino. Lì, sul ripiano, avevo lasciato appoggiato il coperchio. Lo prendo e facendo un po' di pressione sulla latta richiudo il barattolo. Poi torno a seppellirlo nella cassapanca tra le vecchie scarpe.

Sono passati già diversi giorni da quando lei ha lasciato la stanza e ripreso la sua strada. Tornato una sera a casa, gli capita di aprire la cassapanca, forse per prendere un paio delle sue scarpe vecchie. L'occhio gli cade sul barattolo di latta poggiato sul fondo. Lo prende e lo soppesa con la mano. Gli pare che sia un po' più pesante. Più pesante del vuoto. Allora, scuo-

tendolo leggermente, se l'accosta all'orecchio e sente un flebile ma distinto sciabordio d'acqua. Stupito, incredulo, apre il barattolo e vede che è colmo d'acqua fin quasi al bordo. Vi intinge un dito e la assaggia. È salata. Acqua di mare.

Non riesce proprio a capire come il "suo" mare sia tornato nel contenitore. Ma di una cosa è sicuro. "È stata lei. È stata lei a riportarcelo" si dice ripensando alla strana donna che ha ospitato per una notte.

Un sorriso di gratitudine gli illumina per un momento il viso. Richiude il barattolo. Sa che quell'acqua marina non evaporerà mai più.

6

La casa di don Mario, il parco con il suo chiosco abbandonato, la saracinesca che chiude la stanza dell'uomo che ha perso moglie e figlio in mare. E, al principio di tutto questo, l'immagine confusa e caotica del mio essere eterno che mi partorisce. La curiosa sensazione di essermi partorita più volte in più uomini e più donne. Forse, perché è solo una sensazione, non un ricordo. "Il divino non è nel tempo, è tempo lui stesso. Perciò non può avere ricordi" mi rispondo. È sempre meno frequente, ma mi succede ancora di parlare con il mio divino sopito. O che sia lui a parlare con me, quando per qualche misterioso motivo si desta. "Se Dio può pregare Dio, questa è preghiera." Non ne sono certa, però. Perché via via che acquisisco memoria di me e di coloro che incontro lungo il percorso, lui mi sembra sempre più lontano, astratto, quasi irraggiungibile. I nostri rari colloqui sono come dialoghi in due lingue diverse che solo a tratti si comprendono tra loro.

Tante volte, come adesso, sono passata davanti alla casa di don Mario. «*Vai, vai. Tanto tornerai presto.*» Le parole di Giuseppina al momento del mio commiato mi tornano alla mente con il suono di una profezia, o meglio di un dolce invito. Scoprire, come sto scoprendo, che farsi umano comporta anche questa lontananza da Dio mi riempie di dubbi, di solitudine, di paura. Sì, di paura. La paura di non poter più rientrare in me, nella mia essenza infinita e rassicurante. Di esserne definitivamente fuori.

Fuori. Sto qui, fuori dalla casa di don Mario, un po' in disparte, nascosta dall'angolo di un palazzo per il timore che lui o Giuseppina possano scorgermi. Eppure, nello stesso tempo lo vorrei. Vorrei che uscendo o rientrando mi vedessero. Che mi chiamassero: «*Vieni, cosa fai lì tutta sola? Entra!*». Perché nella memoria recente la mano magra e nodosa di don Mario che stringe la mia è più infinita e rassicurante della mia vecchia essenza eterna. Se questo avvenisse, sono certa che cederei. La mia resistenza si sgretolerebbe e mi farei ricondurre all'ovile come una pecorella smarrita.

"Hai vissuto soltanto qualche breve sprazzo di umanità e già vuoi fuggire, cercare rifugio?" mi rimprovero aspramente. Voglio rafforzare la mia determinazione a esistere e a resistere, adesso, qui e in questo tempo.

"Non sei stata nemmeno capace di allontanarti un poco da questo luogo, tu che dovresti essere in ogni luogo" infierisco ordinando alle mie gambe di muoversi, di riprendere il cammino senza fermarsi finché non abbiano consumato distanza e distanze. Ma le gambe non obbediscono, come se le piante dei piedi fossero cementate nell'asfalto del marciapiede. La paura è cemento. "La paura è immobilità." Tutto mi appare immobile, fermo. Soltanto l'aria e la luce paiono a un tratto animarsi. Là dove c'era una pallida chiazza di sole, avanza rapida un'ombra ad ammantarla di grigiore. In alto, il soffio del vento freddo ammassa e addensa la coltre di nubi. Io non alzo gli occhi al cielo. E il cielo risponde alla sfida con un rimbombo sordo, quasi un ringhio che subito dopo esplode nell'abbaiare del tuono. Una pioggia fitta e gelida comincia a cadere senza l'avvisaglia delle prime gocce. Mi infradicia in un attimo. I capelli mi si appiccicano al capo e alla fronte. Il cappotto, inzuppandosi, si fa sempre più pesante sulle spalle. L'acqua si insinua in rivoli freddi tra i vestiti e la pelle. Il cielo continua ad abbaiare e io... io non mi muovo. Mi ostino a non alzare gli occhi al cielo. Li tengo fissi sulla porta della casa di don Mario.

Appesi a una cordicella tesa tra due pali di ferro ci sono dei panni. Lenzuola, federe, qualche camicia. Prima non li avevo notati, ma adesso che sono impregnati d'acqua hanno assunto contorni più netti e solidi. Anch'essi, come me, paiono opporre l'immobilità agli scrosci violenti della pioggia. "Il bucato di Giuseppina steso ad asciugare" penso di colpo. Si sta bagnando tutto. Le mie gambe cominciano a tendersi, pronte a scattare. Già mi vedo correre verso lo stenditoio, afferrare in fretta i panni tra gli schiocchi delle mollette che saltano via e poi bussare forte alla porta... Giuseppina che mi apre e mi sorride stupita... Sto per lanciarmi quando, tra gli scrosci di pioggia, vedo che davvero la porta si sta schiudendo. Non aspetto di vedere se è lei, don Mario o qualcuno che è stato accolto come me. Mi metto a correre, ma nella direzione opposta. Non voglio rischiare che mi vedano. Non mi volto nemmeno. Corro e i miei piedi sollevano schizzi sul selciato bagnato. Corro incontro alla pioggia battente e respiro acqua con il naso, con la bocca. Attraverso un paesaggio liquido e grigio. Corro perché non mi catturi. Corro per non annegarvi. Corro per non affondare nella paura. E l'acqua che continua a rovesciarmisi addosso piano piano la scioglie. La paura si liquefa. La sento scivolarmi via dalla pelle in rigagnoli torbidi. Correre mi sta restituendo animo, vitalità. "Quest'acqua è vita" penso, e sempre correndo allargo le braccia perché la pioggia possa colpirmi anche al petto.

Il cielo si è fatto scuro. Non solo per le nubi, ma anche perché è calata la sera. Eppure, attraversate dalle luci dei lampioni e dai fari delle auto che passano, le gocce brillano quasi fossero dotate di luce propria. L'allegria liberatoria che mi invade è tale che sento una risata sgorgarmi da dentro. Rido e corro, corro e rido come una pazza nello scrosciare della pioggia e nel silenzio del divino sopito. I vestiti bagnati mi si appiccicano addosso rivelandomi le forme del mio corpo. Corpo di donna. I capezzoli del seno inturgiditi dal freddo premono sotto il cappotto sulla veste rossa, come fossero sul punto di lacerarne il tessuto zuppo. Solo quando il riso e l'affanno della corsa mi spezzano il fiato mi decido a rallentare l'andatura. E la pioggia sembra rallentare insieme a me. Continua a cadere fitta, ma le gocce si sono assottigliate, affilate. Sottili raggi d'acqua che tagliano l'aria.

Ora posso guardarmi attorno. Non ho idea di dove mi trovo, ma alcuni casermoni grossi e squadrati che si ergono al di là di un terreno incolto mi fanno pensare all'estrema periferia. Sono sul ciglio di una larga strada asfaltata. Ciuffi di erbacce spuntano dalle buche e dalle crepe dello stretto marciapiede che la costeggia. "Dovrei trovare un riparo" mi dico rientrando un po' in me dopo tutta quell'euforia. Brividi di freddo umido imprimono un tremito irrefrenabile alla mia mascella. I denti picchiettano come la pioggia sul selciato. Alcune delle finestre dei casermoni sono illuminate. "No, non voglio andare laggiù." C'è qualcosa di inquietante, quasi di ostile, in quelle luci sbiadite incastonate nelle sagome tozze e scure degli edifici oltre il campo erboso. Lungo la strada, però, non distante da dove mi trovo, c'è un'altra luce. È un'insegna luminosa, colorata, brillante. La seguo, quasi fosse la scia di una cometa. L'ho quasi raggiunta quando improvvisamente si spegne. Sento il rumore di una saracinesca che viene abbassata. Proviene da una struttura bassa dietro la fila delle pompe di benzina. Nella penombra, scorgo a malapena la sagoma di un uomo che si china a chiuderla e poi si avvia correndo, per non bagnarsi troppo, verso un'auto parcheggiata lì accanto. La apre e vi scompare dentro. I fari che si accendono sembrano riflettori puntati che mi cercano nel buio. Istintivamente mi faccio da parte per non farmi inquadrare, ma quelli cambiano direzione. Il rombo del motore, il rosseggiare dei fanalini posteriori, e in un attimo l'uomo e l'auto scompaiono alla mia vista, risucchiati dalla striscia di asfalto scuro.

La stanchezza comincia a pesarmi addosso quanto il cappotto fradicio di pioggia. Ho bisogno di dormire e di ripararmi dalla pioggia. Tra la saracinesca chiusa e la vetrata spenta del magazzino del distributore, intravedo una tettoia più ampia di quella che copre le pompe di benzina. Addossato al muro c'è un grosso barile aperto. Dentro ci sono bottiglie di olio lubrificante vuote, stracci bisunti e vecchi giornali. "I giornali possono proteggermi dal freddo e dall'umidità che mi impregna le ossa..." Li prendo dal barile. Mi infilo i fogli tra la pelle e il vestito e tra il vestito e il cappotto. Mi imbottisco di carta. E finalmente mi rannicchio per riposare, seminascosta tra il barile e la parete. Il tremito della mascella si è acquietato. Reclino il capo sul petto e chiudo gli occhi. Mi lascio cullare dal picchiettio della pioggia e faccio per abbandonarmi al sonno, quando un rumore vicino mi scuote di colpo. Alzo la testa e mi guardo attorno. Nulla. Solo la pioggia. Ma ecco che il rumore si ripete. "Sì, sì, ne sono certa. Viene da là, dietro le pompe..." Sono come piccoli colpi dati su qualcosa di metallico. Strizzo gli occhi per vedere se riesco a scorgere qualcosa tra la pioggia e la penombra. Un distributore automatico di bibite spento troneggia massiccio poco lontano dalla fila delle pompe. È da lì che provengono i colpi.

È molto piccola. Forse per questo non l'ho notata subito. Ma ora la vedo benissimo. Una figurina minuta, imbacuccata in un giaccone di parecchie taglie superiore alla sua da cui spuntano due gambette sottili. "Un bambino! Ma cosa ci fa qui un bambino a quest'ora, a parte tentare di estorcere a pugni una bibita al distributore?"

All'improvviso, i fari di una macchina di passaggio lo illuminano. Nell'istante in cui la luce lo investe il bambino si immobilizza, come fosse stato colto in flagranza di reato. Un lasso di tempo brevissimo. Ma quando i fari spariscono, con la stessa rapidità con la quale erano apparsi, il bambino non riprende a dare pugni al distributore. Se ne sta lì fermo, diffidente. Muove solo la testa nell'atto di guardarsi attorno. Mi accorgo che porta a tracolla una specie di borsa, forse uno zainetto. Impacciata dall'imbottitura di giornali, faccio per alzarmi e andargli incontro. Mi muovo lentamente, anche perché non vorrei spaventarlo. Ma è più svelto lui a venire nella mia direzione. "Deve avermi vista" penso. Ma non è così. Fa pochi passi verso di me e poi devia di lato, fino al limite della tettoia stretta che copre le pompe, sul confine del cono di luce di un lampione non troppo distante. Adesso lo vedo meglio. Ha il capo coperto da una folta chioma di riccioli scuri luccicanti di pioggia. Si volta un momento e riesco a scorgerne il volto: due grandi occhi neri che paiono anch'essi luccicare di pioggia. E... "Ma sì, ha una macchia sulla guancia sinistra, come una specie di voglia." Strana. Rossastra, quasi a forma di stella. Resto rannicchiata dietro il mio barile per poter continuare a osservarlo ancora un po'. "Poi cercherò di parlargli, di chiedergli se si è perso..."

Lui si siede sul bordo della piattaforma rialzata e si toglie dalla spalla la borsa. La apre e ne tira fuori qualcosa. È un violino. No, ora non riesco più né ad alzarmi né a fare il minimo movimento. Sono affascinata, avvolta, ipnotizzata dalla melodia che il bambino ne sta traendo. La voglia a forma di stella è nascosta per via della guancia appoggiata sulla cassa dello strumento. Stelle. Stelle d'argento sono le note che fa brillare tra le gocce di pioggia. Brillano forte, poi d'improvviso si spengono e altre si accendono. A volte in rapida successione, altre volte rincorrendosi, gioiose e malinconiche allo stesso tempo. È una musica dolce e violenta, struggente. Che sembra giungere da lontano, da un tempo al di là dei confini della memoria, per irrompere impetuosa nel presente.

Il bambino continua a suonare. Intuisco la serietà attenta dipinta sul suo viso inclinato a reggere il violino. I gesti con cui muove l'archetto sulle corde sono adulti, decisi e misurati. Un'ultima stella d'argento si spegne lenta tra la pioggia. Pausa. Una pausa silenziosa che sembra non finire più. Piena di aspettativa guardo il bambino. Regge ancora il violino tra la guancia e la spalla. L'archetto è fermo nella sua mano. Lo tiene sollevato a mezz'aria, con uno dei capi rivolto verso l'alto, come se lo stesse ricaricando di energia astrale. Poi, molto lentamente, lo abbassa di nuovo a toccare le corde. La musica riprende. È diversa. Non brilla. Balugina di tenui riverberi. Come i riflessi della Luna sulla superficie di un mare appena increspato. Il suo andamento è quello cadenzato della risacca. Lieve, irresistibile e insinuante. Mi culla e me ne lascio cullare. Le palpebre mi cadono, ma la musica continua. E io continuo a sentirla. È lei che mi accompagna, gentile e misteriosa, oltre l'orizzonte della veglia.

Una dissonanza. La melodia si arresta su una nota acida, come se si fosse strappata una corda del violino, poi riprende. Ma l'acidità della nota sembra esservisi insinuata dentro. Ora la musica lambisce le mie orecchie come un'eco ovattata. Anche il ritmo è mutato. Non è più cullante. C'è in esso un'allegria sgraziata. Forzata. Disperante. Pare quasi una marcetta un po' volgare. E... "Sì, è così, si sono aggiunti altri strumenti. Li sento bene... Una fisarmonica, un organetto..." A tratti si sovrappongono al violino fin quasi a soffocarne il trillo. È una musica inquietante, che sembra allontanare da me il sonno. Un brivido freddo mi attraversa. Sento che ricomincio a battere i denti. Petali gelati mi scendono sul capo, li sento depositarsi, freddi, sulla fronte. Allungo una mano con il palmo aperto e qualcuno si posa anche lì. Li osservo per un attimo prima che il tepore residuo della mia pelle li sciolga. "Fiocchi di neve. Sono fiocchi di neve" penso incredula. Allora alzo la testa e guardo in alto. La tettoia del distributore di benzina è scomparsa, e al posto delle gocce di pioggia cadono fitti i fiocchi di neve. Non sono candidi. Il loro biancore è inquinato da tracce scure che li rendono untuosi. La marcetta riecheggia ovattata. Mi guardo attorno. Una spianata ampia e brulla, coperta di neve. È la neve che ovatta i suoni, e ovatta anche il mio stupore, lo smarrimento che mi coglie. "Dov'è finito il distributore? Dov'è finita la pioggia? E il bambino con la voglia a forma di stella?" Faccio per alzarmi di scatto, ed è in quel momento che mi accorgo di essere già in piedi. Muovo qualche passo. Mi volto indietro. I miei passi non hanno lasciato alcuna impronta sul manto nevoso. Alzo un poco lo sguardo. "Pare sorto dalla neve, quel muro alto e grigio." Si dipana a perdita d'occhio tutto intorno a me, circondandomi e cancellando ogni traccia di orizzonte. E sopra il muro c'è il pentagramma della musica che insistente continua il suo lamento. La sua partitura è composta di righi musicali d'acciaio. Spine d'acciaio appuntite sono le note che vi si alternano, intrecciate. Il muro sorge dalla neve. E dal muro sorgono alberi neri, alti, spogli. Torrette di guardia. Dietro, ancora più alta degli alberi spogli, svetta una tozza ciminiera. Il suo fumo insozza i fiocchi di neve che continuano a cadere sui tetti di basse e squadrate strutture allineate in forma geometrica. Tutte uguali. L'una accanto all'altra. Un corridoio, una specie di strada diritta, si disegna tra due file di quelle strutture. Io sono al centro del corridoio. Stordimento e stupore si fondono in un opprimente senso d'angoscia che si addensa alla bocca dello stomaco. Tento di prendere aria, ma respiro il sapore grasso e nauseante del fumo che la impregna. Tento di muovermi, di spostarmi da qui, ma la neve salda al terreno i miei piedi in una morsa gelida. La musica. Sento che la musica si sta avvicinando, come se cercasse di raggiungermi. Adesso li vedo. Confusi tra i fiocchi di neve. Vedo le sagome di uomini che vengono lenti nella mia direzione. In testa a una colonna di persone che stanno avanzando col capo incassato tra le spalle, distinguo i suonatori con i loro strumenti, e... "Sì, tra loro ce n'è uno con il violino." Ai lati altre figure. Baluginii di acciaio dai loro elmetti. Gli strumenti che imbracciano sono armi brunite. Il gruppo è sempre più vicino. Non mi muovo. Non posso muovermi. Sprofondati nell'ombra, sotto le visiere degli elmetti, scorgo occhi indifferenti. Non mi guardano. Anche gli occhi degli altri, di quelli che stanno camminando con il capo incassato tra le spalle, paiono indifferenti. L'ombra che li contiene è quella di occhiaie profonde come orbite vuote. Ma non è indifferenza. È una stanchezza talmente risucchiante da svuotare gli sguardi. Non mi guardano. Eppure sono ormai così vicini che quasi mi possono sfiorare... Chi non ha l'elmetto è vestito di stracci logori a sbiadite righe verticali. Stelle. "Non come la voglia sulla guancia del bambino." Sulla giubba di ognuno di loro è cucita una stella gialla. Un firmamento scolorito e dolente che avanza lento nella neve sporca. Ci sono in mezzo, adesso. Potente quanto lo spostamento d'aria di un'esplosione, mi investe l'ondata di angoscia che emana. «Fermi!» grido con quanto fiato ho in gola. Ma sembra che il mio urlo venga subito soffocato dalla neve. O forse, annichilita come sono dal fluire lento di tutto questo dolore, non ho affatto gridato, ho solo desiderato farlo. "Ciò che desidero è" mi ricorda il divino sopito. "Ma non qui. Non qui" gli rispondo affranta.

Le tristi figure continuano il loro cammino. Alcune mi passano accanto. Altre potrebbero urtarmi perché sono proprio in linea con il loro percorso, e invece non accade.

Nessuna mi tocca. Mi attraversano come se fossi fatta di etere. In pochi istanti, tutto il gruppo mi oltrepassa. Già mi sta dando le spalle. "No!" Non voglio che proseguano la loro luttuosa marcia. Mi sforzo di muovermi. Di liberarmi dalla morsa della neve che mi inchioda al terreno. Voglio raggiungerli, parlare con loro. Voglio capire. Rigide, pesanti, anchilosate, ma finalmente le mie gambe si muovono. Con grande fatica recupero terreno fino a sopravanzare di nuovo il corteo. "L'uomo con il violino. È a lui che cercherò di domandare..." Mi piazzo davanti a lui. "Non potrà evitarmi." Non c'è nessuna stella sulla sua giubba. Solo un triangolo di stoffa marrone. È a pochi centimetri da me. Continua a muovere l'archetto sulle corde. Non mi guarda. Arretro di qualche passo perché non mi urti. «Perché?» gli chiedo.

Lui prosegue nel suo cammino.

Arretro ancora. «Perché non mi guardi?»

Finalmente sembra udirmi. Alza di poco la testa dalla cassa del violino. E allora la vedo. La stella. Sulla guancia ha la stessa chiazza a forma di stella che aveva il bambino del distributore di benzina. «Perché non mi guardi?» torno a domandargli.

La stella tramonta di nuovo sul violino. L'uomo ha riabbassato la testa. Ma sento la sua voce rispondermi: «Perché tu non ci sei».

Incredula, confusa, gli ribatto: «No. Non è vero. Sono qui. Sono in ogni luogo».

«Non qui» ribadisce lui. «Tu qui non ci sei.»

Il piccolo corteo di soldati e deportati mi oltrepassa di nuovo. Di nuovo non riesco a muovermi. Stavolta è l'eco di quel «*non qui*» a inchiodarmi al terreno. Risuona nelle mie orecchie e nei miei nervi come un rintocco funebre. Nel timbro di quelle due parole c'è una rassegnazione più dura di un'accusa. Mi vibrano dentro fino a salirmi alle labbra. «Non qui» mi sento ripetere in un sussurro. «Non qui...»

«Cosa dici? Cosa stai dicendo?» Una vocetta infantile mi interpella, curiosa e inattesa. «Cosa borbotti? Sei sveglia?» insiste.

Apro gli occhi di scatto. La vista è appannata, liquida, ma riesco ugualmente a intravedere la stella sulla guancia del bambino. È vicinissimo ma, forse sorpreso dal mio repentino sgranare gli occhi, fa un piccolo passo indietro. Subito si riavvicina. «Perché piangi?» mi domanda.

Di riflesso mi stropiccio le palpebre con le dita. Sono bagnate. Ho le ciglia tutte impastate di lacrime. «Non sto piangendo» lo rassicuro. «Forse ho gli occhi arrossati perché ho dormito...»

"Ho dormito?" chiedo stordita a me stessa. "Ho sognato?" Adesso ci vedo meglio. Metto bene a fuoco il bambino. In una mano stringe il violino e l'archetto. Accanto a me c'è il barile. Sopra di me la tettoia del distributore. Non piove più, ma il suolo bagnato riflette debolmente il cielo notturno e qualche raggio di luce dei lampioni distanti.

«E tu mentre dormi piangi?» insiste lui con espressione scettica e svagata.

«Ti ho detto che non sto piangendo» ribatto un po' stizzita. Intanto, però, tiro su col naso. Freddo e pioggia devono aver fatto il loro effetto.

«Ehi, non ti arrabbiare. A me non importa nulla se piangi o non piangi» mi dice con tono vagamente risentito. «E poi io non mi faccio i fatti degli altri. Bado ai miei, io» aggiunge, cercando di darsi un contegno da adulto e gonfiando il petto. Infagottato com'è in quella giacca troppo grande, mi strappa un sorriso.

«Non ti avevo nemmeno vista. Sembravi un sacco di spazzatura buttato lì. Se non ti fossi messa a borbottare nel sonno non mi sarei fermato.» Mi volta le spalle tutto impettito e accenna ad andarsene.

«Ehi, ehi, dove te ne vai?» cerco di fermarlo.
«A casa. E dove, se no? Finalmente ha smesso di piovere.»
«Aspetta un momento...»
Mi alzo, impacciata dai giornali con cui mi sono imbottita. Lo spettacolo di me che estraggo i fogli di quotidiani dal cappottone, li appallottolo e li butto nel barile sembra attrarlo. Mi guarda divertito: «Cosa sei, una specie di maga?» mi dice ridendo.
Rido anch'io. «Forse sì» gli rispondo. Approfitto del fatto che si è riavvicinato per chiedergli come si chiama.
«Mi chiamo Helver.»
«Helver, lo sai che suoni benissimo? Ti ho ascoltato.»
Helver alza le spalle come se gli avessi detto una cosa ovvia. Però, da un breve luccichio nei suoi occhi, mi accorgo che il complimento gli ha fatto piacere.
«Mi ha insegnato mio padre, e a mio padre l'ha insegnato mio nonno. Suonano tutti il violino» mi spiega, mentre ripone lo strumento nella sua sacca. «Ora me ne devo andare. Ciao.»
«Ma è ancora notte. È buio.»
«Io non ho paura del buio. Non ho paura di niente, io.»
«Abiti lontano?»
«Non molto. Una mezz'oretta da qui.»
«Non vuoi che ti accompagni?»
Helver mi squadra per un momento con un po' di diffidenza. «Non ho bisogno di essere accompagnato. Ma se non sai dove andare, puoi venire con me.»
Di nuovo mi volta le spalle e si avvia, stavolta con passo deciso. Io esito a seguirlo. Lui gira la testa e, senza fermarsi, mi fa un cenno con la mano. «Dai, vieni.»

Camminiamo lungo la strada lasciandoci alle spalle il distributore di benzina. Lui davanti e io dietro, senza più scambiarci una parola. Il cielo è sempre buio, coperto da una spessa coltre di nuvole. Mi accorgo che si sta facendo mattina solo perché le auto che incrociamo lungo il cammino si fanno via via più frequenti. Vanno tutte nella direzione opposta alla nostra, verso il centro della città. I lampioni, al contrario, si diradano come se stentassero a crescere su questo terreno trascurato di una periferia sempre più estrema. Le ombre scure degli ultimi palazzoni popolari stanno tramontando dietro i rilievi smossi del paesaggio desolato che ci circonda.

«Siamo quasi arrivati» mi avverte Helver senza voltarsi. Accelera un po' il passo, e io con lui. Scavalliamo una bassa collinetta. Vedo nella spianata sottostante cinque o sei roulotte parcheggiate in cerchio su uno sterrato reso fangoso dalla pioggia. Ci sono anche due baracche di legno e lamiera, e la chiazza bruciata di un falò spento. Mentre scendiamo, stando attenti a non scivolare sull'erba bagnata, i cani cominciano ad abbaiare. Sono quattro. Spuntano all'improvviso da dietro tre grosse auto posteggiate a poca distanza dalle roulotte. Sono così magri che gli si possono contare le vertebre sotto la pelle. Paiono venirci incontro, ma poi si fermano al confine dell'accampamento, delimitandolo con il loro agitato andirivieni. Si ritirano non appena lo varchiamo. "Sicuramente hanno riconosciuto Helver" mi dico guardandoli allontanarsi ammansiti. Solo uno, un bastardetto a pelo corto marrone, incrostato di sporcizia, resta. Mi si avvicina, mi annusa e mi dà una gran leccata sulla mano.

«Rambo, fila via!» Helver tenta di cacciarlo con un ordine brusco. Senza successo, però. La bestiola ha fermamente deciso di restarmi attaccata.

Fiancheggiando il bordo del falò spento arriviamo davanti a una delle roulotte. La luce dell'alba comincia timidamente a filtrare attraverso lo spesso strato di nuvole.

«Mamma! Mamma! Sono tornato!» grida il ragazzino.

"Chissà che ansia, che angoscia deve aver provato la povera donna non vedendo suo figlio tornare per tutta la notte!" mi dico immedesimandomi nella madre di Helver.

La porta della roulotte si schiude. Incorniciata dal telaio, fa la sua apparizione una donna con il capo avvolto in una pezzuola e ai fianchi una lunga e ampia gonna dai colori vivaci. Sembra la figura di un quadro ottocentesco. La donna scende i tre gradini che separano la roulotte dal terreno, sollevando un po' le falde della sottana per non inciamparvi. Osservo con stupore che non c'è traccia di apprensione sul suo volto. Ha grandi occhi neri come suo figlio. Nere, ma venate d'argento, sono anche le ciocche di capelli che escono dal foulard.

«Helver!» esclama aprendosi in un sorriso tranquillo. Schiudendosi, le sue labbra carnose svelano il luccichio di due denti d'oro. Sarà per l'ampiezza delle sue vesti, ma il suo aspetto è piuttosto corpulento. Si siede sull'ultimo gradino e aspetta che il ragazzo le vada vicino. Pare non avere occhi che per lui. A me non rivolge neppure un accenno di sguardo, quasi non mi avesse vista. Provo imbarazzo. Mi sento di troppo, nell'intimità familiare di quel saluto.

Nemmeno Helver fa più caso alla mia presenza. Posa a terra la sacca con il violino e si accosta alla madre. Si mette a frugare nelle tasche della giacca e ne trae una manciata di monete e banconote di piccolo taglio tutte stropicciate. «Ecco» dice porgendole alla mamma. Nessun orgoglio nel tono della voce e nel gesto. Si capisce che è un rito abituale, forse quotidiano. Normale.

«Bene» gli risponde la donna, facendo sparire il piccolo gruzzolo senza contarlo nell'incavo tra i grandi seni stretti nel gilet da uomo che indossa sopra una camiciona a sbuffi. «Hai fame?»

Helver fa cenno di sì con il capo e, finalmente, con un altro cenno, indirizza verso di me lo sguardo della donna.

«Buongiorno, signora» mi saluta lei come se fossi appena arrivata. «Preparo la colazione. Vuoi fermarti con noi, signora?»

Impacciata, faccio segno di sì con la testa come Helver e bofonchio una specie di "grazie". La donna risale i gradini e scompare nella roulotte. Helver invece vi scompare dietro. Torna con quattro cassette di plastica dura, di quelle per le bottiglie di bibita, tenendone due per ogni mano. Le appoggia a terra rovesciate e le sistema in una sorta di semicerchio.

«Accomodati» mi dice indicandomene una e sedendosi su un'altra.

Sulla fiamma azzurrognola di un fornellino a gas portatile, piazzato come un fuoco da campo in mezzo a noi, l'acqua nella pentola un po' ammaccata già inizia a borbogliare.

«Gibanica.» La madre di Helver apre un panno pulito e mi mostra una specie di grossa focaccia arrotolata. «Gibanica» ripete facendo luccicare i denti d'oro. Ne strappa un pezzo e me lo porge.

Mastichiamo tutti la gibanica in attesa che l'acqua arrivi a piena ebollizione. Helver ne stacca grandi morsi voraci. È fredda e un po' stopposa ma ha un buon sapore, leggermente acidulo. Mentre mangio, getto uno sguardo attorno. Dalle altre roulotte nessun segno di vita. "Forse gli altri stanno ancora dormendo" penso. Anche dei cani non c'è traccia. Eccetto per quello marrone che sta accucciato vicino a me. Ha alzato la testa e sollevato le orecchie. Fissa la gibanica come ne fosse ipnotizzato. Ne stacco un pezzetto e glielo do. Lo ingoia in un attimo. La madre di Helver scoppia in una risata allegra. Helver invece sbotta in un: «Pussa via». Ma l'ordine è così poco convinto che il cane non dà nemmeno segno di averlo sentito e continua imperterrito a puntare la gibanica che ancora mi resta.

L'acqua bollente si mescola alla polvere di caffè e allo

zucchero sul fondo della tazza di plastica che tengo tra le mani. Mentre la donna me la versa, sento con piacere il tepore scaldarmi le dita. L'aria è fredda e umida. Dalla tazza esce una nuvola di vapore densa come nebbia. Ed è proprio come se fosse emerso dalla nebbia che, alzando gli occhi, lo vedo. È uscito dalla roulotte, forse attratto dal profumo del caffè caldo. Magro, un po' curvo. Il grande cappellaccio nero a falde larghe che ha sul capo gli nasconde un po' il viso. Senza dire una parola, la tazza vuota in mano, viene a sedersi sulla cassa accanto a me. La mamma di Helver si affretta a versargli l'acqua bollente. Per un lungo momento, il volto dell'uomo torna a sparire nella nebbia di vapore. Lo osservo. "Sarà il padre di Helver?" Ha la pelle solcata da rughe profonde. Pelle da vecchio. "No, è troppo anziano per poter essere suo padre..."

Con movimenti lenti e solenni, il vecchio inzuppa il suo pezzo di gibanica nel caffè per ammorbidirlo. Poi se lo infila in bocca e roteando la mandibola comincia a masticarlo. Il mento arriva quasi a toccargli la punta del naso prominente. Sembra che stia biascicando una qualche giaculatoria. Invece è solo che non ha più denti. Può darsi che a un certo punto percepisca il peso del mio sguardo fisso su di lui, perché volge il capo verso di me. Imbarazzata dalla mia stessa invadenza, faccio per distogliere gli occhi. Ma non ci riesco. Mi blocco. Sulla sua guancia sinistra, in parte nascosta dalle rughe e da un velo di barba bianca, c'è la stella. La stessa stella di Helver.

Io fisso la stella. L'anziano fissa me. Occhi neri, ravvicinati alla radice del naso. Uno sguardo da uccello. Attento e profondo come quello di un rapace. Sembra stia cercando il mio volto nell'archivio della sua memoria. Sentirmi così osservata, così studiata, mi crea disagio. Vorrei interrompere quel contatto visivo.

«Nonno, vuoi un altro pezzo di gibanica?»

La voce di Helver, che gli sta porgendo un tozzo di focaccia, arriva provvidenziale. “Ecco,” penso “adesso finalmente si distrarrà e smetterà di fissarmi...” Ma il vecchio si limita ad allungare il braccio in segno di diniego, senza staccare gli occhi da me. Poi, improvvisamente, socchiude le palpebre. Come se si stesse concentrando su un'immagine mentale. Come se la mia faccia fosse finalmente emersa dall'archivio della memoria trasformandosi in nitido ricordo. È allora che, con la stessa stanca solennità con cui inzuppava il suo pezzo di gibanica nella tazza di caffè, inizia ad arrotolarsi la manica della camicia sul braccio sinistro.

Di colpo mi tornano in mente le parole di Helver: «*Mi ha insegnato mio padre, e a mio padre l'ha insegnato mio nonno...*». La stella sulla guancia... Il triangolo di stoffa marrone sulla giubba logora... E capisco. Riconosco in lui l'uomo che suonava il violino accompagnando il mesto corteo dalla neve alla morte. Lo riconosco prima ancora che mi mostri il numero tatuato sull'avambraccio. Sbiadito, bluastro, sulla pelle vizza.

«Non qui.» Sono io la prima a sussurrare queste due parole.

Lui le ripete con tono di poco più alto. «Non qui.» Poi, a voce bassa, aggiunge: «Ti ho riconosciuta. Perché non ti ho mai vista. Non c'eri. Tu là non c'eri».

Vorrei lanciare un urlo. Alzarmi. Fuggire. Correre via, lontano. Invece riesco solo ad abbassare la testa. Anche il Dio sopito in me abbassa il capo e tace impotente. Sento due dita magre esercitare una pressione leggera sotto il mento. È sufficiente a farmi rialzare la testa. Il vecchio ritira la mano. I nostri occhi si incontrano di nuovo. I suoi mi stanno sorridendo. Anche sulla sua bocca sdentata aleggia un sorriso.

«Nemmeno io ero là...» mi dice.

Lo guardo incredula.

«Nessuno era là. Nessun uomo, nessuna donna, nessun bambino...»

Non capisco. Non riesco a capire.

«Là è un vuoto. Un baratro vuoto di umanità. Là è il buco nero del creato.» Accenna a darmi una carezza sul viso. Delicata. Appena percettibile. «Dove non c'è umanità, non può esserci Dio» conclude guardandomi con infinita dolcezza. E nostalgia. Sì, nel suo sguardo c'è nostalgia. Come se gli fossi mancata per molto, molto tempo. Sento che le sue parole stanno colmando un vuoto. Un vuoto che ho dentro da sempre. Il buco nero del divino.

Ho le palpebre asciutte, ma Dio sta piangendo. «Grazie» è l'unica parola che riesco a far riuscire dalle labbra. Ma forse non gli arriva, perché ha già distolto la sua attenzione da me.

«Anelka, vai a prendere la bottiglia della Rakija» ordina con tono allegro alla madre di Helver.

«Ma come, di prima mattina?» brontola la donna.

«Certo! Perché no? Dobbiamo festeggiare la nostra ospite» mi indica allargando il braccio con gesto teatrale. «Svelta, donna, obbedisci!» Il tono, però, è sempre più allegro che imperioso.

Borbottando, Anelka si alza dalla cassetta e si incammina verso la roulotte. «E portami anche il violino» le grida lui. Poi si rivolge a Helver: «E tu, ragazzo, tira fuori il tuo. Forza, che aspetti?».

«Dai, un altro!» Ancora la fiamma del sorso di Rakija che ho buttato giù non si è spenta in gola che lui già mi incita a berne un altro. Bevo per non urtare la sua generosità. Tossendo come una tisica sputo fuori una nuvola di alcol vaporizzato.

«Salute!» si sganascia dal ridere il vecchio, e mi strappa la bottiglia di mano per attaccarcisi lui.

Ridono anche Helver e Anelka, e alle loro si aggiungono altre risate. Non me n'ero accorta. Devono essere arrivati in silenzio dalle loro roulotte. Adesso fanno capannello intorno a noi altri zingari, donne, uomini, bambini... Pure i cani sono riapparsi.

«Dai, Helver, comincia tu.» Il vecchio posa la bottiglia a terra e incita il ragazzino a suonare.

Helver obbedisce prontamente. Serissimo, si appoggia il violino alla spalla e comincia a muovere l'archetto sulle corde. Di colpo, c'è soltanto la melodia intensa e malinconica che scaturisce dallo strumento. Ogni altro suono tace per lasciarle spazio. Non più una risata né un bisbiglio, nemmeno i cani guaiscono più. Intorno alla musica di Helver tutto è silenzio. Il tempo è sospeso. Fermo. Solo le note scorrono vibrando nell'aria. Finché all'improvviso si intromette una dissonanza. Ma è una dissonanza diversa da quella che mi aveva condotta nella neve. Un trillo squillante. Il vecchio ha imbracciato il suo violino e si insinua sottile, senza invaderla, nella melodia di Helver. Un altro trillo, più acuto. Come un fischio di richiamo. E le note di Helver rispondono al fischio. Per un momento i due suoni paiono sovrapporsi. Due musiche diverse una sull'altra. Quella di Helver malinconica e quella del nonno un crescendo allegro e scanzonato. Ma è davvero solo un momento, perché subito si fondono in un unico ritmo veloce. Le note sciamano come api impazzite dagli strumenti. Salgono vorticosamente e ridiscendono in vertiginose picchiate. Gli acuti frantumano il cristallo del silenzio. Si riaccendono le risate. Qualche grido di entusiasmo sale verso il cielo ed esplode scintillando come un fuoco d'artificio. Gli occhi del vecchio sono fissi su quelli di Helver che suona di fronte a lui. Gli occhi di Helver sono puntati su quelli del vecchio. La musica impazza. Soffia come un vento irresistibile che smuove tutto. Volteggiano volti, braccia e gambe. Volteggiano le falde delle gonne spandendo fiori e colori. Solo gli sguardi di Helver e di suo nonno restano fermi. Indissolubilmente agganciati l'uno all'altro. Pare che si stiano sfidando. Una sfida a chi riesce a far volare le note più in alto. Una gara di aquiloni. Ma intercetto nel fluido che scorre tra i loro occhi una vena profonda di complicità ben più forte di ogni competizione. Un legame antico e fresco nello stesso tempo. Una storia che non finisce di raccontarsi.

Due mani mi afferrano saldamente i polsi. Non ho il tempo di un respiro che già mi strappano via, costringendomi ad alzarmi dalla cassetta. Scintille d'oro sprizzano dal sorriso di Anelka. Mi trascina con sé nella sua danza tumultuosa. Si muove con forza e leggerezza. La corpulenza della sua figura si assottiglia nel turbinio delle sue giravolte. Gira, gira su se stessa. Il fiore della sua sottana si apre e i petali cominciano a vorticarle attorno ai fianchi. Gira senza lasciare i miei polsi. E giro anch'io. Giro nel gorgo di Anelka. Gira sempre più svelta la musica. Girano le sagome tutto intorno a me. Girano il cielo e il sole pallido che ora fa capolino dalle nubi. Non riesco a fermarmi. Sento la presa delle mani di Anelka allentarsi. Per un attimo temo che, se mi mollasse, verrei scaraventata lontano come un fuscello dalla forza centrifuga. Ma quando Anelka mi lascia non volo via. Continuo a girare, in una danza che adesso è solo mia. Non voglio fermarmi. La musica soffia sempre più forte. Soffia via l'ansia e l'angoscia. Soffia via l'umano e il divino. Giro. Giro sempre più veloce. Danza il fango, danzano le roulotte e i dossi, mentre finalmente l'orizzonte si confonde con il cielo. Una gioia pura come acqua di sorgente sgorga dal mio seno e ha il suono di una risata cristallina. Socchiudo gli occhi, perché quest'acqua mi inebria ancora più dei sorsi di Rakija. Pensieri, ricordi, paesaggi e immagini si mescolano. Tutto è confuso, ed è in questa confusione di ogni cosa che nella mia mente si delinea chiara e netta la comprensione della verità. Mi appare abbagliante come un astro. Ma svanisce prima che io possa tradurla in parole.

Non la luce, però. So che un bagliore di quella luce è rimasto in me e non svanirà. Giro. Giro e sono gioia. Gioia divina.

7

Mi sono lasciata alle spalle l'accampamento, la musica, la danza. I violini hanno taciuto di colpo. Così com'era iniziata, la melodia è finita. È finito il vorticare. I petali delle gonne si sono richiusi. Ma non i sorrisi. Poi gli auguri di buona strada, il pezzo di gibanica da portare con me per il cammino avvolto in un panno leggero.

Il cane marrone mi ha seguita. Ho pensato che avesse deciso di stare con me, ma prima che il campo sparisse dietro la collinetta si è fermato. Mi fissava, ritto sulle zampe, le orecchie sollevate, il muso un po' inclinato di lato.

«Vieni. Dai, vieni» l'ho chiamato. «Tieni, bello, toh.» Ho spezzato un boccone di gibanica e gliel'ho offerto sperando di attrarlo. Si è girato ed è corso via. Io non mi sono più voltata indietro. Perché devo andare avanti. Avanti finché il mio passo è leggero.

Ora in alto solo ritagli di cielo, scampoli grigi impigliati tra le cime dei palazzoni. Levo gli occhi per guardarli. Prendo aria da quelli. In basso rumori di motorini, macchine, autobus. Metallo schiacciato, compresso tra gli argini della strada. Musica che sembra rumore esce dai negozi, sparata a tutto volume. I corpi in movimento che affollano il marciapiede si riflettono nelle vetrine. Tantissimi corpi. Nessuno sguardo. Nessun sorriso. Paiono non avere volto. Io sono in mezzo ai corpi. Non mi guardano. Non si guardano. Camminano chi più veloce, chi meno. Chi verso di me, chi nella direzione opposta. Si sfiorano senza toccarsi. Sembra che nel loro moto compatto assorbano l'aria, la risucchino. L'aria a me manca. Ed ecco perché guardo in alto. Per prenderla dagli scampoli di cielo.

Un urto. Poi un altro. Sono ferma, testardamente aggrappata agli scampoli di cielo. Ostacolo il flusso dei corpi. E loro mi urtano e proseguono. Ancora un urto. E un altro più forte, accompagnato da un'imprecazione: «Ma guarda dove vai, cazzo!».

Non ho nemmeno il tempo di capire se è una voce di uomo o di donna che già si è persa nella corrente. Per il colpo, l'involto con la gibanica mi è caduto di mano. Il panno si è aperto e la focaccia è rotolata sul marciapiede. Faccio per chinarmi a raccoglierla e vengo urtata di nuovo. Prima che la mia mano la raggiunga, cento piedi la calpestano riducendola in poltiglia. Vengo sballottata di qua e di là, come se fossi invisibile. Eppure sono qui. Anche se il cuore della città sembra volermi espellere con le sue pulsazioni sorde. Penso: "Dovrei lasciarmi trasportare dal flusso, invece di resistergli... Ma ho paura". Paura di annullarmi in esso. Di perdere anch'io volto e sguardo. Il cuore della città è meccanico, non ha sentimenti.

Uno sbattere di ali attira la mia attenzione. Un piccione è sceso giù dagli scampoli di cielo e svolazza a mezz'aria. Sta cercando di atterrare vicino ai rimasugli della gibanica sul marciapiede, ma il flusso compatto della folla lo respinge. Non gli lascia spazio. Con l'ostinazione della fame, la bestiola tenta e tenta ancora. Nel suo svolazzare perde qualche piuma, che fluttua leggera per un poco sopra le teste prima di scomparire in mezzo a loro. Tra il piumaggio color piombo, il piccolo occhio rotondo e rosso spicca come una goccia incandescente. Mezze picchiate e risalite rapide. Immagino che tutto si fermi, così che il povero uccello possa finalmente raggiungere il cibo. Per un attimo la goccia incandescente sembra fissarmi, quasi l'animale mi avesse letto nel pensiero. Un battito d'ali, e il cuore della città smette di pulsare. Un silenzio inatteso cala a soffocare anche il più piccolo rumore. Si sente soltanto il fruscio del volo. I corpi immobili ora sembrano fotografie impresse sulle vetrine. Ancora un battito d'ali, poi la planata. Ora il piccione è sul marciapiede e becchetta a scatti. Con la sua goccia incandescente pare guardarsi attorno, tra gambe ferme come piante e piedi bloccati a metà passo. Dopo un po', sul cemento resta solo il panno stropicciato. Non c'è più nemmeno una briciola, un minuzzolo di gibanica. L'uccello fa un piccolo giro dondolandosi sulle zampette come per accertarsi che davvero niente sia avanzato. Poi apre le ali e spicca il volo. Prima che riesca a seguirlo con lo sguardo, il rumore deflagra. Rimbomba come il boato di un'esplosione cancellando il silenzio di un attimo prima. I passi, sbloccati, riprendono a calpestare il selciato. La massa torna a muoversi come se non si fosse mai fermata. Scruto il cielo per vedere se riesco a scorgere il piccione. Non ce n'è traccia.

Mi stanno spingendo da parte, nella rientranza di un portone, ai margini del flusso. Mi appoggio con le spalle alle ante chiuse di legno massiccio. Qualcosa mi solletica leggermente il viso. Alzo una mano e tra le dita mi ritrovo una piccola piuma morbida, che era andata a infilarsi tra i miei capelli e la mia guancia. La osservo per un momento e poi la libero soffiandola via. Sento che l'anta del portone a cui sono appoggiata si sta schiudendo. Rapidamente mi sposto di lato. Il portone si apre dall'interno.

Non mi ero accorta che fosse l'ingresso di una chiesa. La luce che entra dal rosone centrale accarezza appena le file di panche e le navate. Il vasto ambiente è avvolto in una penombra accogliente. Il prete che ha appena aperto mi si para davanti. È giovane, biondiccio, di incarnato pallido. Il collo e il viso che spuntano dalla tonaca nera ricordano una candela infilata in un candelabro ossidato. Mi guarda. O meglio, mi squadra da capo a piedi. Le labbra sottilissime strette in un'espressione dura. Certo non devo avere un bell'aspetto, con questo cappottone inzaccherato di fango. Abbasso lo sguardo, oppressa dal suo. E sento la sua voce sibilare due parole: «Non qui».

Sussulto, perché il loro suono mi ferisce le orecchie. Sono come un chiodo conficcato nella carne. Sentirle riaccende lo strazio. Per il dolore della memoria risollevo lo sguardo. I miei occhi, sgranati come una bocca spalancata in un grido, incontrano quelli del giovane sacerdote. Due lame fredde strette tra le palpebre socchiuse. Il volto di cera, immobile. Solo un sopracciglio si alza inarcandosi sulla sua fronte liscia.

«Non qui» ripete. «Quante volte ve lo devo dire? Non voglio che vi mettiate qui a disturbare i fedeli che vengono alla Santa Messa!»

«Ma io veramente...» balbetto confusa.

Il mio balbettio ha l'effetto di indignarlo. Il tono, prima semplicemente infastidito, si fa sprezzante. «Via di qui! Fuori! Vattene da un'altra parte...» strilla, in un timbro così acuto da sfiorare il falsetto, e conclude con un: «Perbaccolina!».

È un'imprecazione così ridicola che non riesco a trattenere una risata. E il mio riso lo investe. Il prete alza il braccio a coprirsi il viso, quasi per ripararsi dallo scroscio di una bufera. Ma la bufera della mia risata aumenta di intensità. Si addensa in nubi vorticanti e dense di tempesta sull'abside della chiesa oscurando la timida luce del rosone. Il suo suono si trasforma in brontolio di tuoni che deflagrano sempre più potenti rimbombando e riecheggiando lungo tutto il deambulatorio. Poi il vento inizia a soffiare. Si porta via le fiammelle delle candele accese sotto le icone dei santi. Fischia tra le colonne delle navate laterali. Allibita, vedo la tonaca del giovane prete sbatacchiare, scossa dalle raffiche come una bandiera sventolante che sta per essere strappata dall'asta. Lui resiste caparbio finché una raffica più violenta lo sbatte a terra e lo trascina via. Inutilmente si dimena cercando di aggrapparsi alle panche. Al lampo elettrico di una saetta, il rosone esplode. Per una frazione di secondo la luce azzurra del fulmine si riflette, incendiandole, sulle schegge di vetro che sibilano nell'aria come un nugolo di proiettili infuocati. Quasi fosse attirato da una forza potentissima, il vento comincia a vorticare formando un mulinello. Un istante dopo, una tromba d'aria si dibatte furiosa tra le mura del tempio, sollevando e devastando tutto. Le panche si rovesciano e i tendaggi volano come spettri in fuga. Le porte dei confessionali sbatacchiano forsennate fino a staccarsi dai cardini. Le statue di santi e madonne rovinano al suolo andando in mille pezzi. Poi il vento si insinua nelle canne dell'organo. Ne scaturisce un suono possente, una specie di musica folle e trascinante come quella del violino del vecchio zingaro, laggiù nel campo oltre la collina. E, come laggiù, vorrei mettermi a danzare. A vorticare nel mulinello. Ma di colpo la musica cala. La melodia si addolcisce, piano piano si fa struggente e malinconica. "Il violino del bambino" penso ricordandone il suono. L'ultima nota si spegne come una favilla nell'aria di nuovo ferma. Il viso di cera del prete è sempre davanti a me. Ma qualcosa di appena percettibile è mutato nella sua espressione dura e nel tono della sua voce.

«Sei ancora qui? Vattene, ti ho detto!» mi dice il prete. Ma il timbro è spezzato, non raggiunge l'asprezza di prima. Poi fa un gesto in avanti con la mano aperta, come a volermi spingere via, ma non lo porta fino in fondo. Quasi avesse paura di toccarmi. Gli volto le spalle, ma prima lancio un'occhiata nella chiesa alle sue spalle. La bufera non ha lasciato tracce. Tutto è come prima. Eppure... Eppure, sembra aver lasciato un segno in lui. Mi avvio a rientrare nel gorgo dei passanti. Faccio qualche passo e mi volto ancora indietro a guardarlo. È ancora lì, fermo sull'ingresso, come stordito.

Una specie di inquietudine sottile ma persistente attanaglia il giovane prete mentre in sacrestia, aiutato da due chierichetti, indossa i paramenti liturgici. Una manica del camice è girata all'incontrario. Il braccio non riesce a entrarci, nonostante lui insista a spingercelo dentro. Sbuffa innervosito. Si strappa letteralmente la veste di dosso e sbotta contro uno dei chierichetti: «Allora, perbaccolina, vuoi aiutarmi o no? Perché te ne stai lì a guardarmi come un cretino?».

Il ragazzino, rimproverato così bruscamente, diventa paonazzo. L'altro chierichetto, un po' in disparte, si porta la mano davanti alla bocca per nascondere una risatina cattiva.

Alla fine, comunque, la vestizione si conclude. Ora sono tutti e tre davanti all'altare. Il prete al centro e i chierichetti ai due lati. Loro guardano lui. Lui, sollevando il bordo della manica per liberare il polso, guarda l'orologio. Lo ha già fatto diverse volte. Alza lo sguardo dal quadrante e lo rivolge al portone aperto. Nel riquadro illuminato dalla luce del giorno vede la gente sfilare all'esterno. Come sagome in una lanterna magica. Vanno avanti e indietro, ma nemmeno una varca il portone. L'inquietudine comincia a trasformarsi in ansia indispettita. Gli occhi vanno di nuovo all'orologio.

"Ma cosa sta succedendo?" pensa. "L'orario di inizio della messa è già passato da almeno dieci minuti e non c'è ancora nessuno..." Non che di solito la sua chiesa straripi di fedeli. Ma oggi è domenica. La parrocchia è quella di un quartiere

bene. E chi per farsi vedere, chi per consuetudine, chi per incontrare qualcuno di importante... "Non è mai successo che la funzione sia andata deserta" si dice il prete sempre più teso. Sforzandosi di non guardare più l'orologio inizia a camminare su e giù per il coro. Il rumore dei suoi passi nervosi riecheggia nella chiesa vuota.

I chierichetti lo osservano curiosi e divertiti. Per passare il tempo, uno di loro si mette a giocherellare con il turibolo. L'altro ridacchia senza nemmeno più curarsi di coprire la bocca con la mano. Ma con il trascorrere dei minuti la noia ha il sopravvento sul divertimento per questa situazione strana e per l'agitazione del prete. Le risatine diventano sbuffi e sbadigli. Finché il più grandicello dei due si decide: «Padre, ma non la facciamo la messa?» chiede timidamente.

La domanda colpisce il sacerdote come una sassata sulla nuca. Ferma di botto il suo andirivieni. Il volto ancor più cereo del solito, si gira di scatto verso il ragazzino e grida in falsetto: «No! Non la facciamo, la messa! Contento? Non facciamo un accidente di nulla! Hai capito?».

Investito da tanta foga, il chierichetto lascia cadere il turibolo. I grani di incenso si spargono a terra. Il prete si strappa con un gesto rabbioso la stola dal collo.

«E noi?» azzarda l'altro chierichetto.

«Voi? Voi sparite! Fuori dai piedi. A casa. Andatevene a casa!»

Colpiti dalla furia del sacerdote i ragazzini non se lo fanno ripetere due volte e corrono via senza nemmeno togliersi la veste rossa.

Esasperato e incollerito, il prete percorre a grandi passi la navata. Raggiunge il portone e lo chiude, con tanta forza che riesce a far sbattere tra loro le pesanti ante. La chiesa ripiomba nella penombra. Solo un po' di luce filtra dal rosone. L'aria è ferma. Le fiammelle delle candele baluginano senza un tremolio. Il sacerdote si mette a fissarle, nella speranza che il loro ardere tranquillo scacci la sua rabbia. Ma ecco che, scaturito dal nulla, un violento soffio di vento vi si abbatte sopra e le spegne tutte in un colpo solo. Si spande un odore di cera fusa e stoppini bruciati. Un velo di fumo biancastro ristagna nell'aria di nuovo immobile.

8

Mi lascio trasportare dalla folla. Ci sono in mezzo. Eppure, come non riesco a fissare i visi della gente, così non riesco a percepirne i pensieri. Quasi fossi davvero trascinata dalla corrente di un fiume, quello che mi arriva è solo un gorgoglio continuo. Un rumore muto. Il mio divino sopito ne è sommerso. Scandaglio il fondo per tentare di scorgerlo in me. Di farlo riaffiorare. Di potermici aggrappare come a un vecchio tronco spinto dai flutti. Ma l'acqua è fangosa, torbida. Annaspo invano alla sua ricerca. È una parte della mia identità, e adesso mi serve. Mi serve più dell'aria, perché in questo flusso anonimo e indifferente anche il resto della mia identità mi sta sfuggendo, e con esso il significato stesso del mio essere qui ora. Il gorgoglio dell'indifferenza mi assorda e l'opacità del pensiero mi acceca. Respiro a fatica inalando la solitudine. E la solitudine entra in circolo, mi scorre nelle vene, stringe i miei nervi intorpidendoli. Sono un tutt'uno con la solitudine. L'incertezza mi assale: "E se non ci fosse?". La domanda mi coglie a tradimento, come se non fossi stata io a formularla, ma un'altra entità, diffidente o maligna. "E se non ci fosse? Se non ci fosse alcun divino sopito, adagiato sul fondo e nascosto dall'acqua torbida?" Trattengo il fiato e di nuovo mi immergo in me. Nuoto nella mia solitudine tentando di andare sempre più in profondità. Scendo e scendo ancora, ma il fondo si allontana. La pressione mi attanaglia le tempie e un dolore acuto preme sui miei timpani. Sento i polmoni rattrappirsi per la mancanza di ossigeno. Con un disperato colpo di reni inverto la direzione. Continuo a nuotare, ma verso la superficie. La intuisco sopra di me. Eppure, l'acqua si fa sempre più densa e satura di solitudine. A ogni bracciata divento più debole e goffa. È infinita la distanza tra fondo e superficie. "Forse davvero non c'è alcun divino sopito, e quella distanza incolmabile e in continua dilatazione è Dio nella sua assenza... nella mia assenza."

Non mi muovo più. Adesso mi lascio fluttuare lentamente, come una foglia morta. La rassegnazione ha una sua dolcezza inebriante. Vedo me stessa come in un'allucinazione ipnotica. La mia figura abbandonata che viene inghiottita in quella profondità, si fa via via più piccola e va sempre più giù... "Tra poco sarà sparita. Ne sono certa." Attendo il momento con una strana pacatezza, quasi compiacendomi della sua ineluttabilità. Poi, di colpo, qualcosa afferra dal basso la falda del mio cappotto e la strattona. "La mia figura... La mia figura con una mano fantasmatica mi ha agguantato e ora mi trascinerà con sé nel profondo del nulla" penso con un sussulto d'angoscia. Abbasso allarmata lo sguardo verso la mano fantasmatica, pronta a divincolarmi dalla sua stretta. La fisso incredula. "Ma... non è una mano di fantasma!"

È una piccola mano rosea. Una mano di bambina. Aggrappata al cappotto, la bambina mi fissa con due grandi occhi chiari lucidi di lacrime. E in quegli occhi, come risucchiato, il mio vaneggiamento liquido svanisce in un istante. Con delicatezza le stacco la mano dal cappotto. Poi mi accovaccio, per portare il mio viso all'altezza del suo. I passanti continuano a sfiorarci nel loro incessante andirivieni.

«Che ti succede, piccolina?»

Il labbro inferiore è percorso da un tremito e vibra sul suo visetto come una piccola farfalla che non riesce a spiccare il volo. "Sta trattenendo le lacrime, o forse le ha esaurite." Con la mano le accarezzo il caschetto di capelli castani. «Ti sei persa?»

Ma la domanda che le ho rivolto si riverbera in me. "Ti sei persa?" mi chiedo, tornando a provare una fitta di solitudine. Per un attimo, lo smarrimento della bambina è il mio smarrimento. Ma soltanto per un attimo, perché nel suo c'è la fragilità dell'infanzia. La paura che è nelle fiabe. "Una bambina persa in un bosco fitto. Fatto di alberi che sono gambe. Di alberi che si muovono incuranti e che potrebbero schiacciarla..." Mi avvicino di più per proteggerla dalla marcia degli alberi.

«Non aver paura, ci sono qui io.» Mi sembra che la piccola farfalla posata sul suo viso stia smettendo di sbattere le ali. «Dove sono il tuo babbo e la tua mamma? »

Subito la farfalla riprende a palpitare. Dagli occhi le scendono due grandi lacrimoni. «Non lo so» balbetta con la voce rotta dal pianto. In una manina stringe una bambola di plastica. Una bambola nuda, bruttissima, con le fattezze di una donna adulta e una lunga chioma di capelli sintetici biondo platino.

«E lei come si chiama?» chiedo alla bambina per distrarla dalla sua paura.

La piccola solleva la mano e guarda la bambola. Stranamente la guarda come se la vedesse per la prima volta, e senza gioia. «Non lo so» mi risponde riabbassando la mano. Con le stesse tre parole di prima e con lo stesso tono umido di lacrime.

Sento la sua paura crescere e trasformarsi nel terrore assoluto dell'abbandono. Vorrei alzarmi e scrutare al di sopra delle teste in movimento, alla ricerca dei suoi genitori. Ma ora non posso. Non posso privarla dell'appiglio del mio sguardo. L'unica cosa che posso fare è stringerla a me. Abbracciarla stretta, per assorbire almeno un po' del suo sgomento. Lo faccio. Lei non risponde all'abbraccio, ma si lascia avvolgere. Si abbandona contro di me nascondendo il viso sulla mia spalla. «Vedrai che li ritroviamo» le sussurro all'orecchio.

Il suo cuore batte forte. I battiti del mio si sincronizzano con i suoi. Vorrei che tra gli alberi in movimento del bosco apparisse una lunga fila di briciole di pane a indicare il sentiero verso casa. Ma i minuzzoli della gibanica sono stati calpestati, e quelli che erano rimasti li ha mangiati il piccione... Lentamente la libero dal mio abbraccio. Mi alzo continuando a tenerla per mano.

Non la vedo nemmeno arrivare. Sento solo uno strappo brusco. La sua mano sottratta alla mia.

«Ma dove ti eri cacciata? Non ti si può perdere di vista un attimo!» Una voce tanto aspra quanto distratta.

La donna afferra la bambina per il polso e la tira via senza più degnarla di uno sguardo. Il suo tono perde asprezza e si fa squillante.

«Ma no, no, non dicevo a te...» parla nel telefonino che con la mano libera tiene appiccicato a un orecchio. «Sì, sì, a mia figlia. È una piccola peste. Che fatica, questi bambini. Piuttosto, mi stavi raccontando di Antonella...» prosegue rituffandosi nella foresta di alberi mobili e allontanandosi rapidamente. La bambina incespica un po', trascinata dal passo nervoso della madre. Gira il viso a guardarmi.

Forse gli è caduta per gli strattoni. Eppure, sono quasi sicura che l'abbia lasciata andare apposta. Per me. La bambola di plastica è lì sul marciapiede. Mi affretto a raccoglierla prima che venga calpestata. La salvo appena in tempo. Me la rigiro un po' tra le dita. I capelli biondi sintetici ricordano quelli della madre della bambina. Li ho giusto intravisti, insieme agli occhiali neri che le nascondevano gli occhi, prima che scomparisse insieme a lei. “Chissà, forse sono sintetici pure i suoi” mi dico abbozzando un sorriso. La faccia liscia e lucida della bambola mi risponde con la sua fissità inespressiva. “Sembra un cadavere in miniatura...” Anche se, forse per l’illusione che sia un dono della bimba, adesso mi sembra un po’ meno brutta. Le do un’ ultima occhiata e poi la infilo nella tasca del cappotto.

Luci colorate. Luci fisse e intermittenti. Fari di automobili che si succedono come un solo fascio luminoso. Vetrine illuminate. Finestre illuminate. Fulgore violento che cancella il cielo notturno. La città scaccia la notte. Solo i passanti si sono fatti un po’ più radi. Anche i loro volti sono illuminati: è la luce verdastra dei telefonini accesi che fissano tenendoli tra le mani mentre camminano. Fuochi fatui itineranti in questo abbagliante cimitero.

Ho fame. Ho fame di pane e ho fame di buio. Di un luogo oscuro in cui gli occhi possano trovare riposo. Di una notte dove al massimo brilli la luce tremula delle stelle o quella timida della Luna, che non offende con lo sguardo. Continuo a camminare anche se sono molto stanca. “Cammino perché sono molto stanca e cerco la notte.”

Finalmente la trovo. Tra due palazzi alti con luminose vetrate di cristallo c’è uno squarcio di notte. Deve essere un vecchio cantiere. La rete metallica di recinzione è arrugginita e mezza divelta. Al di là, su uno spiazzo sterrato, la carcassa di una betoniera, qualche mucchio di sabbia, pile di sacchi di cemento essiccato e l’aborto di una costruzione mai portata a termine. Tre mura grigie tra i resti di un’impalcatura arrugginita. La luce degli alti palazzi non arriva a invadere anche questo spazio dimenticato.

Nella rete c’è un varco. Uno strappo abbastanza grande perché ci si possa passare attraverso. Mi ci infilo. Faccio per avanzare, ma qualcosa mi trattiene, mi tira indietro. Mi volto impaurita. Non è niente, solo la falda del cappotto che si è impigliata in un filo spezzato e contorto della rete. La tiro per liberarmi, ma non ci riesco. Allora, contorcendomi un poco, provo ad armeggiare con le mani e alla fine districo la stoffa con un piccolo strappo. Mi addentro nello spiazzo a passi cauti. La penombra è un balsamo fresco dopo l'ubriacatura di luce. Ma i miei occhi ne sono ancora ebbri. Inciampo in una pala abbandonata al suolo e cado, portando in avanti le mani per riflesso, per attutire l'impatto. Mi rialzo subito. Mi sono sporcata di una polvere biancastra. "Cemento secco..." Faccio per scuoterla via, ma interrompo il gesto e mi metto a fantasticare. "No. È polvere di Luna. Della Luna che non si vede. Mi piace averla addosso."

All'interno delle tre mura il buio è quasi completo. C'è puzza di urina e di calce. "Ma la polvere di Luna profuma e mi salva dai cattivi odori." Cerco uno spazio libero dai calcinacci. Adesso gli occhi si sono abituati alla oscurità e ci vedo meglio. Scosto con il piede qualche foratino rotto e libero una superficie di terra sufficiente perché possa accoccolarmici con la schiena appoggiata a una delle pareti.

Fa freddo. Alzo il bavero del cappotto per ripararmi il viso. Le dita mi si stanno intorpidendo per il gelo. Mi ficco le mani nelle tasche. In una ritrovo la bambola. La tiro fuori. Nella penombra riesco comunque a osservarla. Ci sono delle macchie scure sulla plastica levigata del suo corpo nudo. "Ma cosa sono?" Ne tocco una con la punta del dito. "È qualcosa di viscoso..." Guardo meglio. "Sangue!" Impressionata, lascio cadere di scatto la bambola. "Ma che sciocca che sono! Come può una bambola di plastica sanguinare?" Mi riprendo. Apro le mani e vedo che il sangue è sui miei palmi. "Sono io che ho imbrattato la bambola!"

C'è una ferita su ogni palmo. Due tagli quasi simmetrici. "Devo essermeli procurati prima, quando sono caduta con le mani in avanti. Devo averle sbattute contro qualcosa di appuntito. Schegge di mattoni, forse chiodi abbandonati sul terreno..." Non ho niente per pulire le ferite. Vi lascio colare sopra un po' di saliva e la spalmo. Solo poche gocce, perché ho la bocca riarsa dalla sete e lo stomaco contratto dalla fame. "Solo il sonno adesso mi può dissetare e sfamare" penso. Rimetto le mani in tasca e chiudo gli occhi stringendo forte le palpebre per richiamarlo. Perché venga a prendermi...

«*Vai, vai. Tanto tornerai presto.*»

Sobbalzo. "Ma sì, certo, è la sua voce! La voce dura e dolce di Giuseppina... Ma dov'è? Non la vedo..."

Non vedo niente. Sono immersa in una nebbia di polvere. Biancastra, sottile. La respiro. Mi entra negli occhi ma non mi soffoca e non brucia. È profumata come l'aria.

«Giuseppina, Giuseppina, dove sei?»

Allungo le braccia cercando a tentoni nella nube la sua figura massiccia e rassicurante. La nuvola assorbe anche le mie mani, come se le avessi tuffate nel latte. «Giuseppina, Giuseppina!» insisto.

La mia voce si perde nel biancore come un suono ovattato dalla neve. Ma poi ritorna indietro come un'eco: «Non qui, non qui...». E non so più se è la voce di lei che mi risponde o la risonanza della mia stessa voce.

Ora la nuvola si addensa. Perde il suo biancore. Diventa grigia come la cenere. Minuscole lingue di cenere cominciano a scendere. Calano giù lente depositandosi in una coltre ai miei piedi e tutto intorno a me. Poi, di colpo, la nevicata di cenere cessa. La nube scompare e torno a vedere. Vedo le pareti di una piccola stanza. E io ne sono al centro. La stanza è vuota. Giuseppina non c'è. Un velo di cenere ha coperto tutto. Muri e pavimento. Sulla parete che ho davanti agli occhi, però, c'è un segno. L'impronta di un oggetto impressa nello strato di polvere. Spicca bianca in contrasto con il grigiore della cenere. È una croce. "L'impronta di un crocifisso che doveva essere appeso lì e che adesso non c'è più..."

Improvvisamente capisco. Con un tuffo al cuore riconosco il luogo in cui mi trovo. "Ma sì, l'impronta della croce sulla parete polverosa... La stanza senza finestre... Sono nella camera dove ho dormito, a casa di don Mario! Sono stata io a togliere il crocifisso dal muro!"

Mi afferra impellente il desiderio di rimetterlo dov'era. È un'urgenza ansiosa, inderogabile, quasi dovessi riparare a un grave torto fatto al prete e a Giuseppina. Mi guardo attorno concitatamente, ma non riesco a individuarlo. "Il crocifisso! Dov'è il crocifisso?"

Mi avvicino al letto. "Forse è qui sopra..." Per liberare le coperte dalla cenere le strappo via dal materasso e le scuoto, alzando una nuvola di polvere che mi entra negli occhi. Me li stropiccio. Piano piano riacquisto la vista. E lo vedo. "Ma è lì, appeso al suo posto!" La sua sagoma scura copre esattamente la traccia bianca sulla parete. Lo guardo meglio. "Ma... è appeso al contrario!" La superficie posteriore verso l'esterno e quella con il suppliziato verso il muro. Salgo sul letto per prenderlo e girarlo nel verso giusto. Nell'afferrarlo sento qualcosa di viscoso sporcarmi le dita. Non ci faccio caso. Volto il crocifisso per riappenderlo e l'immagine che si para davanti ai miei occhi è talmente assurda e violenta che per poco non lo lascio cadere. I capelli sintetici biondi impastati di sangue, il corpicino levigato con le due braccia aperte sulla croce... "La bambola. La brutta bambola!" C'è lei al posto del Cristo. Di plastica come lui. Inchiodata al legno come lui. La faccetta inespressiva sembra fissarmi. Vorrei gettarlo via, lontano. Ma non ci riesco. Il mio sguardo è inchiodato alla bambola quanto la bambola alla croce. In quel momento, la boccuccia dipinta comincia a muovere le labbra. "Sì! Le muove come volesse parlare!" La plastica del viso si deforma, si torce in una smorfia che potrebbe essere un sorriso. Un sorriso maligno. Di scherno. «No!» mi sento gridare. Poi la luce. Improvvisa. Invade tutto il mio campo visivo bruciando ogni immagine e suono nel suo accecante bagliore. Alzo una mano per riparare gli occhi abbacinati.

«Cosa ci fai qui?»

Più che una voce sembra un latrato. Ancora non riesco a capire se è il sogno che continua o se sono sveglia.

«Sei venuto a rubare, eh, carogna?»

Il latrato mi riporta alla realtà. Non riesco a vedere chi lo sta emettendo. Come abbasso la mano, la luce mi colpisce agli occhi ferendoli.

«Ma adesso ti sistemo io. Ti faccio passare la voglia.»

Cerco di alzarmi, anche per sfuggire alla luce puntata.

«Non ti muovere, perdio. Non ci provare nemmeno.»

Sollevo la testa. I capelli si liberano dal bavero rialzato del cappotto.

«Ah! Cazzo, ma sei una donna!»

«Volevo solo un rifugio per dormire...» Non arrivo a terminare la frase.

«Stai zitta, puttana!»

Lo stupore è più grande della paura. Non riesco a capire come possa aver provocato tutta la rabbia, tutto l'odio che c'è in questa voce.

«Sei una zingara, eh?»

Per un secondo, davanti ai miei occhi abbagliati la gonna ampia di Anelka si allarga e si dischiude nel vortice della danza. Forse è per questo che rispondo: «Sì, sono una zingara». Sorrido. Quasi avessi i denti d'oro di Anelka e con il loro luccichio allegro potessi sconfiggere la luce cattiva che mi imprigiona contro la parete.

«Cos'hai da ridere? Adesso ti faccio ridere io!»

La botta mi arriva secca sul capo. Ho appena il tempo di scorgere un bastone di legno che si ritrae rapido. Sul momento non provo dolore. Ma sento il tepore del sangue che sgorga a impiastricciarmi i capelli.

«Adesso non ridi più, eh, puttana?»

Ed ecco che il dolore arriva. Una fitta acuta. Poi il pulsare sordo della ferita.

«Alzati. Ma lentamente. Molto lentamente» ordina la voce.

Ci provo. La testa mi gira. Al primo tentativo ricado sulle ginocchia.

«Alzati, ho detto.»

Appoggio la schiena al muro. Mi tiro su aiutandomi con le mani. Sono in piedi. Mi puntello alla parete per sostenermi. La luce ha inseguito il mio volto, ce l'ho ancora in faccia. Sbatto le palpebre ma non riesco a liberarmene. C'è solo quella, nel mio paesaggio. Quella e la voce.

«Forza, ora cammina davanti a te e non provare a voltarti.»

Muovo un passo. Un altro. Subito inciampo in qualcosa che giace a terra. Non riesco a vedere niente. Mi rialzo a tentoni.

«Non fare scherzi o ti ammazzo a bastonate!» Adesso la voce e la luce mi arrivano da dietro. Un cerchio luminoso si proietta oblungo sul suolo. Al centro del cerchio la mia ombra si allunga mischiandosi a quelle dei detriti abbandonati qua e là.

«Cammina!»

Cammino. Ora ci vedo un po', ma inciampo comunque dopo qualche passo. Mi rialzo. Cammino e cado ancora. Ancora mi sollevo.

«Puttana, vai avanti! Entra lì dentro e non azzardarti a voltare la testa.»

"Lì dentro" è una baracca bassa con il tetto di lamiera ondulata. Non ha finestre. L'unica apertura è una porta spalancata sul buio dell'interno. Esito davanti a quel buco nero.

«Entra, ti ho detto.»

Una spinta brutale alle mie spalle mi sbatte dentro. Annaspo per un attimo nell'oscurità. Poi la luce di nuovo piantata negli occhi.

«Stai ferma lì» ordina la voce da dietro la luce.

Inattesa mi afferra l'urgenza di dare un volto alla voce, alla sua cattiveria, al suo livore. Vorrei dare un volto al male per poterlo almeno guardare negli occhi. Ma il male non ha altro volto che questa luce accecante. «Perché non ti mostri?» mi azzardo comunque a domandare.

«Sei tu a doverti mostrare, puttana.»

Non capisco il senso della risposta. «Ma tu già mi vedi» ribatto.

«Nuda. Voglio vederti nuda» ringhia la voce.

«Ma perché?» chiedo con un singhiozzo, la voce strozzata dall'angoscia.

«Spogliati e non fare storie, puttana.» Il comando è accompagnato dall'apparizione del bastone di legno. Si agita minacciosamente come un burattino malvagio nel cono luminoso.

Sento dei rumori. Sta spostando qualcosa. Per un momento la luce beccheggia. Una sedia. Deve aver preso una sedia ed essercisi accomodato. «Spogliati.»

Non è pudore quello che mi immobilizza. Non è vergogna. Non è orgoglio. È pietà. Provo una profonda pietà per la donna che sono. Pietà per il suo corpo fragile in balia di una luce sconcia. Pietà per la fragilità di Dio. Il cappotto cade ai miei piedi sotto il proprio peso. Il vestito rosso è leggero, e vi si deposita sopra come un velo di brina colorata. Ho freddo. Tremo.

«Non aver paura...» dice la voce con un tono aspro di disprezzo. «Non ti tocco. Sei sporca. Non voglio che mi attacchi qualche malattia, puttana.»

«Puttana...» Comincia a ripetere quella parola con un timbro sempre più roco. Come se stesse recitando una preghiera. «Puttana, puttana...» L'orazione è intervallata da gemiti gutturali sempre più frequenti. A tratti sembra un pianto. Mi abbraccio per placare i brividi di freddo.

«Spalanca le braccia, puttana.»

Del sangue mi è colato dai capelli sul collo e sul seno. Le braccia aperte. La bambola crocifissa. Mi sembra di rivederla. Di rivedermi. Fisso lo sguardo su di lei, su di me, per non vedere più.

Il bagliore. Uno spasmo prolungato. Un mugolio soffocato strozza come in un ultimo singhiozzo il pianto osceno dietro la luce. E la luce si spegne. Un tempo indeterminato di buio e silenzio. E poi l'urlo. «Vattene!» Un ordine. Un ordine tanto arrogante quanto disperato. «Vattene! Vattene prima che ci ripensi, puttana...»

L'ultima parola mi arriva quasi sussurrata, come fosse un bisbiglio amoroso anziché un insulto. Lentamente mi chino a raccogliere il vestito. Lo indosso.

«Va' via! Ho detto va' via!» riprende a urlare sempre più afono.

Sempre lentamente, raccolgo il cappotto e me lo infilo.

«Via, via, vattene via...» Ormai, più che di un ordine ha il tono afflitto di una richiesta. Forse perché non ha più voce e dalla gola gli esce solo una specie di mormorio. Uno per uno, senza affrettarmi, infilo nelle loro asole i bottoni del cappotto.

«Via, puttana, via...» Niente di più di un rantolo. Scagliato dal buio, un pezzo di mattone mi sfiora il capo senza colpirmi. Sento alle mie spalle il rumore secco che produce infrangendosi sul muro.

Esco dalla baracca. E cammino. Piano. Un passo dietro l'altro. Passi calibrati su un tempo che non sia un tempo di fuga. Da dentro, mentre mi allontano, altri oggetti mi vengono scagliati addosso. Pietre, laterizi. Nessuno mi raggiunge. I lanci si fanno via via più deboli finché non si esauriscono del tutto. Vado avanti per un tratto. Poi mi fermo e mi volto a guardare la baracca dietro di me. Oltre la porta spalancata, l'antro è buio. "Non ha riacceso la torcia" penso. Immagino quella figura senza volto rannicchiata, sola nell'oscurità come un carcerato nell'angolo di una cella aperta, incapace di varcarne la soglia. Carcerato e carceriere di se stesso. Per un attimo percepisco nel mio essere la sua ottusa impotenza. La sua rabbia irrancidita dal tempo vuoto e da pensieri abortiti. Pena e repulsione si mischiano in me. Mi sfiora, forse suggerita dal divino sopito, l'idea del perdono. Ma per il perdono è necessario un viso che possa accoglierlo o rifiutarlo. "Come si può perdonare una voce e un cono di luce cattiva? Come si può perdonare il buio? E poi adesso non ho bisogno di perdonare, ma di aria."

Sì, sento il bisogno di respirare. L'oppressione claustrofobica di quella baracca buia laggiù mi soffoca, è come se la sua atmosfera sudicia e stantia riuscisse a raggiungermi anche a distanza. E così respiro. Respiro a pieni polmoni l'aria della notte. È satura della polvere e degli odori del cantiere, ma la bevo come acqua limpida di sorgente.

Un fruscio appena percettibile. Un contatto lieve, morbido, poco sopra la caviglia. Ancora ebbra d'aria abbasso lo sguardo. Un gatto con la coda ritta si sta strusciando contro la mia caviglia. Uno, due passaggi consecutivi. Emette una specie di brontolio basso, costante. Fa le fusa accarezzandosi su di me. È magro, il pelo tigrato di nero e di un grigio che pare quasi verde.

«E tu da dove spunti?»

Lui alza il muso e mi guarda con gli occhi a fessura. Sembra quasi che abbia capito la domanda e voglia rispondermi. Invece fa un piccolo balzo agile in avanti e riprende il cammino, con la coda sempre ritta. Decido di seguirlo. "Forse mi guiderà all'uscita del cantiere" mi dico per dare un senso al mio impulso. Il felino cammina piano, sinuoso. Quasi davvero volesse darmi il tempo di andargli dietro. Addirittura, senza mai fermarsi, ogni tanto si volta come per accertarsi che io continui sulla sua scia. Metto i piedi dove lui mette le zampe. Non inciampo, non cado, nonostante il terreno sia ingombro di detriti e attrezzi abbandonati. Con un salto, il gatto oltrepassa lo strappo nella rete di cinta arrugginita. Lo riconosco: è lo stesso buco dal quale sono entrata. Stavolta mi ci infilo per uscire. La bestiola, ferma, mi aspetta. "Ma no, non aspettare me." Altri gatti sbucano di colpo dalla notte. "Due, tre, quattro..." Incuriosita smetto di contarli. Ce ne sono di rossi, di neri, di maculati, di grossi e di smilzi. Riprendono la marcia, tutti insieme.

Finito lo sterrato, ora camminiamo sull'asfalto. I gatti davanti e io dietro. La saracinesca abbassata di un bar. Là, all'angolo della strada. L'insegna luminosa intermittente però è accesa. Colorata e accattivante come una falsa promessa. È lì che si sta dirigendo il piccolo corteo felino.

«Mio, mio, mio...»

Se non ne avessi sentito quel richiamo nasale, non l'avrei vista subito. Minuta, grigia come la lamiera della saracinesca. Curva, in piedi ma ripiegata su se stessa, come il tronco di un antico ulivo. Imbacuccata in una sorta di pastrano, la testa avvolta in una sciarpa di lana spessa, dalla quale spunta qualche rada ciocca di capelli bianchi che non basta a coprire i solchi sulla fronte rugosa. Una donna. Una vecchia. Una sporta in una mano, una nell'altra.

«Mio, mio, mio...»

I gatti la accerchiano, le si affollano attorno con le code ritte. Mi avvicino anch'io, più cautamente. Il capo chino a osservare i gatti, lei sembra non notarmi.

«Mio, mio, mio...»

Da una delle sporte estrae una pila di ciotole di plastica incastrate l'una nell'altra. Le dispone con gesti metodici sul marciapiede a formare un semicerchio. Un coro di miagolii sommessi accompagna l'operazione. Poi, dalla seconda sporta tira fuori un cartone di latte, lo apre e inizia a versarne il contenuto nelle ciotole. Terminato quello, ne prende un altro e continua a riempirle. I gatti fremono, ma non ce n'è uno che si accosti al cibo. È come se rispettassero i canoni di un rito conosciuto. "Sono certa che non si avvicineranno alle ciotole finché non sarà colma anche l'ultima" penso.

Ma non sono né i felini né la vecchia a calamitare la mia attenzione... Ad attrarmi è il fiotto di latte bianco e denso che esce dalla confezione. Sono i piccoli, candidi, placidi laghi delle ciotole già piene. È lì che tuffo lo sguardo. Fame e sete sono riaffiorate prepotentemente dalle mie viscere.

Ecco, ora anche l'ultimo recipiente è pieno. Come a un segnale, tutti insieme, i gatti si gettano sulle ciotole e cominciano a lappare il latte. La vecchia si scosta un poco e li osserva soddisfatta. Inghiotto asciutto. Reprimo la voglia di buttarmi su una delle ciotole e mettermi a lappare. Ma non riesco a impedirmi di fare un passo in avanti. Forse è perché adesso la luce intermittente dell'insegna illumina anche me, o forse perché la donna ha intuito la mia fame e la mia sete come una presenza, ma sento il suo sguardo staccarsi dai gatti e posarsi su di me. "Sì, mi sta guardando..." I suoi piccoli occhi grigi sono quasi invisibili, affondati in un fitto reticolo di rughe. Ma il suo sguardo ne emerge attento, diretto e limpido quanto quello di una bambina. Non riesco a sostenerlo e abbasso il mio.

Senza dirmi una parola, lei infila la mano in una delle sporte posate a terra e ne estrae una confezione di latte. Allunga il braccio e me la porge. Non ci sono più i gatti. Non c'è più la vecchia. C'è solo il cartone di latte. Lo afferro. Glielo strappo letteralmente dalle dita. Freneticamente lacero l'angolo del cartone che fa da chiusura e mi ci attacco con le labbra. Il siero cremoso mi riempie la bocca, cala giù per la gola a fiotti e quasi mi strozza. Ma non smetto. Succhio avidamente, senza interruzione. Il latte dilaga. Straripa. Allaga ogni paesaggio sommergendolo nel suo liquido biancore. Il cielo è bianco. La notte è bianca. Tutto l'universo è bianco. La vita è bianca. La sto bevendo. La sto poppando. Il cartone è ruvido al contatto. Come pelle invecchiata. Il capezzolo incartapecorito del seno vizzo di una vecchia. Mi ci aggrappo, lo strizzo, lo spremo. Il latte è tiepido e fresco di giovinezza senza età. Limpido come lo sguardo sgorgato dal labirinto di rughe. E io sono la neonata che forse non sono mai stata. Lo sento colare dagli angoli della bocca e bagnarmi il mento. Il latte mi satura. Alimento primigenio, nutre la mia eternità. Sento il divino che sono da sempre fondersi con l'umano che sono diventata. L'estasi di un equilibrio insperato e desiderato. Mi sento immersa nella pura innocenza. Un'onda di commozione mi invade.

Mi stacco dal cartone solo dopo aver succhiato anche l'ultima goccia. La vista ancora appannata dal piacere, cerco con lo sguardo la vecchia. Voglio ringraziarla. Voglio fare qualcosa per lei. Passare una mano sul suo viso e distenderne le rughe liberando il suo sguardo di bambina dalla prigione degli anni. La sogno ragazza fresca come il latte. La sogno madre. "Madre di Dio." Mia madre. Ma il mio sguardo cade nel vuoto. "Per quanto tempo mi sono abbeverata?" La vecchia non c'è più. Deve essersene andata in silenzio. Le ciotole, i gatti... tutto scomparso. Solo il cartone vuoto che stringo in una mano è rimasto, muto testimone di bontà.

Un fruscio elettrico che proviene dall'alto mi fa alzare il capo. È l'insegna luminosa del bar, che improvvisamente ha preso a ronzare. Sembra impazzita, lampeggia senza più alcuna sincronia. Due, tre piccoli schiocchi si succedono l'un l'altro, accompagnati da spruzzi di minuscole scintille ardenti. E con un ultimo frizzo d'agonia l'insegna si spegne. Un odore di piastra bruciata si spande nell'aria in un velo di fumo.

L'assenza della vecchia mi duole nell'anima come uno

strappo. La mia commozione e la mia gratitudine diventano nostalgia struggente. La solitudine mi sale alle narici, acre come l'odore della plastica bruciata. Distolgo lo sguardo dall'insegna spenta. Abbasso la testa. Sento lacrime tiepide scorrermi sulle guance. Il cielo si sta schiarendo. Il chiarore timido che annuncia il deflagrare dell'alba. Con un polpastrello catturo una lacrima. La guardo. Forse è perché riflette il bagliore opalescente del cielo, ma mi sembra bianca. Bianca come una goccia di latte. Sorrido alla lacrima. Come avrei sorriso alla vecchia.

9

Ho imparato a sopravvivere. L'inverno è passato. Se n'è andato lentamente, curvo sotto il peso del gelo. E anche il mio cappotto ormai è pesante. Lo porto ripiegato sul braccio o, come adesso, appoggiato sulle spalle come un manto. L'aria è già troppo calda per indossarlo. D'altronde, non ho un posto dove lasciarlo. Ho imparato a sopravvivere e dormo dove capita. Ma non voglio sbarazzarmi del cappotto. Non voglio che mi venga rubato. È il dono di Giuseppina. Non posso abbandonarlo. Mi sembrerebbe di tradire la sua generosità.

Uomini, donne, anziani e meno anziani. C'è anche qualche ragazzo. Parecchi, come me, si portano, buttati addosso o ficcati in buste di plastica, gli indumenti invernali. È una lunga fila silenziosa, che si dipana sul marciapiede costeggiando le mura scrostate di un vecchio palazzo e poi svolta verso un punto invisibile dietro l'angolo. Sono ancora troppo distante perché mi arrivi il profumo della zuppa calda e del pane, ma so che tra pochi passi giungerà anche alle mie narici.

Ho imparato a sopravvivere. Conosco la mappa dei luoghi come questo, dove viene distribuito cibo a chi non ne ha.

Gli striduli garriti delle rondini tagliano l'aria ferendo il silenzio. Nessuno alza lo sguardo verso il loro volo gioioso. Gli occhi sono tutti puntati a terra o alla nuca di chi sta davanti. Si contano i passi che mancano al profumo del pane. Forse è per questo che mi colpisce l'unica occhiata che per un attimo sembra alzarsi verso il cielo. È solo un lampo delle sclere bianche che luccica fugace sulla pelle nerissima del volto. Spio il giovane che è al mio fianco. Forse non ha nemmeno guardato le rondini. Il suo viso è contratto. Bloccato in un'espressione vuota. Pare intagliato nell'ebano. Solo gli occhi si muovono costantemente. Senza pace. Come se il suo sguardo cercasse inutilmente un posto dove posarsi e trovare riposo. Il capo rasato alle tempie. I rilievi di due cicatrici ispessite dal tempo. Non si accorge che lo sto fissando. Poi, per caso, nel loro incessante peregrinare, i suoi occhi incontrano i miei. Subito rifuggono al mio sguardo. Ma ormai li ho catturati. Mi ritrovo immersa nel lago oscuro di quelle grandi pupille nere. E guardo le rondini attraverso i suoi occhi, perché vorrei che nel loro gioco aereo trovassero finalmente riposo. Le sagome degli uccelli che incrociandosi in volo tessono la trama di un disegno cangiante sullo sfondo azzurro del cielo mi irretiscono e mi affascinano.

Poi, lentamente, dal fondo limaccioso nel quale erano sepolti, cominciano a emergere i ricordi. È allora che la scena comincia a mutare. Il volo delle rondini rallenta, quasi le ali faticassero a sbattere nell'aria addensata dal calore che la rende tremula e opaca. L'azzurro del cielo si scolora in un bianco lattiginoso, striato da lingue di fumo scuro che nessun alito di vento riesce a dissolvere. Gli uccelli ora volano più in alto, sopra le lingue di fumo. Eppure, invece di rimpicciolire per la distanza, i loro contorni in controluce sembrano ingrandirsi, dilatarsi, allungarsi come ombre serali. Non c'è più gioco nel loro volo. Disegnano solo ampi e monotoni cerchi nell'aria. Come lancette di un orologio rotto, le grandi ali dispiegate e quasi immobili segnano un tempo sospeso.

«Non li guardare.»

La voce di bambino mi coglie di sorpresa. Distolgo lo sguardo dal cielo per cercarne la fonte. Il viso del giovane accanto a me è immutato, fermo nella sua ostinata inespressività. Ma, non appena risollevo il capo verso l'alto, la voce di bambino torna a farsi sentire. Dura quanto quella di un uomo duro.

«*Non li guardare*» ripete. «*Non devi guardare gli avvoltoi. Altrimenti caleranno giù dal cielo e planeranno in luoghi che non voglio più vedere. In tempi che non voglio più vivere.*»

«Perché?» gli domando senza più cercare il suo viso.

«*Perché ho imparato a sopravvivere.*»

«Ho imparato a sopravvivere» sento la mia voce fare eco alla sua.

Volto le spalle agli avvoltoi. Non ci sono più nuche di fronte a me, ma chiazze d'erba gialla, cespugli dalle larghe foglie coperte da un velo di polvere rossastra. L'ampia radura è punteggiata di radi alberi rinsecchiti.

«Cammina!»

Un ordine brusco e un calcio violento alla schiena. Cado faccia avanti. La polvere rossastra mi riempie la bocca e si impasta con il sangue del labbro spaccato.

«*Rialzati. Rialzati subito...*»

Non è un altro ordine ringhiato, ma una preghiera accorata. È di nuovo la voce del bambino, densa di paura.

Mi sollevo sulle braccia. Braccia nere, sottili. Polsi minuti spuntano dalle maniche troppo larghe di una giacca mimetica. Col dorso di una mano faccio per pulirmi la bocca dalla terra e dal sangue, quando sento la voce del bambino strillare: «*Il fucile! Svelto, raccogli il...*».

Lo schiocco dello schiaffo che arriva a colpirmi in pieno viso copre le ultime parole. Barcollo. In preda allo stordimento, fatico a non cadere ancora.

«Idiota! Hai perso il fucile! Raccattalo immediatamente, prima che ti spezzi le ossa!»

La voce adulta mi investe sbraitando roca. Il fucile è a terra. Polvere sul metallo brunito. Polvere sul legno del calcio. Mi affretto a prenderlo. È pesante. Troppo grande rispetto alle mie mani. Devo appoggiarlo al petto per riuscire a sostenerlo.

«E ora cammina. Non guardare gli altri. Non ti voltare. Non guardare Ayubu.»

«Chi è Ayubu?» chiedo alla voce di bambino.

«Ayubu è il comandante. È quello che ti ha colpito. Ayubu potrebbe ucciderti.»

«E tu? Tu chi sei, come ti chiami?»

«Io non ho più un nome, non ho più un villaggio. Io non sono.»

La fila per il pane sta avanzando di qualche passo. Le nuche davanti a me si muovono. Avanzo anch'io di qualche passo. Guardo il giovane nero al mio fianco. Gli osservo la bocca cercando tracce di polvere rossastra mista a sangue. Ha le labbra chiuse, serrate nella fissità del volto.

Sento ancora sul palato e tra i denti il sapore della polvere e del sangue. Si mischia a quello del riso e della manioca che sto mangiando da una ciotola di metallo sporca e ammaccata. È poco, il riso. Me lo porto alla bocca con le dita a piccolissimi grumi per farlo durare di più. Siedo su una montagnola di terra secca. Il fucile disteso sulle gambe piegate. Un coro sgraziato di versi di uccelli e di altri animali riecheggia insistente nell'oscurità, ma io ascolto solo il crepitio del fuoco. Le rare volte che alzo gli occhi dalla ciotola, vedo gli altri – uomini e bambini come me – anche loro seduti, sparsi. Stanno mangiando. Sono poco più che ombre scure e silenziose. I loro visi neri si confondono con il nero della notte. Si rischiarano solo quando, ogni tanto, il bagliore di una fiamma più vivida del falò riesce fugacemente a illuminarli. Ayubu lo riconosco solo dalla mole. È grosso. Pare un pezzo di roccia che affiora dal terreno.

«*Non lo guardare...*» mi ammonisce la voce del bambino «*non guardare Ayubu.*»

Torno a fissare la ciotola. Ma ormai è vuota. Uno dei tagli che ho sulle tempie comincia a pulsare e a prudermi. "Deve aver fame anche lui" mi dico infilando le dita nella fascia rossa che mi avvolge il capo per grattare le croste.

«*Sono bocche i miei tagli. Bocche sempre aperte. Mangiano prima della battaglia. È Ayubu che le nutre di* brown sugar. *Hanno sempre fame, le bocche, perché il loro nutrimento è piacere, follia, coraggio, oblio. Niente fa più paura. Niente fa più ribrezzo e disgusto, quando le bocche delle tempie sono sazie di zucchero marrone come un'ape regina di pappa reale*» mi spiega la voce bambina col tono sognante di chi racconta una fiaba. «*Le bocche delle tempie ti mangiano anche dentro. Mangiano i tuoi ricordi, i tuoi dolori, i tuoi rimorsi e le tue nostalgie. Mangiano il tuo spirito e te ne liberano.*»

Ritraggo le dita da sotto la fascia rossa. Mi osservo per un momento i polpastrelli, impiastricciati di umori viscosi, siero, pus. Li stropiccio a terra per pulirli. Li stropiccio fino a spellarli.

Qualcuno mi urta e mi spinge di lato. Ferma nell'altro luogo, non ho seguito l'avanzata della coda per il pane. Ho esitato troppo a lungo. Il vecchio che mi ha superato spintonandomi si volta a guardarmi. Nonostante il caldo, ha un cappello di lana infeltrita calato sul capo. Le cataratte opache che gli velano gli occhi non sono sufficientemente spesse da annebbiare l'occhiata dubbiosa che mi lancia per prevenire una mia eventuale rimostranza. Non ho nessuna intenzione di protestare. Quando lo capisce, si gira di nuovo a guardare in avanti. Il giovane nero non è più accanto a me. Anche lui è avanzato. Gli osservo la nuca e le spalle. Sono incurvate, come quelle del vecchio.

Raccolgo una manciata di terra e con quella sfrego il fondo della ciotola di metallo per ripulirla dai residui di unto.

Un'ombra si alza tra le altre accovacciate. Si avvicina al fuoco con andatura stanca e vi getta sopra delle ramaglie secche per ravvivare la fiamma. Subito lunghe vampe ardenti si levano sopra le braci rosse. Il crepitio aumenta. Scoppiettii secchi accompagnano la danza delle lingue di fuoco. Colpi di fucile. Raffiche. Raffiche di mitragliatore.

«*Chiudi gli occhi. Copriti le orecchie*» mi implora la voce di bambino, vibrante di terrore.

Le grida. Le grida strazianti sono più forti del crepitio del fuoco. Più forti dei colpi delle armi. Mi rannicchio dietro il tronco di un albero, sul limitare del mio villaggio. Strizzo le palpebre fino a farle dolere. Premo forte i palmi delle mani sulle orecchie schiacciandone la cartilagine. Ma le grida mi arrivano lo stesso.

Le narici mi si riempiono di cenere ardente. L'aria è arroventata dagli incendi. Mi brucia in gola. Il fumo mi sta soffocando.

«*No. Non tossire. Ti prego non tossire. Ti sentiranno. Ti scopriranno*» mi ammonisce allarmata la voce del bambino in un bisbiglio.

Non ce la faccio. Inghiotto a vuoto e spasmodicamente per ricacciarla giù. Ma un altro miasma di fumo denso mi investe, e la tosse deflagra prepotente squassandomi il petto. Allontano le mani dalle orecchie continuando a tenere gli occhi chiusi. I miei colpi di tosse si mescolano con il crepitio del fuoco. Però non sento più grida né spari.

«*Scappa, scappa*» strilla la voce del bambino. «*Nasconditi nella boscaglia!*»

Al suo richiamo spalanco gli occhi. Sullo sfondo dell'aria rosseggiante di fiamme mi appare una forma imponente e scura. Mi sovrasta minacciosa. I muscoli già tesi per lo scatto si bloccano, paralizzati dallo spavento. Un gesto rapidissimo. Una risata agghiacciante. La forma si china e mi agguanta per il collo sollevandomi da terra.

«*Ayubu. È Ayubu...*»

La voce del bambino è angosciata, affranta. Ayubu mi trascina con sé. Dopo pochi passi mi scaraventa a terra come un animale morto. Mi risollevo, ma ho gli occhi pieni di polvere e fatico a vedere. L'aria torrida mi fa lacrimare gli occhi. Le lacrime lavano via la polvere. Accovacciati da una parte, intravedo gli altri ragazzi del villaggio. C'è Bomani, c'è Fynn. C'è anche il mio amico più caro, Nyack. Ci sono tutti. Nyack sta a testa bassa. Le spalle scosse da un pianto convulso. Le pupille degli altri sono dilatate dalla paura. Poco più in là, alcuni uomini armati circondano il gruppo degli adulti. Se ne stanno in piedi, ma hanno le stesse pupille dilatate dei bambini.

«Mamma!» Non appena la riconosco, il grido mi fuoriesce dalle viscere. «Mamma, mamma!»

Faccio per correre verso di lei, ma la mano di Ayubu mi afferra di nuovo al collo bloccandomi. «Qual è tua madre? Indicamela» ordina.

«*No, no. Non lo ascoltare, ti scongiuro, non lo ascoltare*» mi supplica la voce del bambino. Ma ormai la paura mi scorre nelle vene come il veleno di uno scorpione. Vedo il mio braccio alzarsi e l'indice della mia mano puntarsi su mia madre.

«Portatela qui» comanda Ayubu.

Due dei suoi uomini la strappano dal gruppo e la trascinano malamente davanti a me. Uno la colpisce forte con il calcio del fucile tra il collo e la spalla. Vedo la mamma abbattersi al suolo. Il grande fazzoletto azzurro con cui si avvolge il capo si srotola a terra come una pozza di acqua limpida. La vedo alzare la testa dalla pozza e guardarmi. Sento che vuole dirmi qualcosa con gli occhi, ma non capisco. Non capisco cosa. Un tremito mi invade. Batto i denti. Il calore dell'urina mi bagna le gambe. Un'altra piccola pozza si allarga tra i miei piedi.

«*Non ascoltare i suoi occhi*» grida la voce del bambino. «*Lei vuole che tu lo faccia. Lei vuole che tu lo faccia per salvarti. Ma tu non puoi farlo. Non posso farlo... Non posso farlo...*» ripete in un grido strozzato.

"Cosa? Cosa non devo fare?" grido anch'io, ma dalla mia bocca non esce suono.

«Manica lunga!» esclama Ayubu sghignazzando.

Uno degli armati forza il braccio destro di mia madre a stendersi sul terreno. L'altro ce lo inchioda premendo sul gomito con lo scarpone. Lei continua a parlarmi con gli occhi. La mano grande di Ayubu stringe forte le mie dita intorno al manico di legno, così forte che quasi me le stritola. Sulla lunga lama d'acciaio si riflettono i bagliori delle capanne che stanno ancora bruciando. Il metallo sembra incandescente, vorrei mollarlo, lasciarlo cadere a terra, ma le dita di Ayubu nella loro presa saldano le mie al manico del machete. Nausea. Conati di vomito acidi che mi costringo a ringollare.

«Tagliale la mano» mi dice. In tono calmo, pacato, come se mi stesse chiedendo di andare a prendere l'acqua al pozzo. «Fallo e sarai dei nostri. Dimostra che sei un uomo, un guerriero.»

È come se parlasse da lontano. La sua voce mi giunge storpiata da una distanza che non c'è. La voce del bambino tace annichilita.

«Fallo!» urla liberando la mia mano dalla sua stretta. Ma il manico del machete e le mie dita sono divenute una cosa sola.

La canna del fucile mi preme alla tempia. «Fallo.»

Gli occhi di mia madre mi parlano. "Fallo" mi dicono con il tono più dolce. Vorrei con tutto me stesso che il veleno dello scorpione mi uccidesse. Ora, subito. Invece vedo il mio braccio alzarsi, l'altro braccio raggiungere il primo, l'altra mano aggrapparsi a quella stretta intorno al manico per aiutarla a sorreggere il peso del machete. La lama sollevata in alto, sopra la mia testa, vibra scossa dal mio stesso tremito.

«Fallo!»

Un urlo lacera l'aria. Un grido che non ha niente di umano né di bestiale. Brandelli di tessuto azzurro si mischiano in un vortice a lembi di fiamme rosse. La terra, il fumo. La notte. Volti e corpi. Tutto viene travolto spazzato via dalla furia del grido. Il grido del bambino.

«Tieni, prendi.»

Stordita dal grido e dalle immagini frantumate, non riesco ad allungare le mani verso il pane e il piatto di plastica colmo di pasta che la ragazza mi sta porgendo. Con lo sguardo cerco il giovane nero tra gli altri che già si stanno allontanando per consumare il proprio pasto in disparte.

«Non avere vergogna» insiste lei. «La miseria è un dono di Dio.»

La frase mi brucia come un'ustione. La rabbia mi avvolge con le sue vampate di fuoco. Provo l'impulso di colpirle le mani per farle saltar via dalle dita il pane e la pasta. "No! Non è un dono di Dio. È... una bestemmia dell'uomo" vorrei urlarle in faccia. Ma la sua faccia è pulita. Il suo sorriso è disarmante, tanto è sincero, così come lo sguardo con cui mi sta fissando è innocenza allo stato puro.

«Grazie» le dico perciò accettando il cibo che mi porge.

"Eccolo. Eccolo là." Vedo il giovane nero seduto su una panca di pietra. Ce ne sono quattro o cinque che fanno corona intorno a una piccola aiuola di fiori avvizziti per il caldo. Sono tutte occupate da persone che mangiano. Anche il giovane sta mangiando, ma dove è seduto lui, sul bordo della panchina, non si è seduto nessun altro, come se lo evitassero. Io mi avvicino timidamente. Vorrei che mi parlasse. Vorrei sentire cosa è rimasto della sua voce di bambino nell'uomo che è diventato. Vorrei che il suo racconto mi riportasse là, nell'altro luogo. Mi siedo accanto a lui con il cibo tra le mani. Non l'ho nemmeno toccato. Il mio stomaco è chiuso, contratto per il ricordo del terrore provato nell'altro luogo e per la vergogna al pensiero della rabbia che stavo per riversare sulla ragazza dalla faccia pulita. Mi siedo. Lui non si volta neanche per un secondo, quasi non esistessi. I suoi occhi non sono più mobili come prima. Fissa il piatto con uno sguardo truce, come se temesse di vedersi rubare il nutrimento. Inghiotte rapido un pezzo dietro l'altro, senza quasi darsi il tempo di masticare. A testa bassa. Non pare nemmeno accorgersi che lo sto guardando. Il movimento frenetico delle sue mandibole tira a tratti la pelle del suo viso. Le cicatrici – ne ha tre sulla tempia rivolta verso di me – sembrano tendersi fino a riaprirsi. Le bocche delle tempie. Le vedo dischiudersi. Sono loro a parlare...

«Ayubu mi consegnò il fucile. Dopo tante mani e braccia mozzate con il machete. "Te lo sei meritato" mi disse» racconta contorcendosi la prima bocca.

«Il sangue. Sparando, il sangue non mi schizzava più addosso. Il fucile era pesante. Pesava più del machete, ma ero felice di averlo» interviene la seconda.

«Non potevo fuggire. Non potevo più tornare al mio villaggio, dopo quello che avevo fatto...» sussurra la terza.

Ma la prima bocca la sovrasta. «Uccidere. Potevo solo uccidere. Uccidere ancora per non pensare che avevo ucciso.»

Poi di nuovo la seconda. «Ayubu mi nutriva con il *brown sugar*, e uccidere era bello. Gridavo di esaltazione, mentre sparavo e incendiavo.»

Le tre bocche tutte insieme lanciano uno strillo corale. Stridulo, acuto. Tremendo ma nello stesso tempo infantile. Come quello di un gruppo di bambini che giocano a calcio ed esultano per il gol segnato dalla propria squadra. Poi riprendono a parlare contemporaneamente. Le vedo spalancarsi e richiudersi. Labbra di ferite ispessite che non pronunciano più frasi, ma solo singole parole. «Fuoco», «puzzo», «sangue», «cadaveri», «mosche». Alcune sono gridate, altre bisbigliate. Si sovrappongono l'una all'altra creando una specie di cacofonia che ricorda quella degli animali della foresta dopo il tramonto. Si saldano in un unico suono. Difficile distinguerle e coglierne il senso. Quand'ecco che il suono inizia ad abbassarsi di volume fino a diventare un mugolio basso, gutturale. Le bocche si sono chiuse. Sono tornate le vecchie cicatrici che erano. Il mugolio scaturisce dalla gola del giovane. Non sta più mangiando. Come le bocche delle tempie, anche le sue palpebre si sono chiuse. Il pomo di Adamo sale e scende modulando il mugolio. Lo trasforma in musica. Una nenia dolce e triste. Una cantilena di donna. Sì. Una ninna nanna antica. È la madre che la canta dal cuore del figlio.

Appoggio il pane e il piatto sulla pietra della panca. Mi alzo e mi allontano, piano, per non disturbare l'eco lontana di una mamma che culla il suo bambino perduto.

10

La ruota panoramica si staglia gigantesca contro il cielo al tramonto. È immobile. L'aria calda è ferma. Non ha respiro sufficiente nemmeno per far dondolare un poco le cabine sospese. Credo sia stata proprio la sua immobilità ad attrarmi. Ho bisogno di fermarmi. Di fermare non i miei passi, ma l'anima. Emozioni, pensieri, immagini e suoni dell'umanità strepitano in me, mi tirano come uno straccio da tutte le parti. Ho paura che si strappi... Quanti "non qui" ho incontrato nel mio breve cammino. "Non qui" pronunciati, "non qui" soltanto percepiti e perciò ancora più duri. Mi avvio verso la grande ruota come un umile pellegrino verso un santuario o un eremo. "Che si svegli e mi parli. Il divino sopito risponda a tutti i 'non qui' che risuonano come sentenze di condanna nell'aula muta della mia coscienza stordita. Che si risvegli, se veramente esiste..." Perché davvero ho fatto questo pensiero, nella fame e nello strazio. Davvero ho pensato che non c'è in me nessun divino sopito. Che sono soltanto una pazza, carne viva che assorbe il dolore dagli altri, che lo ruba semplicemente come una gazza ladra ruba gli oggetti luccicanti. Ho temuto che l'amore non fosse altro che l'alibi della mia follia.

La mole della grande ruota non sembra subire variazioni,

anche se so che mi sto avvicinando. È fissa, incisa nel cielo come un simbolo arcano nella roccia. Mi ha ingannato la sua grandezza. Credevo fosse vicina, invece è da parecchio che cammino e ancora non l'ho raggiunta. Lo spiazzo dove sorge il vecchio luna park abbandonato mi si para davanti inatteso dopo che ho percorso un dedalo di viuzze. Forse è per questo che sembra più vasto di quanto sia realmente. Le luci sono tutte spente. Uno squarcio di penombra tra quelle della città che, al contrario, si sono accese ancora prima che il giorno terminasse nel crepuscolo la sua lenta agonia. Non c'è nessuna recinzione. Una macchia di terra battuta strappata all'asfalto. La smorfia sbiadita dell'ingresso al tunnel degli orrori inghiotte il binario arrugginito. I vagoncini sono scomparsi. Dal grosso fungo del calcinculo pendono inerti i seggiolini. Sul carosello i cavallini ormai scoloriti se ne stanno immobili, in cerchio, infilzati come farfalle da collezione. Il chiosco dello zucchero filato ha perso da tempo il suo profumo mielato. E poi c'è la ruota panoramica. Adesso la vedo da vicino. Devo alzare la testa per abbracciarla in tutta la sua imponenza. Da tempo si è spenta anche l'ultima eco degli schiamazzi svagati, delle grida, delle voci festanti dei bambini. Mi aggiro per un po' tra le vecchie giostre alla ricerca di un posto dove sedermi, chiudere gli occhi, ascoltare il silenzio ed evocare il divino, se davvero c'è.

Una panchina un po' sbilenca. È proprio accanto alla giostra dei cavallini. "Doveva essere lì che le mamme e i papà guardavano i figli cavalcare felici sui loro puledri di resina colorata o fingevano resistenza quando, finito il giro, i bambini scendevano e correvano loro incontro implorandoli di concedergliene subito un altro, prima che il galoppo ripartisse..."

Mi siedo come se mi inginocchiassi in preghiera. La vernice è sbiadita, senza lucentezza. L'occhio rotondo di uno dei cavalli sembra fissarmi da dietro la cataratta. Eppure, il suo sguardo cieco sembra scandagliarmi come quello di un giudice severo. Abbasso le palpebre per sottrarmi ai suoi sospetti. In cambio, do voce interiore ai miei. "Sei in me, sei ancora in me?" domando nel buio. "Sei?" E poi: "Sono?". Ma le mie domande si perdono nel silenzio. Mi ostino, continuo a domandare. Finché la stanchezza – una stanchezza solida, pesante come zavorra – mi fa inabissare nel buio della mia coscienza muta.

Un flebile tintinnio. Una nota argentina, poi un'altra e un'altra ancora. Vibrano leggermente metalliche nella mia oscurità componendo un motivetto allegro, una musica di carillon. "Forse la sto solo immaginando" penso. Ma la musica aumenta di volume, quasi volesse fugare ogni mio dubbio. Sembra amplificata dalle trombe di un altoparlante.

Lampi di luci colorate costellano a sprazzi il mio buio. Apro gli occhi, o forse me l'immagino soltanto, a palpebre ancora chiuse, ma... La giostra ha ripreso a girare. La musica, le luci colorate, i cavallini che trottano in un saliscendi sui pali... È di nuovo bella, vivace, splendente. Incredula mi guardo attorno. "Che sta succedendo?" La grande ruota è sempre ferma, spenta, un'ombra più scura nell'oscurità del cielo notturno. Anche il fungo del calcinculo è ancora prigioniero delle sue catenelle arrugginite. Così come la bocca del tunnel degli orrori inutilmente spalancata. E il chiosco dello zucchero filato non ha ricominciato a emanare profumo. Solo la giostra dei cavallini gira emettendo luci e musica di carillon.

Non so dire perché non mi stupisca, ma è come se la stessi aspettando. Compare puntuale a metà giro davanti alla panchina dove siedo a guardare la sua gioia. Passa al galoppo e mi fa ciao con la mano ridendo. Una bambina. Sulla sella del cavallo colorato sembra ancora più piccola.

«Ciao ciao!» le rispondo e agito anch'io la mano in un saluto che – lo so, ne sono serenamente certa – si ripeterà al suo prossimo passaggio.

Non c'è nessuno in groppa agli altri cavalli. C'è solo lei. È mia figlia. Gioisco della sua gioia. I cavalli vuoti mi sfilano davanti. "Uno, due, tre..." Non riesco a contarli, sembrano tutti uguali. "Ma quando arriva quello con mia figlia?" È come se la giostra avesse rallentato il giro o la mandria di cavalli fosse raddoppiata. "Perché non riappare?" Un sottile senso d'angoscia mi pervade. Faccio per alzarmi, per andarle incontro, quando... "Eccola." Sorride, sempre aggrappata al collo del suo cavallino con tutte e due le manine. Forse è per quello che stavolta non mi fa ciao. "Che sciocca sono stata a preoccuparmi. Mezzo giro di giostra mi è sembrato un tempo lunghissimo." L'angoscia si placa. Appoggio la schiena alla spalliera della panchina e attendo. Attendo il prossimo giro. Di nuovo la vedo. Passa, ma non si volta verso di me. Guarda davanti a sé. Non faccio in tempo ad accertarmi che sul suo volto ci sia ancora il sorriso. "E se non ci fosse? Se fosse svanito? Forse è stanca di girare..."

I giri di giostra non si fermano, si succedono senza soluzione di continuità. Se prima mi sembravano lenti, ora ho la sensazione che stiano accelerando sempre di più. L'immagine della bambina mi sfila davanti ripetutamente, annunciata dal muso del cavallo, per poi scomparire risucchiata nel vortice. Non ho modo di fissarla nella mente. Non sono io a decidere la velocità della giostra.

"Fosse per me, la fermerei adesso. Farei scendere la bambina dal cavallo impazzito. La stringerei tra le braccia...Ma io sono mai stata bambina? Può esistere un Dio bambino?"

La giostra rallenta da sola. Ora posso vedere. "No. Non sorride." Un altro giro. Più lento. Lei si volta verso di me. Le luci si riflettono sul suo volto mascherandolo con i loro colori. Ma non abbastanza perché non me ne accorga: "Mi assomiglia, è proprio mia figlia".

Un altro giro. È di nuovo voltata verso di me. È me. Mi

guardo come se guardassi un riflesso sfuggente in uno specchio. Ha dipinta sul viso la stessa ansia che c'è sul mio mentre osservo me stessa ruotare sulla giostra che non si ferma. Ci guardiamo a vicenda con gli stessi occhi. "Io madre, lei figlia. Io figlia, lei madre. Noi madre, noi figlia..." Creatore e creatura fusi in un'unica immagine resa indivisibile dal flusso del movimento circolare.

Mi sento sollevare in alto. Poi ho la sensazione di ridiscendere. Mi aggrappo perché il trotto verticale sul palo a strisce non mi sbalzi giù, mentre il cavallo di resina che sto montando continua in cerchio a inseguire vanamente il cavallo che gli sta davanti. La giostra non si ferma. Quando sfilo di fronte alla panchina mi volto. È vuota. "Non c'è nessuno che mi guarda, nessuno che mi attende trepidante." Non sono là. "Sono qui" mi dico. Allento la presa, poi la mollo del tutto. Insieme alla brezza provocata dal moto della giostra, mi investe un soffio frizzante di gioia infantile. Apro le braccia per accoglierlo. Il cavallo trotta leggero su e giù sul palo a strisce. Non ho più paura che mi sbalzi. Il suo movimento è ritmico, costante, come la musica del carillon...

Invece no. La musica comincia a cambiare. Altre note cominciano a risuonare. Si alzano e si abbassano come il cavallo sul palo. Si estendono e si tendono. Avanzano fino a conquistare la melodia e a trasformarla in un motivo dolce e forte. Il carillon tace e il violino suona il suo canto. Riconosco subito il suono. È il violino di Helver. Cerco con gli occhi il piccolo zingaro, anche se so che non lo troverò. Se ne sta ben nascosto nella mia memoria. Non appena lui ripone lo strumento, i cavalli rallentano il trotto. Quando la giostra finalmente si ferma, le luci sono spente e i colori di nuovo sbiaditi.

Scendo piano dalla mia cavalcatura. Non appena metto i piedi a terra, il capogiro svanisce. Il luna park è di nuovo buio. Alzo lo sguardo al cielo, alla grande ruota panoramica che vi si staglia immobile e indifferente. E in quel momento sento di aver ricevuto una risposta. "Creatore e creatura... La creatura deve fare tutti i suoi giri di giostra... Il creatore è la madre che può solo guardarla con gioia o apprensione finché la giostra non si ferma" mi dico. "E io i miei giri li farò tutti" prometto a me stessa.

11

Mi capita ancora di ripensare alla giostra e a me stessa bambina sul cavallino. Anche adesso che ho fatto molti giri di giostra. Però, nell'immaginazione, gli altri cavalli non sono vuoti. Ci sono don Mario, Giuseppina, lo spacciatore, Lazzaro, Helver, suo nonno, la bambina con la bambola, il giovane nero... e tanti altri che ho incontrato. Forse tutti. Eppure... Eppure restano ancora dei cavalli vuoti, perché i giri non sono finiti. Mi sta capitando anche in questo momento, mentre guardo il mio pesante cappotto grigio appeso alla gruccia. È lì, dentro l'armadio. Ho aperto lo sportello per riporvi della biancheria pulita e lui è comparso. Sospeso nella penombra dell'anta come un richiamo inascoltato. È passata l'estate ed è tornato l'inverno, ma io non l'ho più indossato. Non ne ho più avuto bisogno. Distolgo per un momento lo sguardo dal cappotto e lancio un'occhiata verso la grande finestra. In altezza arriva quasi a toccare il soffitto. Il tepore che c'è nella stanza e il freddo all'esterno hanno fatto sì che i vetri si appannassero. Non si riesce a distinguere nulla guardandovi attraverso. Ma il panorama che si vedrebbe io lo conosco. Il tetto della casa di fronte, che è più bassa di questa, e dietro le file di finestre tutte identiche di un grosso palazzo popolare che, con la sua mole, lascia solo intravedere uno scampolo della collina lontana che declina sull'orizzonte mozzato della città.

Mi è divenuto familiare, quel panorama. Da quando vivo qui, mi sono affacciata molte volte a contemplarlo. Ripongo la biancheria sul fondo dell'armadio e richiudo lo sportello sul cappotto appeso tacitandone il richiamo.

Con la mente torno alla giostra. Mi siedo sul bordo del letto come sulla panchina che le stava di fronte e guardo il galoppo dei cavallini. Con gli occhi cerco lei, Andrea. E Andrea mi passa davanti una, due, tre volte. Sorride. Sorride quasi sempre, Andrea.

Anche quando la conobbi sorrideva. Fu il suo sorriso, ancor prima delle sue parole, a spazzare via la mia solitudine.

Avevo il cappotto sulle spalle, perché l'autunno ormai volgeva al termine e l'aria cominciava a farsi gelida, e poi era già quasi sera. Ero seduta sul muricciolo di cemento che delimita la grande vasca quadrata nella piazzuola centrale del giardino pubblico. In quel giardino un po' trasandato c'era un chiosco di bibite e caramelle. «La notte puoi dormire qui» mi aveva detto la proprietaria, una donna non più giovane e un po' trasandata, proprio come il giardino, ma con un cuore grosso quanto il suo giro vita. «Una donna non può dormire all'addiaccio, è pericoloso. Gira brutta gente, di notte» mi aveva ammonito dopo avermi scoperta una mattina rannicchiata dietro il suo chiosco. «E poi,» aveva aggiunto «a me servirebbe proprio qualcuno che di notte faccia la guardia al negozio.» Così, per un periodo, il "negozio" era diventato il mio rifugio notturno. La donna aveva anche provveduto ad attrezzarlo con un materassino sottile, delle coperte e un cuscino.

Seduta sul bordo della vasca, stavo appunto aspettando l'ora di ritirarmici. L'acqua ferma era resa opaca dal riflesso di un cielo così grigio che nemmeno la luce rossastra del tramonto riusciva a intaccarlo. E su quella superficie incolore il mio sguardo si era smarrito. Mi sembrava che si stessero scolorendo persino i miei pensieri e le mie sensazioni. Il riflesso del cielo andava confondendosi con la mia solitudine quando d'un tratto una serie di cerchi concentrici in espansione cominciò a increspare la superficie dell'acqua. Erano piccoli, ma sufficienti a restituirle un pizzico della sua brillantezza e a incrinare la monotonia della mia solitudine.

Di solito, a quell'ora il giardino pubblico è già deserto. Non mi ero accorta che fosse arrivata, forse perché i suoi passi erano così leggeri da non provocare il minimo crepitio della ghiaia sparsa intorno alla vasca. Mi voltai e la vidi. Andrea era accanto a me, in piedi, impegnata a piluccare briciole da un pezzo di focaccia e a lanciarle nell'acqua. Indossava una giacchetta impermeabile gialla. Il cappuccio alzato le copriva completamente il capo e il volto.

«Pesci.» Si girò verso di me e disse solo questa parola. Poi indicò l'acqua. Fu allora, prima di volgere lo sguardo verso il punto che indicava, che ho visto per la prima volta il suo sorriso. La frangetta castano scuro sulla fronte alta che sbucava dal cappuccio giallo. I suoi nerissimi occhi a mandorla luccicavano come le increspature sull'acqua. Fu solo un momento, perché poi di nuovo si girò e il sipario dell'incerata gialla tornò a nasconderle il viso. Altre briciole di focaccia caddero nella vasca. Rapide, guizzanti, emanando riflessi argentei e rossi, dal fondo torbido le sagome dei pesci si palesarono sotto il pelo dell'acqua per contendersele, animando con i loro balzi e i loro schizzi la liquida monotonia del cielo bigio che si specchiava nella vasca.

«Pesci» le risposi guardando dove lei guardava.

Andrea lanciò le ultime briciole e si voltò a guardarmi. Nei suoi occhi splendeva un entusiasmo cristallino. Piccoli, puri diamanti. Il suo sorriso era un rubino. «Sono belli!» esclamò.

Abbagliata dalla sua gioia limpida, fui capace solo di farle eco. «Sono belli» le sussurrai.

I due piccoli diamanti mandarono un lampo di luce più intenso. Poi, dopo un breve silenzio, il suo sorriso parlò. «Sei bella anche tu» mi disse. Così, semplicemente, quasi la mia bellezza fosse la bellezza dei pesci.

E io mi sentii bella. Bella come i pesci. Bella per lei. Bella con lei.

Quando se ne andò, un nodo di commozione mi strinse la gola strozzando il «ciao» di risposta al suo. Le gambette nude si allontanarono a piccoli passi rapidi sotto l'impermeabile giallo senza far crepitare la ghiaia.

Non so per quanto tempo rimasi seduta sul bordo della vasca. L'acqua aveva ritrovato tutta la sua piattezza. I pesci erano svaniti sul fondo invisibile. Restai lì, con il suo sorriso ancora impresso negli occhi, nel timore che, se mi fossi mossa, sarebbe svanito anche quello.

«Ehi, pensavo che stasera non venissi più! Stavo per andarmene.»

Era già quasi buio quando raggiunsi il chiosco. La signora del "negozio" mi rimbrottò, ma solo per nascondere la sua preoccupazione nel non vedermi arrivare come al solito.

«Mi scusi, ma mi sono fermata là vicino alla vasca a parlare con una bambina...»

«Ah, di sicuro era la piccola Andrea» mi interruppe prima che finissi di giustificarmi. «Viene quasi tutte le sere a dar da mangiare ai pesci. Strano che tu non l'avessi ancora incontrata.»

«No. È la prima volta che la vedo» le risposi.

«Poverina...» sospirò corrugando le sopracciglia e mettendosi una mano sul grosso seno.

Quella parola mi trafisse, bruciante come la puntura di una vespa. «Perché poverina?»

«Ma come, non te ne sei accorta?» replicò stupita la signora.

«Accorta di cosa?»

Lei assunse un'espressione di pena e imbarazzo. «Be', che... insomma, che Andrea è... un po'... com'è che si dice? Ritardata...» Subito si corresse. «No, no, non ritardata, che è una brutta parola. È... dun, dan... C'è una parola inglese, ma ora non me la ricordo...» Alla fine si spazientì con se stessa. «Insomma, è mongoloide. Una mongolina, povera Andrea» concluse sbuffando via la compassione.

Quella notte, prima di addormentarmi, mi riproposi di incontrare di nuovo Andrea. "Domani andrò alla vasca quando si farà sera. E se non viene domani, ci andrò tutte le sere finché non arriverà." Volevo fare qualcosa di bello. "Un piccolo miracolo. Chissà?" mi dissi fantasticando sul mio divino sopito.

Torno per un momento a guardare la grande finestra. I suoi vetri appannati mi ricordano la superficie opaca della vasca. Mi ci avvicino e con un dito disegno un pesce stilizzato sulla patina di vapore. Il suo contorno è lucido come le squame bagnate. C'è silenzio in casa. Lei e suo padre sono fuori. Sono sola, ma non mi sento sola. "Tra poco tornerà... Chissà se farò in tempo a farle vedere il pesce sul vetro o se il vapore l'avrà già inghiottito?" Ad Andrea i pesci piacciono davvero tanto. Forse è proprio per questo che mi era venuta l'idea...

Nel chiosco dove dormivo c'erano cassette di bibite e vasi di caramelle. Uno di questi era quasi vuoto. Travasai in un altro le poche caramelle che ancora conteneva e lo svuotai del tutto. Era un bel vaso di vetro spesso, bombato e con una larga apertura. "È perfetto" mi dissi. Quella sera il cielo era più terso, perciò l'acqua della vasca sembrava molto meno grigia. Stavo seduta sul bordo, il vaso poggiato accanto a me sul muricciolo. Aspettavo Andrea. Lentamente la luce del giorno virava al crepuscolo, e in me cresceva la delusione. "Quando sarà buio non verrà più" mi dicevo cercando di tenere a bada l'ansia dell'attesa che temevo vana. Ero sul punto di andarmene quando, con un tuffo al cuore, la vidi arrivare. Stavolta Andrea indossava un cappottino corto di un vivido azzurro. Nessun cappuccio le copriva il capo e la brezza lieve della sera le scompigliava i capelli scuri e sottili. Mi vide e mi corse incontro. «Ciao» mi disse con il suo sorriso di rubino, ansimando per riprendere fiato. In una mano stringeva un pezzo di pane.

«Ciao Andrea.»

Non ci fu tempo né modo di scambiarci altre parole. Tutta la sua attenzione fu subito catturata dai pesci. Sminuzzava il pane e lanciava in acqua le molliche, ipnotizzata dai guizzi dei pesci che salivano a mangiarle frantumando lo specchio d'acqua della vasca.

Aspettai che avesse gettato loro anche l'ultima briciola. «Ti piacciono proprio tanto i pesciolini?»

«Sono belli» mi rispose. «Belli, belli» aggiunse battendo le mani per sottolineare il suo entusiasmo.

«Se vuoi, posso fare una piccola magia per te.»

Lei mi guardò con una strana espressione negli occhi neri. Curiosa e preoccupata nello stesso tempo. Continuò a fissarmi così senza dire niente. Allora afferrai il vaso di vetro e glielo porsi. «Prendi.»

Esitò un momento. Nel suo sguardo affiorò una domanda, ma non trovò le parole per formularla. Poi allungò le braccia e prese il vaso tra le mani. In quell'istante, in me svanì la certezza. "Ci riuscirò davvero? Il divino sopito si risveglierà anche solo per un momento?" Pregai tra me e me: "Solo un momento, il tempo di un piccolo miracolo. Ti prego, guidami...". Dovevo stare attenta che dalla mia voce non trasparisse alcun dubbio, altrimenti la durezza del reale avrebbe mandato in mille pezzi il vetro. "Ciò che immagino è" ribadii a me stessa. Poi tornai a rivolgermi alla bambina. «Andrea, riempi il vaso con l'acqua della vasca. Vuoi?»

Lei si tirò su le maniche del cappottino, tuffò il vaso nell'acqua, lo riempì e lo rimise sul muretto. L'ultima immagine che mi si impresse negli occhi fu quella del suo visetto, da cui una curiosità divertita aveva spazzato via ogni timidezza e titubanza. Serrai le palpebre e mi immersi nel buio trattenendo il respiro.

Dall'oscurità emersero a poco a poco minuscole bolle d'aria. Perle trasparenti che salivano dal fondo rischiarandolo con i loro riflessi baluginanti. Immaginai di riaprire gli occhi. Il buio scomparve lasciando filtrare tremolanti raggi di luce liquida. Venature verdastre di un paesaggio subacqueo presto animato da sagome guizzanti. Scelsi con cura un pesciolino rosso e vivace come una scintilla. Poi disegnai nell'etere il percorso del balzo che volevo spiccasse. Avevo gli occhi chiusi, perciò non vidi il pesciolino schizzare fuori dall'acqua lasciandosi dietro una scia di gocce luccicanti. Non lo vidi tuffarsi nel vaso di Andrea sul muretto della vasca. Avevo paura di aprire gli occhi. Temevo che tutto fosse avvenuto solo nella mia fantasia. "Ciò che immagino è" mi ripetei un'altra volta.

Uno strillo di gioia e sorpresa. Alzai le palpebre. Ammutolita dall'emozione, Andrea fissava il vaso. Al suo interno, il pesciolino nuotava rapido in cerchio. Rosso e vivace come una scintilla. Anch'io, come Andrea, ero ammutolita per lo stupore. E come lei ero felice. Felice di essere riuscita a compiere il piccolo miracolo.

«Allora, Andrea, ti piace?» le dissi non appena ritrovai la parola. Lei staccò per un momento lo sguardo dal pesciolino e mi rispose con un lampo degli occhi. Poi tornò a fissare le spirali liquide che il pesce tracciava nel vaso.

«È tuo, Andrea, è il tuo pesciolino.»

Come a confermare le mie parole, Andrea prese il vaso dal muricciolo, lo sollevò e se lo portò all'altezza del viso. Visti al di là del vetro e dell'acqua, i suoi occhietti parevano due pesciolini neri guizzanti sulla scia di quello rosso. Lo guardò così, da vicino, per un po' di tempo. Poi la vidi riabbassare il vaso. Pensai che si fosse stancata di tenerlo sollevato, che stesse per poggiarlo di nuovo sul bordo. Invece, con un movimento lento ma deciso, lo inclinò verso la superficie della vasca e vi versò dentro tutto il suo contenuto. Intravidi nel fiotto, appena prima che si spegnesse scomparendo in profondità, l'ultimo luccichio della scintilla rossa. Ero stupita e delusa.

Andrea poggiò il vaso ormai vuoto e mi guardò con una tale gioia che mi vergognai della mia delusione. In fretta cercai di cancellarne ogni traccia dal mio viso, ma non potei fare a meno di domandarle: «Non ti piaceva il pesciolino?».

Il suo sorriso prese una piega strana. Come se fosse meravigliata, come se non capisse affatto il senso della mia domanda. Ma quasi subito tornò a risplendere. «Bello, bello!» esclamò con entusiasmo genuino, quasi lo avesse ancora davanti agli occhi.

«E allora perché lo hai ributtato nella vasca?»

Da sopra il sorriso, i suoi occhi mi guardarono seri. Fece un gesto ampio stendendo un braccio a indicare la vastità della vasca. «Il suo mondo» disse. «Il mondo di Scintilla.»

"Come fa a sapere che nella mia mente avevo dato quel nome al pesciolino rosso?" pensai sbalordita, ma non tanto quanto lo ero dalla profondità di spirito e dalla sensibilità di Andrea. Commossa mi chinai e l'abbracciai stringendola a me. Sentii il suo corpicino contro il mio. Non ricambiò l'abbraccio, ma si lasciò circondare dal mio affetto.

Con un guizzo liquido e allegro proprio come quello di un pesciolino, si liberò dalla mia stretta e corse via. Si fermò un momento a poca distanza, si voltò e mi salutò, sempre sorridente, agitando la manina. «Grazie!» mi gridò. Poi, prima di riprendere la sua corsa, «Tu sei amore» aggiunse. «Tu sei amore.»

Quelle parole mi colpirono come il profumo di mughetto portato da una folata di vento primaverile, anche se era quasi inverno. Le ripetei dentro di me: "Tu sei amore"... E mi capita di ripeterle ancora, quando mi sento smarrita, vuota come il vaso. Non come preghiera al divino sopito. No. Solo per risentire il profumo di mughetto.

Quella sera riportai il vaso vuoto al chiosco e lo rimisi al suo posto. Stranamente rimase sempre vuoto. Gli altri vasi, via via che si svuotavano di caramelle, lecca lecca e confetti, venivano puntualmente riempiti di nuove leccornie dalla signora del "negozio". Quello no, come se fosse divenuto invisibile o come se la signora, in qualche misteriosa maniera, avesse intuito che per me quel contenitore era importante e non volesse dissacrarlo. Alla fine me lo donò. «Tieni, portatelo via come ricordo» mi disse porgendomelo il giorno in cui lasciai il suo chiosco.

12

A volte mi sembra di vivere da sempre in questo piccolo appartamento. A volte invece mi pare di esservi appena giunta. E allora provo la sensazione di essere un'intrusa tra queste mura, invadente e goffa, che rischia di rompere il delicato ma meraviglioso equilibrio tra Andrea e suo padre. È in quei momenti che sono tentata di aprire lo sportello dell'armadio e tirare fuori il cappotto grigio. Di obbedire al suo richiamo. Ma poi mi basta vedere il sorriso di Andrea, o quello velato di malinconia di suo padre, e il richiamo svanisce.

Hanno davvero un sorriso simile, loro due. Perché la vena malinconica in quello di lui non è così spiccata da nascondere la stessa innocenza che c'è nel sorriso di lei. La prima volta che lo vidi sul suo viso bianco, pensai che il sorriso di Andrea si fosse riflesso come in uno specchio sul volto del padre.

I nostri incontri serali ai bordi della vasca, nel giardino pubblico, erano diventati un vero e proprio appuntamento fisso. Mi sedevo sul muricciolo e aspettavo Andrea, libera da ogni apprensione, certa che sarebbe arrivata dai suoi pesci e da me. E arrivò anche quella sera. Prima di cominciare a sminuzzarla, mi mostrò tutta orgogliosa la brioche che aveva portato con sé. «È buona,» mi disse «i pesci saranno contenti.» Poi ne spezzò un boccone e me lo porse: «Mangia anche tu». Lo accettai e portandomelo alla bocca le domandai: «E tu non ne mangi neanche un pezzetto?».

«Non è per me, è per loro» mi rispose tutta seria indicando la vasca. «Per loro e per te.»

Niente mi era mai sembrato così dolce come quel pezzetto di brioche rafferma. Andrea dovette accorgersene, perché mi ammonì con tono allegramente severo, alzando il dito indice: «Guarda che non te ne posso dare più, se no per i pesci non resta niente!».

«Non ti preoccupare, mi basta questo» le risposi masticando.

Lei rise della smorfia che avevo fatto parlando con il boccone in bocca. «Lo so, lo so» mi rispose. «Non ruberesti mai il cibo ai pesci, perché... tu sei amore.»

Quella frase mi colpì come la prima volta che l'avevo sentita pronunciare dalle sue labbra. Con i miei occhi cercai i suoi per scrutare nel loro nero luccicante e trovare la fonte di quella sua disarmante e placida certezza. Ma già il suo viso era rivolto verso l'acqua e il suo sguardo era impegnato a seguire la traiettoria delle briciole che stava lanciando.

Di solito se ne andava quando lo specchio d'acqua, non più increspato dai guizzi dei pesci che si contendevano il cibo, ritrovava la sua vitrea piattezza. Quella sera no. Si sedette sul muretto accanto a me. Mi guardò come se stesse per dirmi qualcosa. Ma, come spesso accadeva, parlò soltanto con il suo sorriso. Restammo lì per un po' in silenzio. Ma era un silenzio leggero, fiducioso. Quando con un piccolo balzo saltò giù dal muretto, mi disse: «Andiamo». Così, con la stessa naturalezza con cui aveva taciuto sino a quel momento. Mi sorprese. Mi resi conto che stranamente non mi ero mai domandata da dove venisse Andrea né dove andasse quando si allontanava. Mi era sempre bastato sapere che sarebbe arrivata al nostro "appuntamento". Che sarebbe comparsa come una magica ninfa della vasca.

«Dove andiamo?» le domandai perplessa.

«Andiamo con me» mi rispose e si avviò.

La seguii. Con titubanza ma la seguii. Anche se non ero certa di voler scoprire il mistero della piccola ninfa.

Andrea camminava pochi passi davanti a me. A un certo punto si voltò, quasi avesse percepito la mia indecisione. Si fermò e mi porse la mano. Proseguimmo insieme, mano nella mano.

Raggiungemmo uno degli ingressi del giardino pubblico. Quello principale, il più usato. Ma era sera, e non c'era più il traffico di bambini, genitori e nonni che in altre ore lo animava. C'era solo lui, vicino alla cancellata arrugginita. Da lontano appariva come una sottile silhouette nera che sbucava da una macchia di colori vivaci. Era chino. Stava armeggiando con una cassetta. Come lo vide, Andrea accelerò l'andatura trascinandomi con sé. In un attimo gli fummo davanti.

Fu quello il momento in cui vidi per la prima volta il suo sorriso. Spiccava come una rosa nella neve sul bianco del suo viso. Aveva la faccia completamente dipinta di bianco e sulla testa, a mo' di cappello, una calza nera. Neri erano anche l'ampia maglia e i pantaloni larghissimi che, invece di mascherare la sua magrezza, la evidenziavano, così come il fondotinta bianco evidenziava il suo naso aquilino e gli occhi piccoli e vivaci, ravvicinati alla radice del naso. Sembrava uno strano uccello. «Andrea!» esclamò. E fece alla bambina un inchino esagerato, la parodia di quello che si farebbe a una regina.

«Babbo!» gli rispose Andrea, e mentre lui si rialzava fece un piccolo salto in avanti e gli abbracciò le gambe. Lui le scompigliò un po' i capelli fini con una carezza. Era una scena dolce e piena d'affetto. Ma io mi sentii di troppo, perciò distolsi lo sguardo da loro e lo rivolsi agli oggetti che si trovavano lì intorno: una piccola cassa altoparlante collegata a un registratore, un'altra cassa di legno più grande montata su rotelle e fornita di una specie di manubrio per spingerla o trascinarla. Era da quest'ultima che sprizzava fuori la macchia di colori che avevo notato da lontano. Palloncini. Palloncini oblunghi a forma di salamino. Rossi, gialli, verdi, blu. Ce n'erano di ogni tinta. Alcuni erano piegati e annodati a formare delle figure: giraffe, spade, cagnolini.

«Lui è il mio babbo» disse Andrea con tono orgoglioso tirandomi per una manica per richiamare la mia attenzione e indicandomi l'uomo-uccello con il braccio teso e la mano aperta.

L'uomo-uccello mi fissò per un istante, poi mi fece un inchino esagerato quasi come quello che aveva appena fatto alla figlia.

«Lei è amore.» Con il medesimo gesto della mano, la bambina mi presentò così al padre. Sentire dalla sua voce che il nome con cui mi aveva ribattezzata era "Amore" mi riempì di tenerezza, ma mi fece anche avvampare per l'imbarazzo.

L'uomo-uccello assunse una buffa espressione. Inarcò al massimo le due virgole dipinte che fungevano da sopracciglia sulla fronte bianca, spalancò gli occhi e corrugò le labbra come se stesse esclamando un "oh" di stupore, ma senza emettere alcun suono. Quella piccola pantomima attenuò un poco il mio imbarazzo, così riuscii finalmente ad accennare anch'io un sorriso.

Con la mano aperta, l'uomo-uccello mi fece cenno di aspettare. Poi dalla cassa di legno estrasse un palloncino rosso. Rapidamente, con pochi gesti scattanti e sicuri, lo piegò, lo ripiegò e lo annodò. Trasformò il palloncino in un bel cuore rosso fiammante e me lo porse. Era per me. «Amore!» ripeté Andrea battendo le mani per la contentezza.

«Grazie» dissi prendendo il cuore e facendo a mia volta un mezzo inchino. Senza dire una parola, l'uomo-uccello tornò a risistemare la sua attrezzatura nella cassa a rotelle, con l'aiuto di Andrea. Per ultime, dopo essersele sfilate dai piedi e aver calzato al loro posto un paio di scarpe da ginnastica sformate, vi ripose due sottili pantofole di seta nera, di quelle che di solito usano i ballerini.

Stavo per salutarli e tornare al mio chiosco quando l'uomo-uccello inaspettatamente parlò. «Andiamo» mi disse. Una sola parola, come prima aveva fatto Andrea.

«Dove?» domandai di nuovo perplessa.

«Andiamo da noi» rispose squillante Andrea, e mi riprese per mano.

Fu naturale andare con loro. Dopo pochi passi, addirittura, ebbi l'impressione di stare percorrendo un cammino conosciuto, familiare. Eppure non avevo la più pallida idea di dove ci stessimo dirigendo.

Arrivati a casa, questa casa, l'uomo-uccello mise via la cassa e sparì in bagno. Quando poco dopo tornò, il suo viso era talmente pallido da farmi dubitare che si fosse lavato via la tintura. La calza che gli copriva il capo era sparita liberando una folta chioma di capelli ricci, neri, con qualche ciocca argentata. Seduta in cucina lo sbirciai di sottecchi cercando di non mostrare la mia curiosità, ma presto mi voltò le spalle e si mise al fornello a friggere delle uova. Andrea svelta come uno scoiattolo apparecchiò la tavola, mettendomi davanti piatto, posate e bicchiere come se quello dove ero seduta fosse da sempre stato il mio posto. Il profumo delle uova fritte saturò l'ambiente. Dopo averne servite due a testa, anche l'uomo-uccello si sedette e in silenzio iniziò a mangiare. Andrea invece squittiva di piacere a ogni boccone. «Mmm... Buone, buone.» Ogni momento si rivolgeva a me in cerca di conferma: «Buone, vero?».

«Sì, Andrea, sono buonissime.»

L'uomo-uccello mi versò un bicchiere di vino rosso. Ne versò un dito anche ad Andrea. Poi alzò il suo per un brindisi. Un brindisi muto.

Nonostante il suo silenzio fu una cena serena, quasi allegra. Quando terminammo, aiutai Andrea a sparecchiare. Come fosse una consuetudine, passammo le stoviglie all'uomo-uccello che le lavava nel lavandino. Non ci volle molto. Poi lui posò un bacio sul capo della figlia. Mi salutò con un «buonanotte» accompagnato da un inchino, stavolta solo accennato, e si ritirò nella sua stanza. Rimasi sola in cucina con Andrea. Svelta come al solito, lei tirò per una maniglia la seduta di un divanetto accostato a una parete e lo aprì, trasformandolo in un lettino già fatto.

«Tu dormi qui» mi disse e vi si sedette sopra molleggiandosi come a saggiarne la morbidezza.

«Grazie» le risposi.

«È il tuo letto» ribatté lei con il tono di chi non capisce che cosa ci sia da ringraziare. «Io dormo con il babbo» aggiunse.

L'uomo-uccello e i suoi lunghi silenzi mi avevano davvero incuriosita. Così non riuscii a trattenermi e, prima che Andrea si ritirasse, le domandai: «Parla sempre così poco il tuo papà?».

Lei mi guardò come se le avessi fatto la più strana domanda del mondo. Poi si portò l'indice al labbro inferiore assumendo una posa riflessiva: «Papà parla poco perché fa il mimo. I mimi sono come dei pagliacci, solo che sono più poetici. I mimi non parlano con le parole, parlano con la musica e con la faccia e con i movimenti, sai?».

«È vero» confermai.

Lei si infervorò nella descrizione: «Il mio papà è bravissimo. Sa fare tutti i movimenti, lui. Apre porte che non ci sono. Tocca vetri invisibili. Si arrampica su corde fatte d'aria...». Si interruppe per riprendere fiato e per puntarmi addosso uno sguardo colmo di sogno. «Sai cosa ha fatto una volta per me? Solo per me?»

«Cosa?»

Andrea corrugò le sopracciglia in modo buffo e si mise due dita a croce sulle labbra a mo' di sigillo. «È un segreto» bisbigliò.

«Ah, be', se è un segreto non voglio saperlo» le risposi serissima.

Lei mi sbirciò con un sorrisetto furbo. «Ma a te posso dirlo, il segreto. Tu sei amore.»

Di nuovo quella definizione di me. Quando mi chiama così, ho un sobbalzo interiore. Ogni volta lo dice con un tono e un'intensità diversa: con gioia, con rispetto, con dolcezza. Quella volta lo disse con un tono di complicità, quasi fosse lei ad aver compreso il mio segreto e non io a chiederle di svelarmi il suo.

«Allora sono tutta orecchie» le dissi.

Andrea cambiò improvvisamente espressione, da divertita a corrucciata. «Non è vero!» replicò di scatto quasi con rabbia.

Non capivo. «Cosa non è vero?»

Mi rispose con irruenza. «Non sei tutta orecchie. Hai gli occhi, il naso, la bocca, le guance, i capelli...» Fece un lungo sospiro. «E sei bella» concluse. Sembrava quasi che le fosse salito un nodo alla gola, che a stento stesse trattenendo le lacrime.

"Che sciocca che sono" mi rimproverai tra me e me. "Eppure lo so bene che i bambini con la sindrome di Down non capiscono le metafore. Per lei ho solo detto una bugia, una brutta bugia." Allungai una mano per accarezzarla e farmi perdonare. Bastò quella carezza perché ritornasse serena. «Allora, Andrea, hai ancora voglia di raccontarmi cosa ha fatto il tuo babbo per te?»

Subito nel suo sguardo si riaccese il sogno.

«C'era la Luna su nel cielo» iniziò indicando il soffitto, ma nei suoi occhi davvero brillavano riflessi di Luna. «Era bella, bella, bella. E io la guardavo con il naso all'insù dalla finestra grande. Io non me n'ero accorta ma papà guardava me che guardavo la Luna. Mi è venuto vicino e allora sì mi sono accorta che c'era anche lui. Anche lui si è messo a guardare la Luna con me. Poi mi ha detto: "È bella la Luna, vero?". "Bella, bella" gli ho risposto. E lui mi ha detto: "La vuoi, Andrea?". Io non gli ho detto niente, però sì che la volevo. Allora il babbo è andato via un momento e poi è tornato con in mano una canna da pesca, invisibile ma lunga lunga, che quasi non entrava nella stanza. Poi ha aperto la finestra e ha fatto volteggiare in aria la canna e ha lanciato fuori il filo. Anche il filo era lungo lungo e invisibile, ma io lo vedevo. Saliva su per un raggio di Luna. "Presa!" ha gridato il babbo, "Aiutami a tirarla giù!", e mi ha passato la canna. "Reggila forte" mi ha detto, e ha cominciato a riavvolgere il filo nel mulinello. Così mi ha preso la Luna. Da vicino era così luminosa che dovevo chiudere gli occhi. Non potevo più guardarla, però ce l'avevo tra le braccia!»

«E cos'è successo poi?».

Andrea aveva gli occhi chiusi, come se stesse tenendo in braccio la Luna. Li riaprì. «Poi l'ho liberata» mi rispose. «La notte è il mondo della Luna» concluse fissandomi seria.

«È davvero un bellissimo segreto» le dissi io.

«Ma il segreto non è mica questo!» ribatté lei.

«Ah, no? E qual è, allora?»

Con fare circospetto, Andrea cominciò ad arrotolarsi la manica sul braccio sinistro. Quando l'ebbe tirata su abbastanza, mi mostrò l'incavo morbido tra il braccio e l'avambraccio. C'era sulla pelle una minuscola macchia chiara, color latte. Se non me l'avesse indicata, avrei faticato a individuarla.

«Ecco» esclamò puntandovi il dito. «Una scheggia di

Luna. Mi si è infilata qui quando la tenevo in braccio. E non si può più togliere. Ho un pezzetto di Luna tutto per me. Ora lo hai visto.» Velocemente srotolò la manica per tornare a coprirlo e mi ammonì, portandosi l'indice alla punta del naso: «Shhh». Poi, in un bisbiglio: «Papà dice che sulla Luna ci sono andati gli americani e ci hanno piantato la loro bandiera. Dice che credono che la Luna sia loro e che se scoprono che io ne ho un pezzetto magari vogliono riprenderselo. Ecco perché è un segreto. Ma la Luna non è degli americani. La Luna è della notte».

«Hai ragione, Andrea. La Luna è della notte!»

Torno a guardare la grande finestra. Anche se i vetri sono sempre appannati, l'ultima luce del tramonto vi filtra attraverso dando al pesciolino disegnato sul vapore riflessi rossastri cangianti. Sembra nuotare nella cornice della finestra. "Mi piacerebbe che Andrea riuscisse a vederlo" penso. E proprio in quel momento sento lo scatto della serratura e il rumore della porta che viene aperta. Un secondo dopo, già risuonano i passi di Andrea che mi corre incontro.

«Amore!» mi abbraccia stringendosi alla mia vita e appoggiando il capo sul mio ventre.

«Ciao, Andrea» le dico accarezzandole i capelli. È ancora stretta a me quando suo padre ci raggiunge. Il viso ancora bianco di tintura. È lui il primo a notare il pesce sul vetro. Picchietta con una mano sulla spalla di Andrea e glielo indica con una buffa smorfia di meraviglia.

Andrea guarda il pesciolino e batte le mani divertita: «Bello!».

È a questo punto che la cornice della finestra si trasforma nel boccascena di un teatro. Passando un dito sul vetro, il babbo di Andrea disegna una linea leggermente ondulata proprio sopra il pesce. È la superficie dell'acqua. La bambina lo guarda attentissima, già pregustando il piccolo spettacolo che, ne è certa, il padre improvviserà per lei. Per noi. Perché anch'io lo osservo attenta, ipnotizzata dai suoi movimenti fluidi. Tutte e due abbiamo sul volto il medesimo sorriso divertito e pronto al riso. Eccolo che sale su per una scala ripidissima. Un gradino dietro l'altro. Ogni tanto si volta per guardare di sotto. La scala dev'essere molto alta, perché, quando guarda giù, sul suo viso si dipingono paura e vertigini. Però non si ferma: sale e sale ancora. È incredibile. Anche se lui resta fermo sul posto, i suoi movimenti sono talmente convincenti che Andrea e io alziamo lo sguardo per vedere dove finisce quella lunga scala. È arrivato in cima, finalmente. Di nuovo guarda in basso. Le gambe gli tremano per la paura. Con un gesto buffo le blocca afferrandole per le ginocchia. Sbircio Andrea. Sorride ancora, ma il suo sorriso si è come irrigidito. Evidentemente è preoccupata per il suo babbo lassù in cima, a quella vertiginosa altezza. Lui sembra percepire la sua ansia. Le fa ciao con la mano e gonfia il petto come uno che non ha paura di niente. Il sorriso di Andrea torna subito ad ammorbidirsi. Lui con passi esageratamente cauti si avvia lungo un trampolino. Arriva sul bordo. Guarda in basso un'altra volta e le gambe ricominciano a fargli giacomo giacomo. È costretto a bloccarle di nuovo. Ma poi il suo viso assume un'espressione determinata. Si tappa il naso con due dita e inizia a molleggiarsi sulla rampa flessibile. Una, due, tre volte. Andrea dal basso lo fissa con autentica apprensione. Lui continua a molleggiarsi. Quattro, cinque, sei... «Si è tuffato!» esclamo ad alta voce, tanto sono catturata dal gioco dei suoi gesti. Andrea batte le mani per l'eccitazione. Giravolte, piroette, il tuffo è una girandola acrobatica irresistibilmente comica. Gli spruzzi che si sollevano all'impatto con l'acqua sono fatti di dita, di braccia che guizzano, si alzano, ricadono, zampillano. Arti liquidi. Faccio di riflesso un passo indietro per evitare gli schizzi. Andrea lancia uno strillo di entusiasmo mentre suo padre si mette a nuotare seguendo i riflessi luminosi e rossastri del pesciolino disegnato sul vapore. Sembra che voglia catturarlo. Tra una bracciata e l'altra allunga la mano per acchiapparlo. Le sue dita però si richiudono a vuoto. Il pesciolino è troppo furbo e veloce per farsi prendere. Andrea ride come una matta di fronte a quei goffi tentativi di pesca. Il suo riso è contagioso. Rido anch'io. L'unico che non ride, immerso com'è nella sua parte e nel vapore acqueo del vetro, è suo padre. Continua a nuotare sott'acqua finché non gonfia le guance e sgrana gli occhi. Uno sbuffo, e una serie di bollicine d'aria paiono uscire dalle sue labbra strette. Non ha più aria nei polmoni. Un colpo di reni, ed ecco che nuota affannosamente verso la superficie. «Mamma mia, non ce la fa! Rischia di annegare!» Invece – *splash!* – riemerge. Schizza fuori come una palla di gomma. Aspira avidamente ossigeno. Uno, due, tre respironi e poi... Si piega in un bell'inchino. Lo spettacolo è finito. Andrea e io ci lasciamo andare a un applauso scrosciante.

13

Domenico. Si chiama così il padre di Andrea. Ma lei, oltre che papà, lo chiama Mimmo.

«Anche tu, se vuoi, puoi chiamarmi Mimmo» mi disse uno dei primi giorni che mi ero trasferita qui con tutti i miei averi: il cappottone e il vaso di caramelle vuoto. «Del resto faccio il mimo,» aveva aggiunto sorridendo «e per un mimo "Mimmo" suona perfetto.»

Quante volte per richiamare il mio divino sopito mi sono ripetuta "Ciò che immagino è"... E ora ho incontrato Mimmo. Mimmo crea mondi fantastici immaginandoli. Li rende visibili muovendosi. I mondi più belli, però, li crea per sua figlia. Non c'è sera che non compia per lei un "miracolo". Non ci sono solo fantasia e gesti, nei mondi che inventa per Andrea. C'è amore. Tanto, tantissimo amore. E come il riso e i sorrisi che suscita sono contagiosi, anche il suo amore lo è.

Per un po' di tempo ho pensato che il bene che gli volevo fosse come un allargamento o una proiezione del bene che voglio ad Andrea. Per un altro po' di tempo ho voluto pensare così, anzi mi sono forzata a pensare che fosse così. Mi sono detta e ripetuta che il mio amore deve essere per l'umanità, non per un uomo. Spaventata, arrabbiata con me stessa, decine di volte sono andata verso l'armadio, decisa a seguire il richiamo del cappotto grigio e a riprendere la mia strada. Ma ogni volta, dopo averlo aperto, l'ho richiuso. Se Dio vuole fuggire, la donna che sono no. Vuole restare. E sono restata. Ho preso ad amare i suoi silenzi. Ho preso ad amarlo con l'anima e con il corpo. Il mio corpo di donna mi ha sbalordita, terrorizzata, affascinata. L'ho lasciato entrare nel mio corpo con la stessa semplicità e naturalezza con cui Mimmo ha lasciato che entrassi in questa casa e nella vita sua e di Andrea. Senza domande, senza diffidenza. Con amore. Soltanto con amore. Quasi fosse una cosa già scritta.

«Non sai chi sono e mi hai accolta qui.» Una sera lasciai cadere questa frase così, come fosse solo un pensiero ad alta voce, mentre lavavo i piatti della cena. Andrea era già andata a dormire da un po'. Dopo averla accompagnata verso il sonno con una delle sue favole mimate e silenziose, Mimmo era tornato in cucina. C'era ancora un po' di vino nella bottiglia sul tavolo. Giusto due mezzi bicchieri. Ci eravamo trattenuti per berli. Piano, a piccoli sorsi, perché durassero. Seduti una di fronte all'altro. Era scorsa qualche parola. Frasi brevi come i sorsi. Tra un silenzio e un silenzio. Erano piuttosto gli sguardi a parlare. Ogni tanto mi capitava di perdere quello di Mimmo. Lo perdevo perché si allontanava. Guardava lontano, o forse troppo vicino. Non so. Era come se scrutasse un orizzonte visibile soltanto a lui. E quell'orizzonte si rispecchiava a tratti nei suoi occhi, rimandando riflessi di malinconia pacata che disegnavano un dolce paesaggio. Però poi il suo sguardo tornava al mio. E Mimmo sorrideva, come a scusarsi di quelle piccole assenze. Allora, nell'incresparsi delle sue labbra, mi sembrava di cogliere il segno di parole che premevano per uscire. Forse, chissà, il racconto di quei paesaggi che io vedevo soltanto riflessi nei suoi occhi. Ma il sorriso restava un sorriso e le parole restavano mute.

Oltre alla bottiglia ormai vuota, sul tavolo erano rimasti due piatti. Mi alzai per andare a sciacquarli al lavabo. Lui rimase seduto, così gli diedi le spalle. E forse fu proprio perché non potevo vederlo che trovai il coraggio di dirgli quelle parole: «Non sai chi sono e mi hai accolta qui». Una constatazione, ma anche una domanda. Mi rispose soltanto il rumore del getto d'acqua sottile che usciva dal rubinetto. Pur di non voltarmi, continuai a strofinare il piatto ormai pulito che avevo tra le mani. Eppure percepivo il tocco del suo sguardo sulla mia nuca. Sapevo che avrebbe voluto rispondermi con gli occhi. Ma in quel momento io volevo parole. Volevo la sua voce o niente. Finché il tocco dello sguardo non si trasformò in quello leggero di una mano che timidamente si appoggiava sulla mia spalla. Allora posai finalmente il piatto sul fondo del lavandino e, mentre l'acqua continuava a scorrere, mi voltai. Il suo volto era vicinissimo al mio.

«Io so chi sei.» Quattro parole che pronunciò con serena sicurezza.

Ma non mi bastavano. «Non puoi saperlo. Non sai nemmeno da dove arrivo, come vivo...»

«Vivi. Sei viva, e questo è sufficiente.»

Non era sufficiente per me. Mi ero accorta che parlare gli costava uno sforzo enorme, come a chi si trovi costretto a dover spiegare una cosa semplice, quasi ovvia. Eppure, nonostante questo, la mia sete di parole non si era placata. «Perché proprio io?» insistei. «Perché hai accolto me e non un'altra o un altro?»

Lui fissò i suoi occhi nei miei. Il suo volto mi pareva pallido come quando era dipinto. «Andrea» mi rispose in un sussurro. «Andrea, lo avrai notato, è una bambina speciale. È totalmente indifesa rispetto al male, alla cattiveria. Ma forse proprio per questo ha una dote eccezionale. Andrea capta il bene. La sua piccola anima è sensibile e infallibile come l'ago magnetico di una bussola. Punta verso il bene. È attratta dal bene. È Andrea che ti ha trovata, con la sua bussola.»

Quello fu il discorso più lungo che avessi mai udito dalla voce di Mimmo. Stavolta toccò a me rimanere senza parole. Restai muta a guardarlo per un lungo momento, mentre lui guardava me. Aveva gli occhi di sua figlia. Attraverso la loro trasparenza vedevo la profondità di un'innocenza totale, assoluta, naturale com'è l'aria o il vento che sferza la cima di un'alta montagna. Il soffio di quel vento mi bagnò le ciglia di lacrime. Sentii che una mi colava giù per la guancia.

Lui, con uno dei suoi gesti fluidi e misurati, la intercettò con il polpastrello dell'indice. Riuscì a catturarla senza nemmeno sfiorare la mia pelle. E poi, lì sulla punta del suo dito, si mise a osservarla come si osserva una gemma.

«Come ti chiama Andrea?» mi domandò senza distogliere lo sguardo dalla gemma liquida.

«Amore. Mi chiama Amore» gli risposi commossa.

«Vorrei chiamarti così anch'io» mi disse. «Vuoi?»

Stordita dall'emozione, feci cenno di sì con il capo. Fu allora che mi restituì la lacrima. Tornò a deporla sul mio viso, ma stavolta mi sfiorò la pelle, e fu quella la prima carezza che mi diede.

Da lì scaturirono le altre carezze di seta. Seta che mi avvolgeva, smossa dal vento di alta montagna che aveva fatto affiorare gemme dai miei occhi. Mimmo fu delicato anche quando il vento cominciò a spirare forte e più forti si fecero i suoi abbracci. Il canto del vento era il suo respiro che incontrava il mio. Finché anche le nostre labbra si incontrarono, e allora respirammo di un solo respiro. Il vento ci strappò via i vestiti. Sentii la sua pelle sulla mia e presto fummo una sola pelle. Un solo corpo che si muoveva in una sintonia astrale come quando nell'eclissi la Luna si incontra con il Sole. Il suo viso pallido così vicino al mio era la Luna, e io ero il Sole. Provavo gioia nello scaldarlo con il mio calore. Mi dava piacere che la sua ombra coprisse la mia luce senza spegnerla. Perché la luce è più vivida nell'ombra.

Io che avevo creato il desiderio non conoscevo il desiderare, e adesso con stupore scoprivo non solo di poterlo suscitare, ma anche di poterlo sperimentare. Con i suoi gesti e con tutto il suo corpo Mimmo stava creando un mondo attorno a me. Diverso da quelli che avevo visto creare per Andrea. Ma colmo d'amore. In quel mondo mi sentii divina. Sentii che la creazione è amore. Che il dolore e il male sono degli intrusi. Che a volte basta il vento d'alta montagna per scacciarli. Certo, soltanto per qualche momento. Ma anche i momenti sono tempo. E nel tempo dell'amore non c'è né male né colpa. "Se si potesse dilatare il tempo dell'amore tanto da farlo diventare tutto il tempo," pensai "il male si spegnerebbe come la fiammella di una candela in mancanza di ossigeno..." E poi pensai: "Io sono il tempo. Io posso...".

Il picco del piacere mi colse alla sprovvista. Mi investì potentemente travolgendo pensieri umani e divini. Portando ad altezze vertiginose, mischiando e moltiplicando all'infinito ogni più piccola sensazione. Fondendo tutto in un'unica percezione. Splendida. Assoluta. Fuori dal tempo. Mi annullai in quel dilagare oltre i confini dell'infinito, e in quel dilagare divenni il tutto. Lì, fuori dal tempo, l'essere Dio e l'essere donna furono un tutt'uno. Creatore e creazione uniti indissolubilmente. Provai la certezza, divenni la certezza.

Poi il tempo tornò a insinuarsi in me. Tra noi. Il vento calò e, come le foglie che cadono in autunno, i dubbi e le paure cominciarono a scendere fluttuando lentamente. Ci staccammo l'una dall'altro con la stessa lentezza delle foglie. Nel separarsi, i nostri corpi provarono quasi dolore. Come se tornare ognuno in se stesso fosse una cosa innaturale.

Supino accanto a me, Mimmo guardava il soffitto. Ma le sue pupille erano animate da movimenti appena percettibili.

Pareva seguire con lo sguardo le foglie cadenti. Improvvisamente sentii in me l'eco della sua solitudine. Eravamo a pochi centimetri l'uno dall'altro, eppure mi sembrava che una forza misteriosa lo avesse aspirato portandolo a una grande distanza. La colmai allungando un braccio e gli accarezzai la fronte, dipanando una ciocca dei suoi ricci scuri. Allora abbandonò le foglie e si voltò verso di me restituendomi i suoi occhi. Una carezza.

"In una carezza data e ricevuta ci può essere tutto l'amore che esiste fuori dal tempo e al di là delle distanze" mi dissi. E nel suo sguardo vidi baluginare una scintilla della certezza che avevo provato prima che le foglie iniziassero a cadere.

14

Ci sono a volte carezze anche in presenza di Andrea. Piccoli gesti d'affetto tra me e Mimmo. Quando la bambina li nota, ride felice. L'ago della sua bussola vibra d'amore. Sa che non una stilla gliene viene sottratta. Sa che è stato l'ago della sua bussola a indicare la rotta che ci ha fatti incontrare. Il suono delle sue risate è la musica di questa casa. Mimmo centellina le parole. Poche gocce della sua voce. Il suo parlare è fatto di gesti, di espressioni, di luci e ombre che si dipingono alternandosi sul suo volto di Luna. A me piace la sua voce. È timida e vivace come un animaletto del bosco, vigile e pronto in un baleno a nascondersi nella sua tana. Perciò quando la sento, come adesso, sto attenta a non fare il minimo rumore. A non pestare neanche un rametto. Per poter continuare a spiarne il timbro. Calmo, paziente, giocoso.

«Andrea, la "o" è un ometto grasso con un baffo all'insù...» sta spiegando alla figlia.

Li guardo entrambi, appoggiata allo stipite della porta. Un po' in disparte, seminascosta dalla penombra del vano.

«Ecco, sì. Proprio così, bello rotondo...»

Seduto al tavolo di cucina vicino ad Andrea, le sta guidando la mano perché con la matita che tiene tra le dita disegni sul foglio l'ometto grasso con il baffo all'insù. Andrea è concentrata. La punta della lingua si affaccia tra le sue labbra e si muove come se stesse seguendo il tracciato della matita.

«Bravissima!» esclama Mimmo alzando il foglio. «Benvenuto signor "o"!» saluta con deferenza la lettera.

«Benvenuto signor "o"!» ripete Andrea con entusiasmo, ridendo soddisfatta e orgogliosa del suo lavoro.

«Benvenuto signor "o"...» sussurro anch'io senza farmi sentire.

«Ma vogliamo lasciare il buon signor "o" solo soletto?» domanda di colpo Mimmo.

«No, no» risponde pronta Andrea.

«Bene! Allora presentiamogli la signora "a". Anche lei è un po' grassottella. Perfetta per il signor "o". Ma essendo una signora non ha il baffo all'insù. In cambio, vezzosa com'è, porta sempre con sé un bell'ombrellino. Ma siccome è un po' distratta, invece che per il manico lo tiene per la punta, così il manico è giù e la punta è su.»

Mi allontano discreta mentre sul foglio la mano di Mimmo e quella di sua figlia danno vita alla signora "a".

Stasera le storie che Mimmo crea per Andrea sono lettere che si animano come personaggi fantastici. Altre volte i personaggi sono numeri. È lui che fa scuola alla figlia. La bambina ha l'età per frequentare la seconda elementare ma non va in nessun istituto. Io non gli ho mai chiesto perché. Ma, come se avesse intuito la mia domanda, una notte, mentre Andrea dormiva, Mimmo mi ha risposto. È stata una delle rare volte che la sua voce ha perso il tono pacato e sognante. E che un'ombra ha coperto il chiarore del suo viso lunare.

«È andata a scuola, per qualche mese» mi disse di punto in bianco quella notte, interrompendo uno dei suoi silenzi. Pareva parlare più a se stesso che a me. E improvvisamente il suo tono si fece aspro, duro. Prese a sciorinare insulti con la stessa cattiveria di chi li aveva pronunciati: «Mongola, ritardata, scema, brutta faccia di padella...». Li rivolgeva contro di sé, come per sostituirsi ad Andrea come bersaglio e sviarli così da lei. Lo ferivano, e sul suo volto, nella sua espressione, si dipingevano realmente il dolore, l'umiliazione e lo smarrimento che dovevano essersi dipinti su quello di Andrea quando veniva derisa e ingiuriata dai compagni di scuola. «Poverina. Sfortunata, disgraziata...» continuò con parole di commiserazione che avevano il medesimo tono e la stessa spietatezza degli insulti.

«Adesso basta!» gli gridai. Non sopportavo che continuasse a farsi del male.

«Adesso basta...» La mia voce mi ritornò come un'eco. Ma no. Non era la mia voce. Era un'altra. E il grido era differente. Nel mio c'era sì rabbia, ma anche commozione. Nel grido dell'altra voce, la rabbia era solo stizza. Non c'era nessuna commozione. Piuttosto c'era fastidio. Alzai lo sguardo e con gli occhi di Andrea vidi la maestra, in piedi, dietro una cattedra che mi pareva enorme. Io stavo in fondo alla classe, le spalle appoggiate alla parete. Un bambino davanti a me saltellava in una specie di balletto sguaiato. Con gli indici si tirava le palpebre verso le tempie. «Cin cin cinesina! Cin cin cinesina!» cantilenava con tono nasale piroettandomi intorno. Era buffo, ma non mi veniva da ridere. Nella canzonetta c'era qualcosa di duro, una nota fredda. Gli altri bambini e le altre bambine invece ridevano. Avevano fatto capannello attorno a noi. Sembravano divertirsi moltissimo. Qualcuno di loro prese a canticchiare insieme al bambino. Un coretto. Ma anche in quello, amplificata, risuonava la nota fredda. Avrei voluto ridere come loro, divertirmi insieme a loro. Ma davvero non ci riuscivo. La nota fredda congelava ogni mia emozione. Mi dispiaceva non riuscirci. Non riuscivo mai a giocare con i miei compagni di classe. Forse solo con Marta. Qualche volta. Marta era bravissima a ritagliare con le forbici figure di donne molto belle ed eleganti dai giornali di moda di sua madre. Ne aveva sempre di nuove, in cartella, infilate tra i fogli del quaderno grande. Le piaceva mostrarmele. Mi chiamava in disparte e con fare circospetto le tirava fuori e me le faceva vedere. Me ne aveva addirittura regalata qualcuna. Qualche volta. Però, se un altro bambino si avvicinava a noi, lesta le ricacciava nella cartella, mi voltava le spalle e si allontanava. Forse si vergognava delle sue figure ritagliate.

«Ho detto basta!» Dietro la cattedra, la maestra si era fatta tutta rossa in viso. All'improvviso un colpo secco si ripercosse nell'aula. Aveva tirato un pugno sul ripiano della cattedra per dare forza al suo richiamo esasperato. Colpo e richiamo sortirono il loro effetto. Il coretto si interruppe e tutti corsero ai loro banchi. Io no. Io rimasi lì dov'ero con le spalle alla parete. La maestra lanciò un'occhiata radente alla classe, come a verificare che l'ordine fosse stato ristabilito. Era ancora rossa in viso. La stizza non l'aveva del tutto abbandonata. Il percorso della sua occhiata si fermò su di me. Era giovane, la maestra. Aveva dei bei capelli a caschetto castani. E portava gli occhiali. Un paio di occhiali dalle lenti rotonde che, con la loro montatura scura, le incorniciavano gli occhi facendone risaltare l'azzurro. Aveva dei begli occhi, ma non brillavano mai. Il suo sguardo era quasi sempre annoiato, distante. Si fissò su di me per un istante brevissimo, come se non avesse nessuna voglia di soffermarsi più del necessario. «Su, su, Andrea, per favore...» sbuffò tentando di ostentare la pazienza che non aveva «torna al tuo banco anche tu.» Era un po' strano il suo modo di parlarmi. Scandiva le parole una a una come se fossi sorda. Eppure io non ero sorda. Con gli altri non parlava così, anzi di solito era asciutta e sbrigativa.

Io non mi mossi. Non perché non avessi intenzione di obbedire, ma perché mi era parso di notare un luccichio nei suoi occhi. Volevo accertarmi che davvero ci fosse. Sarei stata felice se finalmente i begli occhi della maestra avessero trovato la loro luce. Sarebbero stati ancora più belli. E lei... Lei sarebbe sembrata meno distante. Invece no. Mi ero sbagliata. Me ne accorsi quando il luccichio si ripeté a un movimento della sua testa. Era soltanto il riflesso del neon sul vetro dei suoi occhiali.

Visto che non mi muovevo, la maestra scese dalla cattedra con un sospiro. Mi raggiunse e mi prese per la mano. «Su, su, Andrea, dai...» Cercava di darsi un tono di dolcezza, ma era solo spazientita. E la mano... Me la stringeva troppo e mi faceva un po' male, ma temevo che si sarebbe arrabbiata, se avessi provato a ritrarla. Mi accompagnò lei al mio banco, quasi mi trascinò. Dagli altri banchi, sommesse, partirono le risatine. Mi misi a ridere anch'io, però facevo finta.

Mi lasciò al mio posto. In fondo all'aula. All'ultimo banco. Era tutto per me, l'ultimo banco. La sedia vicino alla mia era vuota. Non c'era nessuno, lì. Mi piaceva avere un banco tutto mio. Ma a volte guardare la sedia vuota mi metteva un po' di tristezza. Sarei stata molto contenta se Marta fosse venuta a sedersi lì. Se avessimo condiviso il posto. Ma Marta non era mai venuta. Forse non sapeva che ne sarei stata contenta...

«Adesso basta» ripetei a Mimmo. Lui mi guardò come tornando in sé. Io pure tornai in me, lasciando la piccola Andrea laggiù, nel tempo dell'ultimo banco.

Mimmo sembrava colpito dalla vena di rabbia nelle mie parole. Allora decisi di raccontargli. Di raccontargli di Andrea, di quello che aveva provato lei e che avevo provato io. «No,» gli dissi «il suo non è lo stesso dolore che tu ti infliggi assumendo lo scherno e gli insulti rivolti a lei. Non è comprensione, la tua. È presunzione. Anche se non lo sai...»

Lui contrasse la bocca in una specie di smorfia amara.

Capii che stava per ribattere, ma non gliene diedi il tempo. «Certo, Andrea soffriva. Soffriva di non poter ridere, di non poter essere complice degli altri. Le dispiaceva che la maestra le parlasse come a una sorda. Ma era la sua sofferenza. Una sofferenza assolutamente diversa da quella che tu immagini. Era un dispiacere fatto di stupore. Andrea non capiva. Non riusciva a comprendere il perché di quelle distanze che sembravano incolmabili. Non capiva, ma non a causa della sua sindrome. No. Non capiva perché lei non concepisce la cattiveria, l'ostilità, il male. Nel suo mondo non esistono. L'innocenza di Andrea è totale. La malignità e la bassezza le sono estranee. Sono piante aliene che non possono mettere radici nella sua terra.»

Avevo parlato con impeto, tutto d'un fiato. Rivolta a Mimmo, ma anche a me stessa. Volevo che il flusso delle mie parole si portasse via i dubbi che mi erano sorti: "Se una bambina è incapace di concepire il male," mi ero chiesta "perché invece una divinità lo è? O perché consente che esista? Comprenderlo significa forse anche accettarlo? E accertarlo significa perpetrarlo?".

Naturalmente Mimmo non ebbe percezione dei pensieri che mi stavano attraversando la mente. Era rimasto stordito dal profluvio di parole con cui lo avevo appena investito, lui che di parole è tanto parco. «E tu come lo sai cosa provava, cosa prova Andrea? Come lo sai con tanta certezza?» mi domandò quasi ansimando.

«Io so» gli dissi, sicura che quella risposta non gli sarebbe bastata, che mi avrebbe interrogata ancora, che avrebbe preteso spiegazioni.

Invece mi sbagliavo. I tratti del suo volto si distesero. L'ombra sparì dalla Luna. Assunse un'espressione serena, confortata. «Tu sai» sussurrò. «Tu sai» ripeté più forte e con convinzione. Poi sembrò rabbuiarsi di nuovo. «Comunque,» disse come parlando tra sé e sé «Andrea non tornerà a scuola. Posso insegnarle io. E quelli possono dire quello che vogliono. Io a scuola non la rimando.»

«Quelli? Chi sono quelli?» gli chiesi sconcertata dal suo sfogo.

«Nessuno» mi ribatté con un'alzata di spalle prima di tornare a rifugiarsi in uno dei suoi silenzi.

Non mi sono più chiesta chi fossero "quelli". Non sapevo che oggi lo avrei scoperto.

I giorni scorrevano in un'armonia così pura da convincermi che nulla avrebbe potuto incrinare la nostra serenità. Quasi avevo dimenticato il cappotto grigio chiuso nell'armadio. Uscivo poco. Rassettavo il piccolo appartamento. Godevo dell'attesa di Andrea e di Mimmo. Vivevo appagata dai silenzi, dai sorrisi, dalle poche parole di Mimmo e da quelle di Andrea che a volte mi sbalordivano per la loro naturale profondità. Come quella volta che mi ero messa a osservarla mentre era di spalle, seduta al tavolo di cucina, intenta a disegnare qualcosa su un foglio bianco. Ogni tanto Andrea si mette a disegnare. Molte volte, naturalmente, disegna i pesci che le piacciono tanto. Altre volte, però, non si tratta di figure, ma soltanto di colori. Prende le matite colorate e traccia segni così spessi che paiono pennellate. I segni si intersecano, si dipanano, si sovrappongono e si confondono in una fantasmagoria anarchica, ribelle. Se ne sta lì alternando freneticamente matita a matita finché sul foglio non resta quasi più traccia del bianco della carta. Spesso, quando ha terminato, piccole gocce di sudore le imperlano la fronte.

Era concentratissima nella sua opera. E io ero sicura che non mi avrebbe notato. La guardavo e ripensavo ai miei dubbi. Alla forza della sua innocenza e alla volubilità delle certezze del mio divino rispetto al male. All'improvviso posò la matita che aveva in pugno e si voltò verso di me. Come in risposta a un mio richiamo. Mi sorprese. Non me lo aspettavo. D'istinto feci un passo indietro. Aveva le perline di sudore sulla fronte. Alzò il foglio pieno di colori per mostrarmelo. «Tutto» esclamò. Poi si alzò e mi venne incontro con in mano il disegno. Me lo aprì davanti come si farebbe con una mappa. E col dito prese a seguire le pennellate, quasi a indicare un percorso. «Tutto» ripeté, e poi iniziò a spiegarmi. «Tutti i colori del mondo. I colori sono tutto. I colori sono di luce...» Io seguivo il suo dito e le sue parole. «La luce nasconde il buio. Il buio non si vede se c'è luce...»

La interruppi. «Ma nel tuo tutto hai messo anche il nero» obiettai.

«Il nero è un colore» ribatté con il sorriso di chi sta spiegando qualcosa che dovrebbe essere ovvio. «Il buio non è un colore. Il buio non ha colore.»

«Hai ragione» ammisi. Il suo sorriso si allargò in una smorfia di soddisfazione.

«I colori sono belli» tornò a spiegarmi. «Se sono tutto, non c'è spazio per il buio. E anche se c'è, io non gli lascio posto» concluse aggrottando un poco le sopracciglia in un'espressione di dolce determinazione. Mi fissò per un attimo e mi porse il foglio. «Tutto è amore» mi disse regalandomi il disegno. «Tu sei amore.» E corse via ridendo.

Conservo quel disegno nel cassetto sotto l'armadio. Ogni tanto, quando mi perdo, vado a prenderlo e consulto la mappa di Andrea per orientarmi tra l'umano e il divino. Per ritrovarmi. Oggi però sono arrivati "quelli".

Andrea era con il padre ai giardini pubblici. Lo accompagna sempre, di pomeriggio, quando vicino all'ingresso lui costruisce i suoi mondi di gesti per chi gli offre qualche moneta e anche per chi non gli offre niente. Quando hanno suonato alla porta, ero sola in casa. Lì per lì non ho nemmeno riconosciuto il trillo del campanello. Non l'avevo mai sentito suonare, perché da quando sono qui non abbiamo ricevuto nessuna visita. Ho capito solo quando lo squillo si è fatto insistente. Allora sono andata ad aprire la porta.

«Lei chi è?»

Non mi aspettavo una domanda così diretta e arrogante. La mano ancora sulla maniglia, sono rimasta interdetta. "Ma chi è lei?" avrei dovuto rispondere. Invece... Invece ho fissato la donna bassa e rotondetta come fosse un'apparizione, incapace di spiccicare parola.

«Allora, mi vuol dire chi è lei?» ha insistito mentre allungando una mano mi spingeva da parte per farsi spazio ed entrare in casa.

Senza attendere risposta, una volta entrata si è diretta decisa verso il tavolo della cucina. Solo allora mi sono accorta del giovane che era con lei. L'ha seguita in cucina come un'ombra. Muto. La donna si è seduta senza chiedere il permesso. L'ombra ha fatto altrettanto. Si sono guardati un po' attorno come se stessero cercando qualcosa. Poi lei, subito imitata dall'ombra, è tornata a rivolgere lo sguardo verso di me, inarcando le sopracciglia sopra gli occhiali senza montatura che porta a metà naso. Aveva uno strato di rossetto di un rosso acceso sulle labbra sottilissime, che facevano uno strano contrasto con le sue gote paffute. L'ombra invece aveva il volto scavato e un colorito giallastro, malaticcio. La sua giovane età si poteva solo intuire al di là del suo aspetto.

«Allora, signorina, non vuole proprio dirci chi è?»

La sua voce ha assunto un tono sarcastico. Per sottolinearlo, ha lanciato un'occhiata simile a un ammicco volgare all'ombra, che si è affrettata a contraccambiare alzando le pupille al cielo in segno di sdegnata approvazione.

Non ho fatto in tempo a riprendermi da quell'inattesa irruzione che la donna ha cominciato a incalzarmi. «Può almeno avere la gentilezza di dirci dov'è il signor Gualtieri?»

«Il signor Gualtieri?» ho ripetuto senza capire.

«Sì, il signor Gualtieri. Domenico Gualtieri. Il vedovo

che abita in questa casa con la figlia down» ha ribadito lei soffiando fuori le parole dalle labbra sottili e vermiglie in uno sbuffo di impazienza.

«Domenico Gualtieri» le ha fatto eco l'ombra compita.

"Domenico... Mimmo" ho pensato rapidamente. Mi sono resa conto che non avevo mai sentito prima il cognome di Mimmo. Quella constatazione mi ha fatto sorridere, e il sorriso mi ha finalmente restituito l'energia per reagire. «Il signor Gualtieri è al lavoro» ho risposto con tono fermo.

«Ah! Così avrebbe trovato un impiego, infine?» Più che a me, pareva che la donna si stesse rivolgendo all'ombra, che di nuovo le rispose alzando gli occhi al cielo. «E di che lavoro si tratta, se non sono indiscreta?» Le sue labbra sottili hanno preso una piega strana. Gli angoli rivolti in basso, verso il mento. Una smorfia di ironica incredulità.

Ho sentito che in me cominciava a montare la rabbia. «Il suo lavoro. Il mimo. Domenico fa il mimo» le ho risposto con la voce spezzata dal nodo che mi si era stretto alla gola.

«E lei questo lo chiama lavoro?» Le guance paffute della donna si sono fatte improvvisamente paonazze. Si è alzata di scatto puntando i pugni sul ripiano del tavolo. «Questo è mendicare. Mendicare!» Ha pronunciato due volte la parola scandendone forte le sillabe come a scolpirla nell'aria. «Inammissibile» ha concluso con tono più basso.

Visto che la donna era in piedi, anche l'ombra si è affrettata ad alzarsi. «Inammissibile» ha ripetuto diligentemente.

«Eppure sapeva che oggi saremmo venuti qui...» Era come se io fossi scomparsa. La donna parlava all'ombra ignorandomi completamente. «E ciò nonostante è andato a chiedere l'elemosina. Di certo si è trascinato dietro quella povera bambina malata...»

«Andrea non è malata!» ho esclamato, quasi gridando, ma le mie parole non sono nemmeno riuscite a scalfire le sue.

«Per il bene della piccola, questa situazione deve essere risolta una volta per tutte» ha concluso tirando fuori un foglio prestampato dalla borsa che aveva con sé. Senza tornare a sedersi, vi ha scarabocchiato nervosamente qualcosa sopra con una biro blu. Poi ha colpito il foglio con la mano aperta, quasi volesse appiccicarlo al tavolo. «Ecco qua. Mi faccia il favore di farlo avere a Gualtieri» mi ha intimato guardandomi appena. Subito dopo è tornata a rivolgere la sua attenzione all'ombra. «Andiamo» gli ha detto.

Io ho fatto la mossa di accompagnarli all'uscio, ma lei mi ha bloccato con un gesto autoritario: «Conosciamo la strada».

Appena prima che si richiudesse il battente alle spalle, l'ho sentita sussurrare all'ombra: «E adesso si porta pure in casa le donnine, quell'irresponsabile».

Il rumore della porta sbattuta si è riverberato sul mio viso come uno schiaffo violento. Massaggiandomi la guancia, quasi lo schiaffo vi avesse lasciato il segno, mi sono avvicinata al tavolo. Il foglietto sembrava un brutto insetto spiaccicato. L'ho sollevato con due dita e l'ho letto.

Il signor/la signora... c'era scritto a caratteri di stampa, seguito da *Gualtieri Domenico* aggiunto a penna, *è convocato presso il tribunale dei minori il giorno... alle ore...* Quindi, scarabocchiate a penna accanto ai caratteri di stampa e quasi illeggibili, una data e un'ora.

"Tra venti giorni" ho calcolato decifrando gli scarabocchi. La firma della donna invece non sono riuscita a decifrarla. Un segno contorto, proprio come la zampa di un insetto morto, vicino a un timbro sbiadito. D'impulso avrei voluto gettarlo nella pattumiera. Risentivo l'eco della voce sarcastica della donna: «*Mi faccia il favore di farlo avere a Gualtieri*»... "Se lo riduco in piccoli brandelli, forse tacerà" mi sono detta. Ma poi, ovviamente, non ho fatto nulla di tutto ciò. Ho piegato il foglio in quattro e l'ho nascosto sotto la teiera sulla mensola. Tra poco Mimmo e Andrea dovrebbero rientrare. Li ho sempre attesi con gioia, invece questa volta provo ansia. Di continuo il mio sguardo va alla teiera, tana dell'insetto... "E se non fosse morto? Ma immobile e pronto all'agguato. Pronto a saltare fuori dal nascondiglio con il suo morso velenoso?"

Lo scatto della serratura mi fa sobbalzare. Andrea è una ventata di vita che mi avvolge. Corre ad abbracciarmi come tutte le volte. Rispondo al suo abbraccio stringendola a me, ma i miei occhi tornano alla teiera. Lei ha la testa tuffata nel mio grembo e non può certo seguire il percorso del mio sguardo.

Mimmo invece sì. Lui vive di gesti, di espressioni, di movimenti. Anche di quelli più impercettibili. E non gli sfugge la patina di preoccupazione che vela i miei occhi. «Cosa c'è?» mi domanda affacciandosi dall'ingresso con il viso ancora dipinto di bianco.

Per un attimo, quel trucco a me così familiare, fatto di malinconia e di poesia, mi appare macabro come quello di una maschera funebre. Il bianco della Luna mi sembra ora un pallore cadaverico. "L'insetto è sgusciato da sotto la teiera e lo ha già morso, gli ha già inoculato il veleno..." L'immagine fantasmatica che la mia angoscia proietta mi toglie il respiro. Mi irrigidisco. Andrea avverte subito il mio cambiamento e scioglie perplessa l'abbraccio.

«Cosa succede?» insiste Mimmo.

Provo a minimizzare. Non voglio rischiare che Andrea si turbi. «Niente, va tutto benissimo» gli rispondo con una risatina forzata che non convince neppure me.

Ma Mimmo ha visto dove si posava il mio sguardo. Si dirige sicuro verso la mensola con la teiera. "No, non sollevarla," vorrei gridargli "c'è un insetto velenoso!" Invece mi limito a inghiottire a vuoto.

Lo stringe tra le dita, adesso. Dispiega il foglietto e legge. Lo scorre velocemente. Ho appena il tempo di notare la piega amara della sua bocca che si dipinge sotto lo strato di tintura.

«Cos'è, papà?» chiede Andrea incuriosita.

In un istante la piega amara si allarga, si distende e assume la forma di un sorriso. Un sorriso allegro, buffo. «Ora ti faccio vedere cos'è» risponde lui con tono divertito.

"Non vorrà farlo leggere alla bambina?" mi domando allarmata.

È un attimo. Il foglietto fruscia tra le sue dita come se una brezza dispettosa stesse per strapparglielo via. Poi, con un gesto rapidissimo, Mimmo lo fa scomparire nascondendo le mani dietro la schiena. Quando dopo un momento ricompare, non è più un foglio di carta.

"Sì, è ancora un insetto," mi dico guardandolo mentre lo solleva in alto "ma è una bellissima farfalla."

La farfalla sbatte le ali sulla punta delle dita di Mimmo. Andrea la guarda a bocca aperta, affascinata. «Bella, bella!» batte le mani. E io con lei.

«La liberiamo?» chiede Mimmo.

«Sì, sì, liberiamola!» grida Andrea felice e corre dietro al padre che si dirige a grandi passi verso la finestra. La spalanca. Ma fuori l'aria è ferma. Non un alito che possa far librare la farfalla di carta. Come l'aria, anche Mimmo si ferma, il braccio con la farfalla sporto verso l'esterno. Un velo di delusione cala sul suo sguardo e scende su quello di Andrea.

"Vento" penso. "Vento" immagino. La folata arriva. Soffia improvvisa e scanzonata. Le ali fremono. "Ciò che immagino è."

Mimmo apre le dita. Il vento rapisce la farfalla donandole il volo. E la farfalla sale, sale in alto, poi ridiscende e risale disegnando pazze spirali nell'aria.

«Vola, vola!» Andrea è entusiasta. «Ciao! Ciao farfalla!» la saluta agitando la manina.

Con un ultimo svolazzo, la farfalla scompare dietro un tetto irto di antenne.

Sarà forse colpa della luce elettrica, ma nonostante Mimmo si sia tolto il trucco il suo viso sembra ancora pallido, quasi la tintura si fosse infiltrata sotto la sua pelle. È più tardi del solito. Andrea dorme già da due ore. Io ho sparecchiato e lavato i piatti. Non è raro che si ceni scambiandoci poche parole. Ci pensa Andrea con la sua fresca esuberanza a stemperare i silenzi. Lei però adesso non c'è. E il silenzio di stasera è diverso. Torbido, opaco. Perché anche gli occhi di Mimmo tacciono. E la piega amara è tornata a formarsi agli angoli della sua bocca. Più marcata. Fissa. Se ne sta seduto al tavolo, immobile. C'era ancora quasi tutto il cibo nel suo piatto, quando gliel'ho tolto.

«Mangi ancora?» gli ho chiesto. Non mi ha risposto. Credo che non mi abbia nemmeno sentita. Anche adesso che mi sono seduta di fronte a lui sembra non vedermi. Taccio anch'io per un po'. Ma fatico a sostenere il suo cupo mutismo.

«È per quel foglio che sei preoccupato?» gli domando. «Cosa significa? Cosa vogliono da te?»

Non mi risponde. Allungo il braccio sul tavolo e appoggio una mano sulla sua. Questo contatto leggero sembra raggiungerlo. Finalmente il suo sguardo si sposta su di me. Per qualche attimo sembra smarrito e sorpreso, come se gli fossi apparsa davanti all'improvviso.

«Sono venuti quelli, vero? Sono loro che ti hanno lasciato la farfalla...»

La donna rotondetta e l'ombra. Quelli. «Sì» gli rispondo. «Sono loro che hanno lasciato la farfalla. Ma cosa vogliono?»

«Andrea» mi risponde con voce arrochita. «Vogliono Andrea. Vogliono portarsela via.»

Sotto la mia mano, sento la sua chiudersi a pugno. «Ma perché?» riesco appena a balbettare.

«Perché dicono che non sono un buon padre. Perché dicono che il mio lavoro non è un lavoro rispettabile. Perché...» Si interrompe per ricacciare indietro le lacrime che gli stanno salendo agli occhi. «...Perché Mariana è morta» riprende con un singhiozzo strozzato. «Questa casa era sua, sai? Ce l'ha lasciata perché io e nostra figlia potessimo continuare a viverci insieme. E quelli... Quelli vogliono strapparla da qui. La bambina ha bisogno di una madre, dicono. Ma è morta. Mariana è morta. Non c'è più!»

Mimmo non riesce più a trattenere le lacrime, ma si vergogna a farsi vedere mentre piange. Si alza di scatto ed esce dalla cucina. Non lo seguo. Resto seduta e vago con lo sguardo. La mensola...

"Non c'è più la teiera sulla mensola. Al suo posto c'è un barattolo di marmellata senza etichetta, di quelle fatte in casa. È rossa... deve essere di lamponi." La cosa più strana è che non mi stupisco di questo mutamento. Abbasso gli occhi. Sul tavolo ora c'è un centrino bianco di lino, lavorato all'uncinetto. Un disegno semplice ma molto grazioso. Via via noto altre piccole differenze nella stanza. Anche la luce è cambiata. Se prima dalla finestra si riverberava il chiarore elettrico dei lampioni accesi, quella che filtra adesso è la luce di un tardo pomeriggio estivo. Mi sento stanca, molto stanca. "Qualcosa di dolce potrebbe tirarmi un po' su." Tra tutte, scopro che vado pazza proprio per la marmellata di lamponi. Fatico un poco ad alzarmi dalla sedia. Dal cassetto del tavolo tiro fuori un cucchiaino. Raggiungo la mensola, prendo il barattolo, lo apro e vi immergo il cucchiaino. Socchiudo gli occhi godendo del sapore zuccherino e selvatico della marmellata che mi si sta sciogliendo in bocca. Sorrido al ricordo di Andrea, quel giorno che andammo tutti e tre in gita nel bosco e trovammo i lamponi. Aveva tutto il viso impiastricciato di succo, perché aveva fatto un'abbuffata. "Chissà se mi resterà il tempo di fare un'altra gita nel bosco con lei e con Domenico" mi chiedo. E la domanda che mi sono posta smorza il sorriso sulle mie labbra. "Non devo pensarci" mi rimprovero. E invece sì, ci devo pensare. "Andrea è ancora così piccola e Domenico... Domenico è un uomo meraviglioso, ma è anche fragile..." L'unica cosa che mi rassicura un po' è questa casa. È mia. L'ho ereditata da mio padre e nessuno potrà cacciarli da qui...

«Mariana!» mi sento chiamare. È la voce di Domenico. «Mariana!»

Comprendo, di nuovo senza stupore, che sono Mariana. Mariana quando c'era. Quando era qui. In un tempo ormai trascorso. Il suo.

Mi volto. Forse anch'io, come Andrea nel bosco, ho il viso imbrattato di rosso. «Mi hai sorpresa con le mani nella marmellata» dico ridendo a Domenico. Rido perché rida anche lui. Da quando mi sono ammalata, lo fa di rado. E io me ne accorgo. Le volte che ride, ride per compiacermi. Perché non mi preoccupi per lui. Mi sono accorta anche dei capelli grigi che gli sono spuntati tra la chioma di ricci scuri. Odio la mia malattia più per il male che sta facendo a lui e ad Andrea che per quello che fa a me.

«Brutta ladruncola!» mi schernisce impegnandosi in un sorriso.

Sono io, adesso, che di colpo torno seria. Sento che devo assolutamente dirgli qualcosa di importante. Non so ancora bene cosa, ma l'impulso è netto. «Siediti, Domenico, dobbiamo parlare» gli dico.

Lui si è subito reso conto del mio cambiamento di umore. Ne è intimorito. Senza accorgersene fa un passo indietro, come per ritirarsi. «Non di quello.» Tenta di darsi un tono deciso, ma il timbro è quasi implorante.

Domenico non vuole parlare del mio male. Pensa che non nominarlo possa magicamente renderlo inoffensivo, allontanarlo... O forse semplicemente non riesce ad accettarlo.

«Sì, Domenico, dobbiamo parlare di quello» ribadisco con dolcezza per blandire il suo timore.

Rassegnato mi obbedisce e si siede. Mi fa tenerezza. Sembra un ragazzino giudizioso.

Mi siedo di fronte a lui. «Domenico, tu sai che tra non molto io me ne andrò...»

«No. Tu non te ne andrai. No» mi interrompe subito con voce soffocata.

Lo blocco con un cenno della mano prima che prosegua. «Sì. Me ne andrò. E né tu né io possiamo farci niente.» Di nuovo fa per interrompermi, ma stavolta non ne ha la forza. «Devi pensare che io sono una donna felice. Sono felice di tutto l'amore che mi hai dato e della nostra Andrea. Di ogni singolo momento che abbiamo passato insieme...» Chissà da dove mi torna alla mente un vecchio detto gitano: «*Nadie nos puede quitar lo bailado*, nessuno ci può togliere quello che abbiamo ballato» gli traduco per alleggerire un poco la tensione. «E il nostro è un bellissimo ballo, Domenico. E anche se finirà, i suoi passi e la sua musica resteranno nostri per sempre.»

Mi guarda commosso. Mi sto commovendo anch'io, ma... è qualcos'altro quello che provo l'urgenza di dirgli. E, ora improvvisamente, risuona ben chiaro nella mia testa come se una voce misteriosa me lo avesse suggerito: «Non mi chiedere come lo so. Lo so e basta» esordisco decisa a prevenire ogni sua domanda o obiezione. «Quando non ci sarò più, verranno delle persone. Verranno e sosterranno che tu non sei in grado di crescere la bambina da solo. Diranno che è per il suo bene. Cercheranno di portartela via. Non devi permetterglielo. Andrea ha bisogno di te, e tu di lei. Devi restare con Andrea. Io so che sei un buon padre. Se non ci sarà altro da fare, non esitare a lasciare questa casa. Scappa. Fuggi con Andrea dove non potranno raggiungerti. Promettimelo. Promettimi che scapperai.»

Domenico mi guarda. Sembra confuso, travolto dal mio impeto.

«Promettimelo.»

«Te lo prometto.»

La sua risposta sussurrata è per me un balsamo. Sento l'angoscia sciogliersi. Allungo la mano a cercare la sua. Le mie dita toccano soltanto il legno liscio del tavolo nudo. Il centrino è svanito. Dalla finestra entra di nuovo la luce dei lampioni. Sulla mensola c'è di nuovo la teiera. Nella stanza ci sono solo io. In bocca mi pare di sentire un vago sapore di lamponi.

Venti giorni. Non abbiamo più menzionato la farfalla per venti giorni. Come se davvero fosse volata via, portata dal vento al di là dei tetti. Li abbiamo trascorsi come tutti gli altri. Aggrappandoci alla nostra serenità. Ma fingendo. Sì, fingendo che su di noi non incombesse nessuna minaccia. Però l'amore, i gesti, i sorrisi, gli sguardi e le carezze non erano finzione. Anzi, se possibile, erano ancora più autentici.

Non so se anche Mimmo lo ha fatto, ma io ho contato i giorni via via che si succedevano. "Domani... no, oggi" mi correggo, perché la mezzanotte è già passata. "Oggi è il ventesimo giorno." Sono distesa sul letto e continuo a tenere gli occhi chiusi come se stessi dormendo.

«Shhh... Parla piano, Andrea, non svegliarla...» sento Mimmo bisbigliare alla bambina, invitandola a parlare a bassa voce.

«Ma è notte! Dove andiamo, papà?» gli chiede lei un po'

spaventata e un po' incuriosita dal nuovo strano gioco che il padre le sta proponendo.

«Via, Andrea. Dobbiamo andare via. In un altro posto. Ma sarà un posto bello. Te lo prometto.»

Mimmo parla in un sussurro, ripetendo la stessa promessa fatta a Mariana il giorno in cui lei aveva in bocca il sapore dei lamponi. Poi si chiude molto lentamente la porta alle spalle ed esce con Andrea. Non vuole che lo scatto della serratura mi svegli. E io non voglio aprire gli occhi. Non esistono le parole per un addio. Non ne ho io, non ne ha Mimmo e, se pure ce ne fossero, se pure ne avessimo, non le pronunceremmo. Per proteggere Andrea. Lei capirà. Con il tempo. Con la tenerezza di suo padre. Capirà che amore a volte significa anche dover rinunciare a chi ci è caro. Ma sono certa che mi terrà sempre dentro di sé, proprio come lei è in me.

Il rumore della serratura è poco più che uno scricchiolio, ma alle mie orecchie risuona forte, secco e violento come quello di un grosso ramo d'albero spezzatosi sotto il peso della neve. Per un momento sento perfino nelle ossa il gelo di quella neve. Poi immagino che Mimmo mi saluti. Nessuna parola. Solo un inchino, come quelli che fa sempre al termine dei suoi spettacoli muti. "Forse... forse lo sta facendo davvero" mi dico. "Ciò che immagino è." Così il gelo si attenua. Resterò ancora un poco distesa con gli occhi chiusi, finché il freddo non mi avrà lasciata del tutto. Poi mi alzerò nella casa vuota.

La luce del nuovo giorno si è fatta più intensa. Attraversa le mie palpebre abbassate colorando di rossastro il buio sotto la pelle sottile. Mi arrendo alla luce e le sollevo. Mi alzo lentamente. Mi guardo attorno e mi prende un senso di spaesamento. Certo, tutto è come prima. Ma la consapevolezza dell'assenza definitiva di Andrea e di Mimmo sembra aver stravolto l'aspetto della casa. Il vuoto si è infiltrato attraverso le fessure, nelle intercapedini, come un gas silenzioso. Cancella come una nebbia tossica le forme familiari dei mobili, restringe lo spazio tra le pareti e il soffitto, rende opprimente lo spazio. Mi brucia la gola a ogni respiro. Sento gli occhi lacrimare. "Devo andarmene da qui. Devo andarmene subito, prima di soffocare."

Per un attimo un raggio del pallido sole invernale colpisce il vetro di un vasetto, accendendolo di un tenue riflesso. È quello che mi sono portata dal chiosco nel giardino pubblico. È sempre rimasto lì dove l'ho posato quando sono arrivata qui: vicino allo scolapiatti, sul ripiano del lavandino. Quasi me l'ero dimenticato. Non fosse stato per quel breve luccichio, non ci avrei fatto caso. Ma qualcosa ha destato la mia attenzione. Gli lancio un'occhiata distratta, ma poi lo osservo meglio. Non è più vuoto. C'è dentro una cosa. Una piccola cosa che non riesco a distinguere bene. Mi avvicino, lo prendo e ci guardo dentro. Adagiata sul fondo del vaso c'è una sagoma di carta minuziosamente ritagliata. "Un pesciolino!" Con un tuffo al cuore ripenso al piccolo "miracolo" che avevo fatto per Andrea alla vasca dei giardini. "E questo è il miracolo che Andrea ha fatto per me" mi dico commossa. "Chissà quando lo ha ritagliato e messo qui. Non mi ero mai accorta che ci fosse..."

Mi piace pensare che lo abbia fatto ieri. Che questo pesciolino di carta sia il suo saluto. Che Andrea sappia. Che in qualche modo, nel profondo della sua semplicità, abbia capito che abbiamo dovuto separarci e allontanarci l'una dall'altra non per mancanza d'amore. Che mi abbia lasciato questo pesce per colmare il vuoto del vaso, della casa e del mio animo. Delicatamente, come se anziché di carta fosse fatto di una fragile lamina di porcellana, lo estraggo e lo poso sul palmo della mano. È incredibile la quantità di colori e di sfumature che Andrea è riuscita a stendere sulla superficie così ristretta di questo piccolo pezzo di carta... Sento l'eco della sua voce nella memoria: «*I colori sono belli... Se sono tutto, non c'è spazio per il buio. E anche se c'è, io non gli lascio posto*».

«No, Andrea» le rispondo. «Non lascerò posto per il buio, nel mio cuore. Che sia luce. Che sia luce sempre.»

15

Il mio cappotto grigio ha una tasca interna. È lì che ho riposto il foglio con il disegno colorato che mi ha regalato Andrea e che conservavo nel cassetto sotto l'armadio. Insieme al foglio ho messo il pesciolino. "Colore con colori. Che nuoti tra i colori. Che vi si confonda come i riflessi d'argento dei pesci si confondono con l'argento che la luce della Luna riversa sulla superficie del mare."

Il cappotto grigio, il foglio e il pesce sono tutto ciò che ho preso dalla casa prima di chiudermi la porta alle spalle.

L'inverno se ne sta andando. È trascorso più di un mese da quando Andrea e Mimmo se ne sono andati. Da quando ho lasciato la loro casa. La corrente di indifferenza che attraversa la città mi ha trasportata, depositata e poi ripresa in tanti luoghi diversi eppure sempre simili tra loro. E io mi sono lasciata trasportare e riprendere, passiva e inerte come un detrito fluviale. Chiusa nel bozzolo del mio cappotto grigio. Chiusa a ogni emozione e curiosità. Certo, mi sono ribellata molte volte all'idea blasfema che il lascito dell'amore possa essere l'apatia, questa apatia ostinata e ottusa che priva di senso il mio esistere. Ma la mia ribellione si è fatta via via più debole, incerta. Ho pregato, invocato, gridato al divino sopito in me perché si risvegliasse. Perché mi desse, se non una risposta, almeno un segno. Poi ho taciuto. Ho taciuto del suo silenzio. "Se esiste una dannazione per l'essere umano, è l'assenza del sé" penso freddamente, quasi questa riflessione non mi riguardasse. Quasi questa condanna non mi fosse stata inflitta. "Ma chi l'ha inflitta, se il divino silenzio non può assolvere e non può emettere condanne?" Me lo chiedo senza rabbia, mentre invece vorrei che la rabbia mi invadesse. Una rabbia violenta e disperata, che bruci giù per la gola come un sorso della Rakija che bevvi al campo nomadi quando ancora ero capace di ascoltare la musica dei violini e il frusciare delle gonne ampie smosse dalla danza al ritmo incessante della vita. Rabbia, pena, dolore... Vorrei provare qualsiasi emozione, non importa quale, purché laceri la cappa di insensibilità che mi opprime. D'impulso, quasi strappandone i bottoni, tento di togliermi di dosso il cappotto. Sono seduta sul basso cordolo di cemento che fa da recinzione a una piccola aiuola spartitraffico. Terra secca, sparuti ciuffi d'erba bruciata dai gas di scarico, qualche rifiuto buttato lì da mani distratte e negligenti. Il cappotto sembra opporre resistenza. Fatico a sfilare le braccia dalle maniche. Devo goffamente alzarmi in piedi per riuscire a liberarmi dalla sua stretta. Lo getto a terra. Sembra la carogna di un animale abbattuto. Ma la mia vittoria non mi dà nessuna soddisfazione. Torno a sedermi. Non provo nemmeno un brivido di freddo, ora che sono così scoperta. "Forse perché l'inverno se ne sta andando" mi dico. "Almeno la mia pelle fosse percorsa da un brivido di freddo..." Vorrei percepire una sensazione che mi restituisca la nozione della presenza.

Mi alzo di nuovo in piedi. L'urgenza mi rende frenetica. Senza pensare a niente, come se stessi agendo per semplice riflesso nervoso, con poche mosse mi tolgo gli indumenti che ancora ho indosso e li lancio a terra vicino alla carcassa grigia del cappotto. Allargo le braccia e resto immobile in ansiosa attesa che la mia pelle nuda avverta il freddo, che un tremito la attraversi. Chiudo gli occhi perché nulla mi distolga dalla tensione dell'attesa. Resta solo il rumore delle auto che passano, un brontolio confuso, uniforme, costante.

Ma ecco che improvvisamente il suo ritmo cambia. Si altera. Lo stridore delle frenate ne spezza la monotonia. E suoni umani – grida, fischi e risa sguaiate – si fanno udire in un coro montante di oscenità. Io non apro gli occhi. Lo strepitio mi giunge indistinto. Non arriva a far vibrare nessuna corda in me. Né di vergogna, né di rabbia, né di curiosità. Mi è estraneo.

Si alza un alito leggero di vento. Ne ascolto attentamente il sibilo labile finché... "Sì, sì, un fremito!" È come un flusso di energia che riavvia i miei nervi, il mio cuore, la mia mente. Non mi muovo per lasciare il tempo a questa nuova vitalità di permeare ogni mia fibra. Il freddo mi sta dando calore. Più che una sensazione sembra un sapore, un sapore dolce che dalla bocca dello stomaco mi sale al palato. Lo riconosco. È gioia. "Il sapore della gioia è simile a quello dei lamponi" penso passandomi sulle labbra la punta della lingua. Inumidite dalla saliva, sento che si aprono in un sorriso. E nel medesimo istante anche le mie palpebre si aprono.

Lampi. Una costellazione intermittente di lampi bianchi mi acceca la vista. Puntati verso di me come armi, i telefonini stanno sparando i loro flash. Tutto intorno si è radunato un capannello di persone. Hanno facce indignate, ridenti, curiose, stupite, incredule. Bocche chiuse in smorfie di disappunto e scherno, o aperte al riso, o distorte da grida e lazzi. Tutti i loro occhi mi fissano. Dalla strada si alzano gli starnazzi: sono i clacson che strepitano contro le auto di chi si è fermato a guardare dai finestrini abbassati. Volano insulti e motteggi. Versi cattivi. Eppure sento che il mio sorriso non si smorza. Questa confusione fatta di scherno e ostilità mi appare quasi allegra, quasi fosse il baccano di una festa di paese. "Sarà perché il gioco alternante di espressioni e sguardi ha tolto ai visi il loro anonimato" mi dico. Mi insultano e mi deridono, ma è come se stessero celebrando con me il mio ritorno.

"Parla. Parla con loro."

È un'esortazione decisa ma ha il tono dolce di un consiglio materno. La voce che sento in me è chiara e nitida. Mi infonde sicurezza e serenità. Non esito a seguirne l'invito.

«Il mio corpo... il vostro corpo. Siamo un unico corpo. Che sia nudo, vestito con abiti eleganti o coperto di stracci, l'umanità è un solo corpo...»

Mi ascolto parlare ma io stessa non sono certa di comprendere pienamente ciò che sto dicendo, non so da dove provengano le parole che sto pronunciando.

«Un corpo innocente, scevro da colpa e vergogna. Libero dal male...»

Lo schiamazzo si riduce un poco. Molti continuano a ridere, a scattare foto o a filmare, a lanciare insulti o battute. Ma qualcuno, forse solo perché sorpreso, tace. Qualcun altro sembra prestare attenzione. C'è un giovane. "Non avrà più di trent'anni" mi dico, ora che posso vederlo in viso perché ha abbassato la mano con il telefonino. Mi sta fissando e non mi sembra di vedere scherno nel suo sguardo. Gli sorrido e proseguo.

«Il male si annida nel distacco. Nell'illusione che il proprio corpo sia altro dal corpo degli altri. Dall'unico corpo. Che possa non sentire ciò che gli altri corpi sentono, sia gioia o sia dolore. Siamo tutti un bambino nel ventre della madre. Siamo tutti madre di quello stesso bambino. I nostri palpiti sono i suoi palpiti...»

Il giovane continua a fissarmi mentre con una mano ripone il telefonino in una tasca interna del suo giubbotto di pelle.

«Io sono vostra madre. Io sono vostra figlia. Questo è il mio corpo. Questo è il nostro corpo.»

È come se con quest'ultima frase la fonte delle mie parole si fosse improvvisamente essiccata. Una stanchezza appagata sopraggiunge a rilassare i miei muscoli. Lascio che le braccia mi ricadano mollemente lungo i fianchi. Il breve silenzio che era calato viene di nuovo rotto dal vocio. Scorgo alcune figure che si stanno muovendo verso di me. Altre, al contrario, si stanno allontanando. Chiudo gli occhi e torno ad abbeverarmi del freddo.

«Puttana!» mi ringhia qualcuno. È così vicino che sento il suo fiato sul viso. "Mi deve quasi essere addosso..." Continuo a tenere gli occhi chiusi.

«Se ne vada immediatamente.» È una voce diversa dalla prima. Anche questa mi è molto vicina. «E voi via, via, circolare. Non c'è niente da vedere» continua la voce aumentando di tono. Il contatto improvviso della stoffa ruvida con la pelle nuda delle mie spalle mi fa sussultare. Ma subito riconosco il tocco del mio cappotto grigio. Qualcuno mi sta coprendo con quello, me lo sta appoggiando sulla schiena con una delicatezza di gesti che contrasta con il timbro autoritario della voce che ho udito. Sento le sue mani stringermi leggermente le braccia, nell'intento di sistemare l'indumento in modo che arrivi a coprirmi bene.

«Venga con me, per favore.»

Adesso anche la voce è gentile. Apro gli occhi e guardo il viso che mi sta davanti. L'ombra che vi proietta la visiera rigida del cappello sembra scorrere liquida tra le rughe del volto per poi perdersi in due folti baffi grigi.

«Venga, venga, va tutto bene.»

Il vecchio poliziotto ha assunto un tono rassicurante, quasi paterno. Mi tira a sé delicatamente, quasi volesse abbracciarmi invece di sollecitarmi a seguirlo. Muovo alcuni passi accanto a lui. Ha una mano ancora sul mio braccio.

Con l'altra regge i miei vestiti, che deve aver raccolto da terra insieme al cappotto. Prima di proseguire mi volto rapidamente indietro. Il capannello di persone si è sciolto. Solo il giovane con il giubbotto di pelle è ancora lì. Mi sta accompagnando con lo sguardo. È in ginocchio, come se stesse pregando. "Forse davvero sta pregando" mi dico, e gli rivolgo un breve cenno con la mano. Un saluto. Una benedizione.

«Andiamo» mi sollecita il poliziotto.

«Andiamo» gli rispondo allungando il passo.

L'auto della polizia è ferma a poca distanza. C'è un altro agente, molto più giovane del primo. Anche lui porta i baffi, ma i suoi sono solo due trattini neri sottili. Sembrano disegnati. È sceso dalla macchina. Quando ci vede sopraggiungere apre la portiera posteriore.

«Ci mancava un'altra matta» esclama con tono beffardo mentre il poliziotto più anziano mi aiuta a salire. Non risponde al collega. Appoggia la mano sul mio capo perché non lo urti contro il vano dello sportello.

«Ma è una matta o una mignotta?» insiste il giovane.

Ho la sensazione che la mano dell'anziano poggiata sulla mia testa mi stia proteggendo non solo dagli urti, ma anche dal sarcasmo dell'altro. Immagino il suo palmo come quello di un padre. Protettivo, benedicente. Seduta accanto a lui sul sedile posteriore della volante, sono tentata di spiarne il viso per cogliere tra le sue rughe una traccia della bonarietà che nascondono. Lui non mi sta guardando. Guarda fisso davanti a sé come se stesse seguendo la scia di una memoria lontana. Il suo sguardo appare malinconico, stanco.

La macchina parte in velocità, sgommando. L'accelerazione improvvisa ci spinge indietro schiacciandoci contro lo schienale del sedile. Di nuovo la sua mano, stavolta aperta sul mio petto. Di nuovo a proteggermi dalla scossa. È solo un momento: non appena l'auto, zigzagando, si incunea nel traffico della strada, lui ritira la mano.

Riflessi nello specchietto retrovisore vedo gli occhi dell'agente giovane seduto al posto di guida: attenti, mobilissimi... Pare non sbattere mai le palpebre. Ma quello che mi colpisce sono le sue sopracciglia ad arco, nere e sottilissime. "Sembrano disegnate come i baffetti." Forse anche lui vede me riflessa nel medesimo specchietto. Mi sembra proprio che il suo sguardo mi stia puntando.

«Hai finito di andartene in giro nuda, eh?»

Sì, si sta rivolgendo a me, con tono sprezzante. «Cosa cercavi, qualcuno che ti sbattesse per bene?»

Non rispondo. Più che alle sue parole, è al suo tono che presto attenzione. Mi incuriosisce perché è strano: nonostante la carica aggressiva suona in falsetto, come una voce femminile. "Anzi no, come una voce infantile... Un bambino" mi dico, e ho quasi l'impressione di vederlo: un bambino che con il fondo di un tappo di sughero bruciato si disegna sotto il naso un paio di baffetti neri per giocare a essere grande. L'immagine mi intenerisce. Dentro di me sorrido per quel gioco innocente.

«Be', te ne stai zitta, adesso? Non hai un cazzo da dire, eh?»

Il timbro si è fatto più aspro. Forse il mio silenzio lo sta indispettendo. "Proprio come un bambino quando il suo gioco non viene preso sul serio dall'adulto" penso. Cerco qualcosa da dirgli per non deluderlo. Non me ne lascia il tempo.

«Allora, me lo vuoi dire cosa sei? Una matta, una puttana o una specie di stronzetta rivoluzionaria?» mi incalza.

Una sola parola, secca, pronunciata a labbra strette. È poco più che un sussurro, ma suona come un ordine gridato: «Basta».

Nello specchietto retrovisore vedo finalmente le palpebre

del giovane agente sbattere per il richiamo del suo collega anziano. «Mi scusi, ispettore» borbotta.

La voce del bambino con i baffi disegnati si incrina come quella di un discolo che abbia appena ricevuto un rimbrotto. Nello specchietto, prima di tornare a guardare la strada, i suoi occhi si abbassano in un riflesso di umiliazione. Nell'abitacolo cala il silenzio.

«Grazie» bisbiglio all'ispettore. Lui mi risponde con un breve cenno del capo, quasi impercettibile, e subito riprende la sua postura immobile, impassibile. La sua uniforme emana un odore un po' stantio, di magazzino o di armadietto metallico, come fosse vecchia quanto le rughe che solcano la pelle del suo viso.

Il silenzio che ristagna nell'aria pare aver ravvivato, insieme a quello della divisa, anche gli odori che permeano l'interno dell'auto: sudore, lacrime... "Sì, persino le lacrime hanno il loro odore, come la noia e la rabbia." E mi pare di percepirli tutti. Li distinguo uno dall'altro: odore di alcol smaltito male, di paura e di rassegnazione. Li ascolto: ogni odore racconta una storia. C'è il profumo forte e scadente di una prostituta, l'odore acido degli umori impazziti di un giovane tossico, quello di gomma bruciata in un falò che ha intriso l'ampia sottana di una zingara e quello di cumino lasciato come dono esotico da qualcuno che è fuggito da una terra lontana. E poi... poi c'è quello violento del sangue raggrumato, versato con il coltello, la spranga o le mani nude chiuse a pugno. Odore di brutalità subita o inflitta. Li aspiro e nelle mie narici, dilatate per accoglierli, si miscelano in un unico odore: l'odore dell'umanità, del corpo dell'umanità. Senza quasi rendermene conto, ripeto tra me e me le ultime parole che avevo pronunciato là, nell'aiuola spartitraffico: "Questo è il mio corpo. Questo è il nostro corpo".

Forse non le ho ripetute soltanto nella mente. Forse le ho mormorate come si fa con le preghiere, perché il vecchio ispettore si volta verso di me come se le avesse sentite. Mi fissa per un lungo momento con uno sguardo intenso che pare contenere una domanda, una risposta o – chissà? – una preghiera. Ricambio il suo sguardo, lo sostengo, lo incoraggio. Desidero che parli, perché so, ne sono certa, che ciò che dirà ha un valore ed è importante per me e per lui. Sotto i baffi grigi le sue labbra si stanno già dischiudendo. Lo spasmo della mia attesa viene bruscamente interrotto dal sobbalzo e dallo stridore di una frenata improvvisa. Istantaneamente, così come si era acceso, il nostro contatto si spegne.

«Siamo arrivati, ispettore.»

«Me ne sono accorto» è la brusca risposta.

Il cortile del commissariato è ampio e contornato da un loggiato con colonne sottili: un tempo doveva essere stato un convento. Come frati affaccendati, vedo gli agenti percorrere il colonnato, chi in una direzione chi nell'altra. Nessuno fa caso a noi. Ci sono altre volanti parcheggiate nello spiazzo. Scendiamo dall'auto.

«La portiamo dal commissario, ispettore?» chiede il poliziotto giovane al sottufficiale.

«Tu non ti preoccupare» gli risponde l'altro senza abbandonare il tono brusco. «Ci penso io. Piuttosto, porta l'auto nella rimessa.»

Il giovane sembra esitare.

«Immediatamente!»

È un ordine secco. Subito il giovane agente risale sulla volante e la mette in moto. L'ispettore si avvia verso uno degli ingressi che affacciano sul loggiato. Io lo seguo senza che me l'abbia chiesto. Entriamo e saliamo una rampa di scale. Con addosso solo il mio cappotto grigio devo avere un aspetto curioso. Eppure le rare occhiate che mi lanciano i poliziotti che incrociamo sono distratte, indifferenti. "Devono essere abituati a vederne di tutte" mi dico. Mi rasserena constatare che non desto particolare attenzione. Percorriamo per metà un lungo corridoio, fino a una delle tante porte che vi si affacciano. L'ispettore la apre, si fa da parte e mi invita a entrare con un cenno della mano. Un gesto garbato, quasi cavalleresco.

La stanza è piuttosto piccola e impregnata dello stesso odore di chiuso che emana dalla sua uniforme. Con una specie di ronzio malato, un tubo di neon irradia dal soffitto una luce diafana, forse perché il vetro che la protegge è opaco di polvere. Anche la foto del presidente della repubblica appesa alla parete pare l'immagine di un vecchio malato. La polvere è un po' su tutto. Sulle cartelle e sui fascicoli ammucchiati disordinatamente in una scaffalatura a muro, sul ripiano della scrivania, sul telefono, sull'antiquata macchina da scrivere e sul computer che, sistemato lì accanto, pare sfidarla con la sua presunzione tecnologica. Telefono, macchina da scrivere e computer: non c'è altro sulla scrivania, non un oggetto, una fotografia di moglie o figli. Niente di privato o di personale che possa raccontare qualcosa di lui. "Eppure è proprio questa mancanza a raccontarmi la sua solitudine" penso, e di colpo provo uno slancio di compassione.

«Si sieda, per favore» mi dice l'anziano sottufficiale invitandomi ad accomodarmi sull'unica sedia posta di fronte alla scrivania. È gentile. Ogni accento autoritario è scomparso dalla sua voce. Mi siedo. Lui mi porge i miei vestiti, che teneva tra le braccia.

«Vado a prenderle qualcosa da mangiare. Intanto può rivestirsi.» Si avvia verso la porta, poi a metà strada si ferma e si volta. Sembra imbarazzato. «Non penso che voglia scappare» mi dice. «Se chiudo a chiave è solo perché lei possa rivestirsi senza paura che entri qualcuno.» Infine, borbottando un «Mi scusi», esce dalla stanza.

Nonostante le sue parole rassicuranti, il rumore metallico della chiave che chiude la serratura mi provoca un sussulto di angoscia. Basta quello per far sì che l'ufficio polveroso si trasformi in una cella angusta. Il rumore dello scatto evoca in me gli odori che ho percepito nell'abitacolo della volante. Lo percepisco come l'hanno percepito l'alcolizzato, la prostituta, il tossico, la zingara, il clandestino, il violento e la sua vittima. Le loro orecchie sono le mie orecchie. La loro pena è la mia pena, si riverbera e si amplifica nei miei nervi e nel mio respiro, che si fa ansimante, affannato per l'ansia di libertà. Mi alzo di scatto dalla sedia, passeggio nervosamente da una parete all'altra, arrivo perfino a girare più volte, a vuoto, la maniglia della porta chiusa. Poi mi rassegno. Come si rassegnano l'alcolizzato, la prostituta, il tossico, la zingara, il clandestino, il violento e la sua vittima. Ci rassegniamo alla porta chiusa. Ma la rassegnazione non placa la rabbia, solo la rende sorda e silente come quella di chi non ha vie di fuga ed è costretto a girare in tondo fino allo sfinimento.

Mi butto sulla sedia e mi rifugio nell'immobilità. Fisso lo sguardo sulla porta, come se non riuscissi a distoglierlo da lì. Lo allontano rapidamente solo quando, di nuovo, sento lo scatto della serratura, quasi temessi di essere sorpresa in flagranza di tentata fuga.

L'ispettore riappare. In una mano tiene un cartoccio e una lattina di bibita. Io abbasso la testa. Mi sento colpevole. Lo sento dire: «Non si è ancora rivestita? Mi dispiace, dovevo bussare prima di entrare».

Questa sua premura mi fa sentire ancora più in colpa. "Dovrei essere io a scusarmi con lui..." Non ne ho il tempo, perché quando risollevo lo sguardo si è già ritirato, chiudendosi la porta alle spalle. Stavolta, però, senza girare la chiave nella serratura.

I miei vestiti sono sul pavimento, dove li ho lasciati cadere. Mi alzo, li raccolgo. Mi tolgo il cappotto e mi vesto. Vorrei fare in fretta, ma i miei movimenti sono rallentati, ho la sensazione di essere pesante. E il tessuto dei miei vestiti mi è estraneo come se fosse una pelle che non mi appartiene. Non fa freddo, qui, ma ho bisogno di sentirmi addosso il tocco ruvido e familiare del mio cappotto. Lo afferro e lo indosso con trepidazione, abbottonandolo fino all'ultima asola. Mi protegge dalla tensione come uno scafandro protegge dalla pressione dell'acqua. La sua pesantezza mi libera dalla mia.

Due piccoli colpi alla porta. Come si era ripromesso, l'ispettore sta bussando, piano, con discrezione. Questa volta sono io ad aprirgli. Lui mi lancia un'occhiata, non so se imbarazzata o se addirittura timida. "È come quella di un padre che all'improvviso si accorge che la propria figlia è diventata una donna" mi dico con un moto di tenerezza. "Vorrei vederlo sorridere."

Mi scosto per lasciarlo entrare. In mano ha ancora il cartoccio e la lattina. Va alla scrivania e la apparecchia come fosse una mensa. Dal cartoccio tira fuori dei tovagliolini di carta, un bicchiere di plastica e due tramezzini farciti. «Non è granché,» si schermisce «ma non ho trovato altro.» Con il braccio mi fa un cenno di invito. «Ha fame?»

No. Non ho fame. Il mio stomaco è ancora contratto, stretto dall'apprensione. Però: «Sì» gli rispondo di slancio. Non voglio deluderlo, né voglio che pensi che non apprezzo la sua gentilezza. Torno a sedermi e comincio a mangiare. Il pane è raffermo e la farcitura acidula, ma mastico come se stessi gustando una prelibatezza. Dalla lattina verso un sorso di bibita nel bicchiere, perché mi aiuti a buttar giù i bocconi. La bibita è zuccherosa e gasatissima. Le bollicine mi salgono su per il naso fino a farmi lacrimare gli occhi. Con il dorso di una mano me li asciugo e dal cibo il mio sguardo va all'ispettore. È in piedi, la schiena appoggiata alla parete. Mi sta guardando mangiare e sul viso ha un'espressione soddisfatta. Do subito un altro grosso morso al tramezzino.

«Grazie» bofonchio con la bocca piena. «Avevo davvero fame.»

«Lo vedo» mi risponde con tono bonario, e finalmente un sorriso si fa spazio tra le rughe del suo volto. Io rido, complice del suo sorriso, e qualche briciola del pane raffermo cade dalle mie labbra sul ripiano della scrivania.

Ho mangiato e bevuto tutto. L'ispettore butta nel cestino il bicchiere di plastica, la lattina, i tovaglioli di carta e il cartoccio vuoto. Poi si siede di fronte a me dall'altro lato della scrivania.

«Non ha nessun documento, vero?» mi dice con ancora sulla bocca la traccia di sorriso. Gli faccio cenno di no. Mi fissa dritto negli occhi per un lungo momento, e nel suo sguardo aleggia una domanda inespressa. Poi abbassa la testa per aprire un cassetto. Quando la rialza, la traccia di sorriso ha preso una piega triste. In mano ha una fotografia. Si sofferma a guardarla, esita un istante e infine la spinge verso di me, affinché io possa vederla. Ritrae il viso di una ragazza colta in un momento in cui rideva. Ma nei suoi occhi non vedo ilarità. Nei suoi occhi c'è paura. Una patina opaca di paura che toglie brillantezza alle sue bellissime iridi verdi.

«È mia figlia.» Il suo tono si è arrochito, quasi faticasse a parlare.

«È molto bella» gli rispondo.

«Sì, è bella. Ma...» Fruga nella mente in cerca di una parola che non riesce a trovare. «È fragile» dice finalmente. «Sembra una donna, ma dentro... è una bambina. Dentro non è cresciuta, ecco. È indifesa, priva di malizia. Non può, non è capace di cavarsela da sola...» La voce gli si spezza in gola. Appoggia la mano sulla foto in una specie di carezza. «Se n'è andata. È sparita.» Una pausa per riprendere forza. «È passato quasi un anno, ormai, da quando un giorno non è tornata a casa. L'ho fatta cercare, ma per la legge è maggiorenne. Mia moglie non si dà pace, il dolore la sta consumando, e io... nemmeno io mi do pace.» Riprende la fotografia e la ripone nel cassetto. «Si chiama Laura. Mia figlia si chiama Laura.» Dice due volte il nome, scandendolo bene come per accertarsi che io non lo dimentichi.

«Laura» ripeto per rassicurarlo.

È una piccola porta. Un'uscita secondaria. Non c'è nemmeno un piantone di guardia. È qui che mi ha portata l'ispettore una volta usciti dal suo ufficio. La apre. Dà direttamente su un vicolo. Non ci sono passanti sul marciapiede stretto. Si fa da parte in modo che io possa varcarla.

«Addio» mi dice tentando di nuovo un sorriso.

«Perché?» gli chiedo, stupita che mi lasci andare così.

«Perché ho capito» risponde.

Muovo qualche passo fuori e mi volto indietro. È ancora sulla soglia e mi accompagna con lo sguardo. Ed è in questo momento che sento di doverglielo dire, di poterglielo dire senza che suoni come una pietosa menzogna. Perché sono certa che succederà. Torno sui miei passi e gli vado vicino. Prendo le sue mani tra le mie. «Laura...» gli dico. «Laura tornerà da voi.»

E mi sembra di veder scorrere una lacrima furtiva tra le rughe del suo viso, quando l'ispettore mi sussurra: «Io ti credo».

16

Il vicolo è talmente stretto che i muri degli edifici addossati attutiscono i rumori. Ma quando mi affaccio alla strada principale, il rombo del traffico, ancora intenso nonostante l'ora tarda, mi assale insieme allo sfavillio delle luci artificiali.

Mi prende un leggero capogiro. Sono costretta a fermarmi. Il capogiro aumenta e sopraggiunge un senso di nausea. "Devono essere quei tramezzini" mi dico. Appoggio la schiena alla parete di un palazzo, perché sento le gambe cedermi. Lo stomaco mi si sta contraendo. Cerco di arginare i conati: non voglio vomitare in mezzo alla strada. Mi affretto a tornare nel vicolo. "Lì sarò un po' più nascosta." Non faccio a tempo a imboccarlo. Un rigurgito acido mi riempie la gola. Comincio a vomitare. La forza dei conati mi piega in due e non mi dà tregua finché dalla mia bocca non esce altro che un liquido acquoso e acre. Spossata mi allontano a passi incerti dalla pozza maleodorante che ho lasciato sul marciapiede. Finalmente, barcollando, riesco a rientrare nella penombra del vicolo.

Sotto la volta buia di un androne c'è un cancello arrugginito. È semiaperto. Spingo l'anta che cigola sui cardini. Porta a un piccolo cortile interno, schiacciato dalle alte mura dei condomini che lo circondano. La poca luce che lo illumina proviene da qualche finestra ancora accesa. In un angolo scorgo le sagome tozze e scure di tre grossi cassonetti per la spazzatura. Quando mi avvicino due gatti ne balzano fuori all'improvviso. Sussulto per la sorpresa e per lo spavento. I gatti si dileguano velocissimi. I cassonetti sono vuoti. "La spazzatura deve essere già stata raccolta..." Rimane il cattivo odore. "Ma di sicuro dopo il vomito anch'io non profumo di rose" mi dico. C'è una scatola di cartone. Mi chino a raccoglierla. La strappo lungo i lati e la distendo a terra dietro i cassonetti, a mo' di stuoia. Sono debolissima. Il malessere si è attenuato ma si è portato via ogni residuo di energia. "Dormirò qui." Alzo il bavero del cappotto e mi rannicchio sul cartone.

Una per una, le finestre si spengono. Soltanto dal primo piano del palazzo di fronte continua a baluginare una luce azzurrognola: luccica in una disordinata e continua intermittenza. "Qualcuno ha il televisore acceso" penso. "Magari ci si è addormentato davanti..." E lo immagino. Forse un anziano. Ha addosso una vestaglia un po' infeltrita e i pantaloni del pigiama. Ai piedi un paio di ciabatte. Il capo reclinato sul petto, un braccio piegato con la mano sul grembo e l'altro che pende inerte dal bracciolo della poltrona. Sullo schermo scorrono in successione immagini che non può vedere, figure eteree, fantasmi elettrici che rischiarano a tratti le pareti della stanza con il loro brillio diafano e freddo per infiltrarsi nel suo sonno. Ma i sogni dei vecchi sono impenetrabili come quelli dei bambini, perché i ricordi dei vecchi sono quelli dei bambini: brevi, cangianti, ricchi di colori e sensazioni senza nome. I bambini non hanno avuto ancora il tempo di costruirsi una memoria. I vecchi l'hanno persa. Bambini e vecchi si incontrano nella terra di nessuno tra ciò che sarà e ciò che è stato, liberi nel sogno di fondere nella fantasia futuro e passato nello stesso gioco onirico fuori da ogni tempo.

Il sonoro del televisore mi arriva alle orecchie come un mugolio indistinto, una miscela indecifrabile di musica e voci. Lentamente le mie palpebre si chiudono come quelle del vecchio che sto immaginando...

«Mamma...»

La parola riecheggia nel buio del sonno.

«Mamma!»

Di nuovo la sento, più nitida. È un'invocazione dolce, venata di stupore. Il richiamo di un bambino. Ne cerco la fonte. Il buio si è attenuato. La luminosità azzurrognola rischiara l'ambiente. Lui è seduto sulla poltrona, ma non ha il capo reclinato sul petto come mi ero immaginata. Lo tiene ben eretto e mi sta fissando con occhi sgranati dalla meraviglia. La luce azzurrognola si riverbera nelle sue pupille donando loro una lucentezza infantile. Alza le braccia come volesse abbracciarmi.

«Mamma, sono io, Carlo... Carletto» insiste nel richiamo e nel gesto. Il suo tono si sta facendo preoccupato. Il viso assume un'espressione ansiosa e corrucciata. Forse teme che non lo veda, che non lo senta o che non voglia rispondere.

«Sono qui, Carletto, sono qui» gli dico per rassicurarlo. Glielo dico con una voce che stento a riconoscere come la mia, però l'amore che provo per lui è un amore familiare, con radici profonde. Un amore di sempre. Ma quando faccio un passo in avanti per raggiungere le sue mani protese, mi accorgo che in realtà il suo sguardo mi oltrepassa. È diretto a qualcosa dietro di me. Mi volto. Non c'è nessun televisore, là dove immaginavo che fosse. La luce azzurrognola non proviene dallo schermo, ma è la luce del giorno rifratta e proiettata dalla superficie liscia di un grande specchio ovale, di quelli a figura intera che si usavano un tempo nelle sartorie, tenuti in piedi da due stampelle di supporto fissate sul retro. E riflessa nello specchio c'è l'immagine di una donna dai capelli neri, raccolti sulla nuca in un'acconciatura alta. Indossa un vestito leggero, estivo, blu a piccoli pois bianchi. È seduta a un tavolo, di fronte a un'antiquata macchina da cucire, ma non la sta usando. Sta cucendo a mano un tessuto scuro, forse le rifiniture di un abito da uomo. Per un momento alza gli occhi dal suo lavoro. «Sono qui, Carletto. Sono qui» dice sorridendo. La mia stessa frase con la stessa voce, quasi lo specchio riflettesse anche i suoni. Mi volto di nuovo a guardare il vecchio. Dal suo volto è scomparsa ogni traccia di inquietudine. Ha un'espressione serena, adesso, quasi beata.

«Mamma, credevo di averti perduta» sussurra.

«Ma no, sono qui, Carletto. Sono sempre stata qui» gli rispondo con le labbra della donna nello specchio. Lei appoggia sul tavolo il vestito che stava cucendo e gli fa cenno di avvicinarsi.

Mi avvicino alla poltrona del vecchio e prendo le sue mani tra le mie. Sono strane al tatto. Mi aspettavo una pelle ruvida e secca, invece è liscia e fresca. Le sue dita si rilassano tra le mie, ma i suoi occhi continuano a fissare lo specchio. Ora c'è un bambino, vicino alla donna: lo scorgo di spalle. È piccolo, ha i pantaloni corti sopra al ginocchio e due gambette esili con i calzini scesi alle caviglie. La donna tiene tra le sue le mani del bambino.

«Ho paura, mamma...»

Sul volto del vecchio è riapparsa l'ombra dell'angoscia. Libero una mano per dargli una carezza sui radi capelli bianchi, e le mie dita affondano in una chioma folta e morbida.

«Non avere paura, piccolo mio. Non sei solo. Ci sono io qui con te.»

Lo specchio riflette le parole che pronuncio con tenerezza. La donna si china per deporre un bacio sulla testa del bambino. Improvvisamente gli occhi del vecchio si distolgono dallo specchio e si fissano su di me con lo sguardo del bambino. Mi guarda e lentamente il suo volto si distende in un sorriso appagato. I capelli neri raccolti sulla nuca e il vestito blu a pois bianchi... Non è più l'immagine nello specchio. È la mia che si riflette nelle sue iridi chiare. Continuo delicatamente a carezzargli il capo finché piano piano le sue palpebre si chiudono, leggere come petali secchi. La testa si abbassa sul petto, inerte.

Percepisco qualcosa che si sta strofinando alla mia guancia, una sensazione indefinita che si insinua nel mio sonno. Con una sorta di brontolio sordo spalanco gli occhi. Per niente spaventato dal mio brusco risveglio, il gatto continua imperterrito a strusciarmisi addosso facendo le fusa. Il cortile è rischiarato dalla luce del primo mattino. Mi sento un po' stordita, e ho le membra anchilosate per via della posizione in cui ho dormito. Mi stiracchio distendendo braccia e gambe. Con un agile balzo il gatto mi abbandona e scompare al di là dei cassonetti. Mi alzo tutta intorpidita e guardo la finestra del primo piano. Il chiarore del giorno mi impedisce di capire se è ancora illuminata dal baluginio azzurrino. Oltrepasso i cassonetti e mi avvicino. Bastano pochi passi perché la miscela di voci e musica ridiventi udibile. "Sì, il televisore è ancora acceso nella stanza del vecchio..." Mi stropiccio un po' le braccia con le mani per sciogliere i brividi di freddo che la notte mi ha lasciato. "Qualcuno prima o poi lo spegnerà" mi dico.

Mi avvio verso il cancello e saluto il vecchio immaginato. Il vecchio del sogno. "Non sei più solo, non sarai solo mai più, bambino mio" sussurro piano, affinché soltanto lui possa sentirmi.

17

L'aria è tiepida anche se soffia un venticello frizzante. L'inverno è alla fine. Il profumo della primavera in arrivo è talmente ostinato che riesce a infiltrarsi anche nell'atmosfera oleosa della città. Piccole gemme delicate spuntano sui rami dei pochi alberi asfittici nei vialetti e nelle aiuole assediate dall'asfalto. Ce ne sono alcune di un verde talmente tenue da virare al bianco anche sulla siepe che sporge tra le inferriate di una casa bassa, incastonata tra due alte costruzioni. Mi soffermo a osservarle. Sono attratta, quasi incantata, dal mistero della vita che racchiudono nella loro sottile membrana vegetale. Mi sembra di sentirle pulsare come cuori fetali. Allungo una mano per sfiorarne una con le dita. Leggerissimamente la tengo tra il pollice e l'indice. E in quel preciso istante un'improvvisa stretta di nausea mi coglie alla bocca dello stomaco. Mi è capitato spesso di provarla, in questo periodo: a volte tanto forte da provocarmi conati, a volte più blanda. Questa non è tra le fitte più violente, ma è sufficiente a farmi contrarre involontariamente le dita. La piccola gemma si stacca dalla pianta e rotola sul palmo della mia mano. D'istinto la serro perché non cada a terra. Poi distendo le dita per guardarla. È talmente minuscola che non la sento nemmeno. Mi dispiace di averla staccata... Temo che il suo cuore cessi di pulsare. Richiudo la mano per donarle calore e riprendo i miei passi, il pugno ficcato in una tasca del cappotto. Piano piano, camminando, il senso di nausea mi abbandona. Non presto attenzione alla strada. Non ho una meta precisa. Il mio pensiero è concentrato tutto sul germoglio che stringo. Mi metto a fantasticare che sia in me, che io lo stia proteggendo, che si nutra della mia linfa. Immagino che si scaldi del mio calore, che viva della mia vita, che il piccolo cuore batta dei miei stessi battiti.

Non so da quanto sto camminando. Le giornate si sono allungate, sì. Ma ancora sfumano in crepuscoli precoci. Lentamente le ombre si dipanano lungo le vie e tra i palazzi. Già i lampioni si accendono, precoci quanto il crepuscolo, e io ancora non ho pensato a cercare un rifugio per la notte. La via dove mi trovo è ampia, piena di vetrine e di gente. Molti si affrettano per la voglia di tornare a casa dopo il lavoro. Mi fermo. "Nelle grandi strade non ci sono rifugi..." Ho imparato per esperienza che è nelle stradine secondarie o nei vicoli che si può incontrare qualche angolo protetto. Qualcuno inseguendo i propri passi mi urta e prosegue senza badare a me. Io invece sì, ci bado. Certo, è casuale, ma ogni urto è un contatto. Corpi che si toccano e comunicano, raccontano schegge, frammenti di storie che non posso fare a meno di ascoltare. Si succedono rapide davanti agli occhi della mia mente come le mutevoli figure che gli stormi di uccelli disegnano nel cielo per salutare il giorno declinante. Vedo l'ansia di questa giovane donna che vuole tornare dai figli e dal marito per preparare la cena. Vedo la fretta vana di questo signore con la ventiquattrore: nessuno lo attende a casa, la fretta serve solo a distrarlo dalla solitudine, e non si è neanche accorto di avermi urtata. Anche l'anziana signora mi ha sfiorata, ma solo perché i suoi passi sono resi incerti dall'età. Anche lei non ha più nessuno ad aspettarla. Nella sua casa, però, ci sono tracce di presenze ormai trascorse: foto in bianco e nero ben sistemate nelle loro cornici d'argento, soprammobili che ogni giorno spolvera con cura e odori. L'odore delle lenzuola pulite, quello della pipa di suo marito che ancora impregna le tende del salotto e che persiste nonostante lui non ci sia più da tempo.

È un caleidoscopio di umanità, quello che mi sta attraversando. Mi stordisce e mi stupisce. "È come se la mia pelle, sotto il tessuto ruvido del cappotto, si fosse fatta incredibilmente ricettiva," mi dico "capace di captare emozioni e sensazioni al minimo contatto." Penso al divino sopito. "Forse è la sua presenza in me che ha assunto più spazio..." Chiudo gli occhi nel tentativo di sentirlo, di visualizzare internamente la sua entità. È strano: l'immagine che la mia mente evoca è quella del germoglio che tengo nella mano. Il suo sacco vegetale è ancora più sottile: una membrana quasi diafana, non così trasparente da lasciarmi intravedere ciò che protegge, ma abbastanza perché io possa coglierne il pulsare. Si dilata e si restringe come se fosse animato da un respiro. È un piccolo corpo estraneo e nello stesso tempo mi appartiene intimamente, quasi fossero i miei nervi a sostituire il ramoscello dal quale è stato reciso. La sua visione mi suscita un'emozione intensa, un curioso impasto di curiosità e tenerezza.

Abbandono la grande strada e imbocco una traversa più stretta mentre già sento lo sferragliare delle prime saracinesche che vengono abbassate. È proprio il rumore improvviso di una serranda abbassata di colpo dietro di me a farmi voltare d'istinto. Vedo distrattamente un uomo accovacciato che sta chiudendo il lucchetto della saracinesca e alcuni sparuti passanti sul marciapiede, ma il mio sguardo è attratto da una figura più in fondo, vicino all'angolo della via. Non riesco a distinguerne bene i contorni, perché si confondono con le ombre della sera. Ho l'impressione che mi stia fissando. Scaccio l'idea come una sciocca fantasia e riprendo il mio cammino.

Imbocco un vicolo, ma subito dopo non resisto alla tentazione di voltarmi indietro. “No. Nessuno mi sta seguendo.” La stradina è deserta. Prendo un altro vicolo. “Di sicuro è suggestione” mi dico. Eppure davvero mi sembra di sentire un rumore di passi dietro di me. Accelero l'andatura senza più voltarmi. I passi alle mie spalle paiono sincronizzarsi al ritmo dei miei, quasi ne fossero l'eco. Stranamente non ci sono altri rumori in questa strada angusta. Questa volta è la paura a impedirmi di voltarmi. A stento riesco a trattenere l'impulso di mettermi a correre.

«Per favore, fermati...»

La voce mi coglie di sorpresa. Ha un tono afflitto, quasi supplichevole. I passi dietro di me non risuonano più.

«Fermati, ti prego...»

La mia paura evapora. Mi fermo e mi giro. La figura è ferma a poca distanza da me. Ora la posso vedere bene. È un giovane. Il pallore del viso contrasta con il nero intenso della sua folta capigliatura e degli occhi che tiene fissi su di me. Luccicano come se fossero prossimi alle lacrime.

«Perché mi segui?» domando al ragazzo.

«Perché ti credo!» mi risponde con voce spezzata, come vincendo una forte commozione.

Faccio qualche passo verso di lui. «Mi credi?»

«Sì, sì, ti credo!» ribatte con foga. «Io credo!» ripete, mentre le lacrime cominciano a sgorgare dai suoi occhi e a bagnargli il viso. «Aiutami, ti prego...»

Sono confusa dalla sua passione. “Che abbia scorto il divino sopito che io stessa molte volte stento a riconoscere in me? E se è in me, perché adesso non mi parla? Perché non mi suggerisce parole che possano lenire la pena di questo giovane?” Mi sento umiliata: provo rabbia nei confronti del mio stesso silenzio. Cerco le parole con trepidazione ma l'unica cosa che scaturisce da me sono le lacrime, specchio di quelle che continuano a scendere sulle sue guance.

Anche lui adesso tace. Lentamente si inginocchia sul marciapiede sporco. Così chino finalmente lo riconosco: è il giovane che si era genuflesso quando, obbedendo al divino, avevo parlato sull'aiuola spartitraffico. Il giovane che avevo salutato o benedetto con cenno breve della mano. Indossa ancora lo stesso giubbotto di pelle.

«Sei tu?» gli domando. Lui rialza la testa e un fugace lampo di speranza balugina nei suoi occhi umidi.

«Sì, sono io» risponde sicuro, come se davvero avesse potuto vedere la sua immagine riflessa nella mia memoria.

Mi avvicino ancora di più, tanto da poter tuffare le dita nei suoi capelli. Distendo il palmo della mano a contenere la sua nuca e lo attiro a me finché il suo viso non affonda nel mio ventre. Lo tengo lì, tra la stoffa del cappotto, esercitando una pressione leggera. È poco più di una carezza, il gesto antico di una madre che consola il figlio riprendendolo in sé. Sento sulla pelle del palmo che i muscoli del collo piano piano gli si decontraggono. Scosto la mano dalla sua nuca solo quando sono certa che la tensione si è sciolta. «Ora alzati...» gli dico.

Ormai in città sono rari i luoghi dove ci si può sedere senza dover pagare, ma in fondo alla strada scorgo una panchina di pietra. "Forse il suo peso e la sua mole l'hanno preservata dalla rimozione." È là che mi dirigo, e il giovane mi segue. Ci sediamo vicini e in silenzio prendo la sua mano nella mia. Lui si abbandona a quel tenue contatto ma evita di guardarmi, come sopraffatto dal pudore. Lo guardo di sottecchi: sembra fissare qualcosa di fronte a sé...

Vedo nuche di ragazzi e ragazze davanti a me: capelli corti, lunghi, scuri, biondi, castani. Al di là delle nuche, su una piantana di legno, la cattedra, e dietro la cattedra una professoressa. È piuttosto in età. Ha la testa china su un libro aperto e ne sta seguendo le righe attraverso le lenti spesse degli occhiali che di tanto in tanto le scivolano sulla punta del naso. Ogni volta li rimette a posto con gesto meccanico e prosegue la lettura ad alta voce.

Non so cosa stia leggendo. Le sue parole mi arrivano come un rumore indistinto di sottofondo, forse perché il tono dell'insegnante è piatto e monotono quanto il brontolio del traffico che entra dalle due grandi finestre chiuse, o forse perché la mia attenzione è tutta concentrata su una delle nuche: quella al terzo banco della seconda fila. Io sono nell'ultima: dietro di me c'è solo la parete, e di fianco nessuno. Ho scelto io questo posto. Ce ne fosse stato uno più nascosto, avrei scelto quello. Dicono che sono timido. Troppo.

"Forse è vero che sono timido" penso, altrimenti lo chiamerei, con un grido sussurrato: «Piero! Piero...». E allora la nuca che sto fissando si volterebbe a mostrarmi il volto di Piero, e il suo sguardo sicuro si poserebbe su di me.

Piero ha gli occhi piccoli, ravvicinati alla radice del naso. Sono vivaci e brillanti, sembrano quelli di un furetto. Non capita spesso che mi guardi ma, quando lo fa, la sua occhiata mi trafigge da parte a parte come la punta acuminata di una freccia. Non mi fa male, però. Anzi, non so perché, ma mi dà gioia: una gioia così intensa che per l'imbarazzo cerco subito di soffocarla. Sì, perché è talmente forte che temo possa trasformarsi in un suono, a una frequenza elevatissima, come quella di una sirena d'allarme, e che tutti si girino a guardarmi. Non mi piace che mi guardino. Forse perché sono timido...

All'inizio avverto soltanto una breve variazione del tono monocorde della professoressa. Poi la variazione si ripete, più e più volte, finché non distinguo la parola «Flavio». Riconosco il mio nome. Mi sta chiamando con voce stridula.

«Sì, professoressa...» rispondo impacciato, mentre ancora cerco affannosamente di districarmi dal groviglio delle mie fantasie.

«Allora, Flavio, sei tra noi o no?» mi schernisce.

«Sì, professoressa...»

«Bene. Visto che sei tra noi, vuoi avere la cortesia di dirmi cosa vi stavo leggendo?» insiste sarcastica.

La domanda mi schiaccia come una sentenza di condanna pronunciata da un giudice maligno. «Be', ecco...» bofonchio nel disperato tentativo di prendere tempo. Intanto nella mia mente riavvolgo freneticamente il nastro registrato del rumore di fondo cercando di decifrare una frase o anche una sola parola che mi dia un appiglio. Niente. Niente di niente. Solo il ronzio indistinto del nastro che gira su se stesso.

«Quindi?» mi sollecita inquisitoria l'insegnante.

Di colpo sento un calore infido salire sotto la pelle tirata del mio viso, su, su, fino all'attaccatura dei capelli. È il rossore, che temo quanto la sirena d'allarme. «Non mi sento bene» borbotto tra le labbra asciutte per la vergogna.

«Cos'hai detto?»

«Scusi, non mi sento bene» ripeto cercando questa volta di parlare a un volume accettabile.

«Devi alzarti, quando parli con un insegnante» infierisce lei.

Obbedisco. Mi alzo lentamente, con movimenti goffi e sgraziati, quasi dovessi superare una forza di gravità centuplicata. Adesso sono in piedi, ma gli occhi proprio non ho il coraggio di alzarli. Tengo lo sguardo basso, appiccicato al piano di fòrmica verdastra del banco. So che gli occhi degli altri ora sono tutti puntati su di me, che le loro nuche si sono trasformate in volti. Di certo anche Piero mi sta guardando, ma non come avrei desiderato. Mi starà guardando come si guarda uno stupido... con sufficienza, se non con disprezzo.

Devo scappare. Devo fuggire da qui subito. Ma le mie gambe sembrano fatte di ferro come quelle del banco.

«Posso andare in bagno?» Sento la mia voce formulare questa richiesta puerile di fuga autorizzata.

«Vai, Vai» risponde la professoressa. «Chiuditi dentro e non tornare in classe fino alla fine della mia ora.»

Per la fretta di scomparire inciampo nella mia stessa sedia, che si rovescia facendo lo stesso fracasso di una pila di pentole che rovina giù da una mensola. Corro verso la porta dell'aula a testa bassa, ma il fracasso mi segue. È quello delle risate sguaiate dei miei compagni, e continua a seguirmi anche quando mi precipito lungo il corridoio.

In bagno l'odore dell'urina si mischia a quello acido del disinfettante. Mi siedo sulla tazza e punto i piedi contro la porta, perché qui i bagni non hanno la serratura e questo è l'unico modo per chiudersi dentro. Finalmente non sento più il fracasso. Solo lo sgocciolio costante dell'acqua che cola da uno dei rubinetti. Me ne resto lì in quella posizione assurda ad ascoltarlo. Mi concentro sul rumore liquido come se fosse una musica rilassante. Come se, anziché in un gabinetto maleodorante, mi trovassi in alta montagna, solo, vicino a una sorgente di acqua fresca. Di acqua pura. "Sì, pura... come il sentimento che provo per Piero. Vorrei tanto essere suo amico, o forse vorrei essere come lui: sicuro di sé, sempre pronto allo scherzo, vitale... ecco, sì, vitale. Sprizza vitalità da tutti pori, lui. Non come me che sono chiuso, introverso, timido, come mi dicono sempre. Alcuni sottintendono 'stupido', quando lo dicono, ma a me non importa..."

Di colpo il mio flusso di pensieri si interrompe, quasi si sia intromessa un'altra voce interiore. "E invece sì che ti importa, bugiardo che non sei altro! Se non ti importa, perché allora provi vergogna quando gli altri ti guardano? Perché adesso te ne stai qui chiuso in questo cesso puzzolente a fantasticare su Piero? Dicci la verità! Ti vergogni anche di quello che senti per lui... Altro che acqua pura! Tu vorresti toccarlo, abbracciarlo, baciarlo..."

"Basta, basta!" Cerco di bloccarla, di farla tacere. "Non è vero! Quello che provo per lui è un affetto pulito!"

Abbracciarlo, baciarlo... Queste parole non riesco a scacciarle. Mi rimbalzano nella mente creando immagini che mi spaventano. Nitide, crude. Mi stropiccio violentemente gli occhi per cancellarle, ma diventano ancora più nette, si arricchiscono di particolari inquietanti che mi turbano e mi eccitano. "Non voglio! Non voglio!" mi ripeto sempre più debolmente. Sento il pene inturgidirsi e premere sul tessuto dei pantaloni. Abbasso gli occhi e vedo quella orribile protuberanza crescere tra le mie gambe tese. "Un corpo estraneo, un parassita, il gonfiore malato di un'infezione..." Vorrei afferrarlo e strapparlo via. Allungo la mano per farlo, ma le mie dita si distendono in una carezza... Poi altre carezze si succedono sempre più intense. "Non voglio..." sussurro, mentre brividi vergognosi di piacere iniziano a scorrermi nelle vene e a esplodermi nelle tempie.

Una scossa improvvisa della porta mi fa tremare le gambe. Qualcuno sta spingendo per aprirla. Sussulto, ritiro di scatto la mano e il gonfiore nei miei pantaloni si affloscia repentinamente. Un'altra spinta. Vedo la maniglia girare a vuoto. D'impulso punto ancora più forte i piedi contro la porta. «Occupato» gracchio con voce strozzata.

«Flavio, sei tu?»

Il cuore mi schizza in gola. Quella è la voce di Piero. Sono incapace di spiccicare parola.

«Dai, Flavio, esci da lì» insiste lui, ma senza più spingere la porta né girare la maniglia.

Ritraggo i piedi, a fatica, perché a forza di stare in quella scomoda posizione i muscoli si sono anchilosati. Appena mi alzo, ho l'impressione che migliaia di formiche impazzite abbiano preso d'assedio le mie gambe e vi si stiano arrampicando sopra. Lentamente apro la porta e mi ritrovo faccia a faccia con Piero. I suoi occhi da furetto sono puntati dritti su di me.

Non riesco a sostenere il suo sguardo. Ho paura che di nuovo il rossore arrivi a imporporarmi la faccia. E poi mi vergogno... Delle immagini sconce concepite dalla mia fantasia e di essermi masturbato. Mi vergogno proprio come se fossi stato sorpreso mentre lo facevo.

Non so dove posare gli occhi. Me ne resto nella cornice della porta, fermo come uno stoccafisso, senza dire una parola. Mi odio per la mia goffaggine. Vorrei sottrarmi allo sguardo del furetto perché ho il terrore di vedermi come mi sta vedendo lui.

«Lo sapevo che ti avrei trovato qui.»

Anche se non lo sto guardando, dal tono della sua voce mi sembra di intuire un sorriso. "Forse non si è accorto del mio imbarazzo" mi dico, e aggrappandomi a questo pensiero trovo finalmente il coraggio di sbirciarlo. Il sorriso c'è veramente, e non è di scherno. È un bel sorriso aperto, complice. Piano piano mi sento rinfrancato.

«Davvero lo sapevi?»

Ho appena pronunciato queste parole e già vorrei staccarmi la lingua a morsi. Mi faccio il verso mentalmente con una voce nasale, parodistica: «Davvero lo sapevi?»... Ma che cretino che sono! Cosa cavolo gli vado a dire? Ma certo che lo sapeva! L'ho detto a tutta la classe quando sono scappato dall'aula e, se non fosse bastato, ci si è messa pure la professoressa... «Chiuditici dentro e non tornare fino alla fine della mia ora!»

«Sì, certo» mi risponde Piero tranquillamente, come se non avesse fatto caso all'idiozia della mia domanda. «Non te la prendere. Quella lì è una stronza.» Fa un cenno all'indietro con la mano e accompagna il gesto con un ghigno sardonico che a me appare bello quanto il suo sorriso.

«Sì, è proprio una stronza» confermo io, più per agganciarmi alla sua dimostrazione di solidarietà che per convinzione. La spavalderia di Piero è contagiosa e adesso anch'io mi sento un po' più sicuro di me, anche se ancora mi pare impossibile che lui mi stia degnando di tanta confidenza. La gratitudine mi pervade fin quasi a commuovermi.

Piero sbuffa, alza le spalle, come a dire che della professoressa stronza abbiamo già parlato fin troppo, e comincia a frugarsi in una tasca. Ne tira fuori un pacchetto di sigarette iniziato, un po' stropicciato. «Fumi?» mi chiede porgendomelo.

Io non ho mai fumato. Non ci ho mai nemmeno provato. Esito, forse troppo a lungo, perché alla fine lui ritira la mano, estrae dal pacchetto una sigaretta senza filtro tutta spiegazzata, se la infila tra le labbra e l'accende. Per un attimo la fiammella dell'accendino illumina le sue labbra corrugate, facendole luccicare come se fossero umide di saliva.

«Certo che fumo!» esclamo, anche se in ritardo, simulando baldanza.

Lui sorride e alza le sopracciglia. Prende la sigaretta accesa tra il pollice e l'indice, se la toglie dalla bocca e me la offre.

C'è su quella sigaretta l'umidità che ho visto brillare alla luce della fiammella. C'è il sapore delle sue labbra che ora posso poggiare sulle mie come in un bacio fugace. Mi affretto a prenderla prima che Piero abbia il tempo di leggere nei miei pensieri. Aspiro una lunga boccata per nascondere in una nebbia di fumo il desiderio che mi pervade, ma la nebbia mi soffoca, mi brucia nei polmoni come il vento torrido del deserto. La sabbia fine che trasporta mi raspa in gola. Una tosse irrefrenabile mi sconquassa. Mi piego su me stesso e abbaiando come un cane erutto fumo dalle narici e dalla bocca. L'irritazione mi riempie gli occhi di lacrime e mi appanna la vista. Sento le risate di Piero come fossero un'eco lontana. Però non sono risate di scherno: è un riso allegro, piuttosto. Mi riprendo e tra gli ultimi colpi di tosse mi unisco al suo ridere.

«Scusami ma eri proprio buffo!» mi dice.

«Lo so, lo so...» mi schermisco.

«Ma se non fumi perché hai accettato la sigaretta?»

«Be', insomma... non volevo offenderti.»

Piero ride di nuovo. «Certo che sei un tipo strano. Perché mai avrei dovuto offendermi?» Nel dire così, allunga la mano e scherzosamente mi scarmiglia i capelli.

Di riflesso alzo la mia per afferrarla. La prendo e la abbasso. La sua mano nella mia. Non riesco ad aprire le dita per liberarla. Questo contatto mi trasmette una scossa, come se le avessi infilate in una presa elettrica. Non la lascio. Anzi con la mano libera gli prendo anche l'altra. Stordito dalla scossa, non penso minimamente a ciò che sto facendo. Le sue mani nelle mie. L'ottundimento sostituisce il coraggio che non ho. Alzo il capo per guardarlo in viso. Negli occhi ho ancora le lacrime provocate dalla tosse. La faccia di Piero mi appare tremolante come un miraggio. E le sue labbra... le sue labbra sembrano umide delle mie lacrime.

Lui non si muove. Non accenna a sciogliere le sue mani dalle mie. E io... io mi avvicino sempre di più al suo viso. È come se fossi attratto da una forza gravitazionale. "Cosa fai? Sei pazzo?" mi ripeto. Ma non basta a vincere l'attrazione. Ora sono talmente vicino che posso sentire sulla pelle il soffio del suo respiro. Lo attraverso e, quasi sospinto da quello, appoggio le mie labbra sulle sue. Mi ci soffermo aumentando delicatamente la pressione. Lo guardo fisso negli occhi, temendo o sperando in una sua reazione. Ma ogni fibra del mio corpo è concentrata sul contatto delle nostre bocche. Sento il suo sapore. Percepisco ogni minimo spasmo delle sue labbra. Non mi accolgono, ma non mi respingono. È il fotogramma di un bacio fissato dall'immobilità del tempo.

Una leggera contrazione delle sue labbra è l'avvisaglia che il tempo ha ripreso a scorrere. Con uno scatto Piero libera le sue mani dalle mie, le punta contro il mio petto e mi spinge via. Non è una spinta violenta, ma mi coglie così alla sprovvista che per poco non cado a terra.

«Ma cosa fai?» mi grida. Un grido più di stupore che di rabbia, o perlomeno è così che lo percepisco.

«Piero...» faccio a tempo a sussurrare prima che lui fugga di corsa e la porta dei bagni sbatta forte alle sue spalle.

Sento che mi cedono le ginocchia. Mi appoggio al bordo di uno dei lavandini per sorreggermi. L'eccitazione, l'esaltazione e la paura di un momento fa si condensano. Impregnano l'aria come una nube carica di pioggia. La nube fradicia mi cala addosso e mi soffoca. Vorrei piangere. Vorrei gridare. Non riesco a fare nulla di tutto questo. Dal rubinetto rotto l'acqua continua a sgocciolare. È come se fosse la mia anima a perdere goccia dopo goccia la sua energia. Mi sento umiliato. Svuotato. Gli odori di urina e di disinfettante... solo di questi miasmi che saturano l'ambiente sembro capace di colmarmi. Li respiro con le narici dilatate. Li respiro per punirmi, perché mi sento sporco. Sporco come questi odori.

"Piero..." Il pensiero di lui mi ferisce la mente. "Cosa penserà adesso di me? Penserà che sono un finocchio. Sì, un brutto finocchio" infierisco su me stesso. Eppure, il solo evocare il suo nome fa sì che il desiderio e l'eccitazione riemergano ostinati in me attraverso la puzza del bagno.

«Azzurroo, il pomeriggio è troppo azzurroo e lungo per mee...»

Le parole della vecchia canzone rimbalzano tra le mura delle case che si affacciano sul vicolo. È una melodia sgangherata, stonata. Urla roche, più che canto. Lo schiamazzare di un ubriaco. Ecco che già la sua ombra allungata e ondeggiante si proietta sul marciapiede, scaraventata lì dalla luce incerta di uno dei rari lampioni di questa viuzza. La segue a ruota un uomo che procede barcollando. Come se ci avesse visti seduti sulla panchina di pietra e fosse felice di avere un pubblico, l'uomo sbraita ancora più forte: «Azzurroo, il pomeriggio è troppo azzurroo e lungoo...».

Si ripete come un disco incantato. Lo osservo quando passa davanti a noi. Flavio ritira la sua mano dalla mia. Anche lui lo sta guardando. Non ha più di una quarantina d'anni. Il colletto della camicia aperto, la cravatta mezzo snodata che pende sotto la giacca del suo completo grigio abbottonata di sbieco. "Non è un poveraccio" penso notando la borsa di pelle scura che tiene in una mano e fa volteggiare al ritmo delle strofe.

L'ubriaco ci supera. Flavio lo segue con gli occhi finché non scompare dietro l'angolo. Si gira a guardarmi soltanto quando anche l'eco della canzone ebbra svanisce.

«Ero terrorizzato. Temevo che Piero raccontasse a tutti quello che era successo nei bagni.»

«E lo fece?»

«No, credo di no, però da quel giorno prese a evitarmi. Non riuscii più ad avvicinarmi a lui, nemmeno per un momento. Forse... forse anche io lo evitai. Ma non smisi di volergli bene.»

Si zittisce e il suo sguardo sembra volgersi all'indietro, al di là di un orizzonte trascorso.

«Perché mi hai seguita?» torno a chiedergli.

«Hai detto che siamo un solo corpo, innocente, scevro da colpa e vergogna. Libero dal male» mi risponde ripetendo quasi alla lettera le parole che avevo pronunciato sull'aiuola. «Tu parlavi nuda e io ti ascoltavo. Sì, ti ascoltavo, ma nello stesso tempo ti guardavo. Guardavo il tuo corpo, il tuo seno, i tuoi fianchi, il tuo ventre. Guardavo e desideravo che fosse il mio. Un corpo di donna. Se avessi il corpo di una donna... Piero non avrebbe rigettato il nostro bacio.» Si interrompe, respira con affanno, come se fosse molto stanco, poi riprende: «Questo è il mio corpo, questo è il nostro corpo, hai detto. E allora ecco... in quel momento io ho sentito. Ho sentito che davvero il tuo corpo era anche il mio. Ho provato vergogna per l'invidia che il tuo corpo nudo aveva suscitato in me, ma nello stesso tempo mi sono sentito liberato dall'altra vergogna più vecchia, incrostata nel profondo del mio essere...».

Lo vedo contrarre le mascelle. Stringe i denti, quasi volesse trattenere nella loro morsa certe parole che premono per uscire.

«Il fetore di quel giorno nei bagni è diventato la fragranza del desiderio, il profumo del primo amore.» Torna a stringersi la testa tra le mani. I pugni serrati alle tempie. «E ho cominciato a ricercarlo. I pomeriggi, le notti. Nei bagni pubblici, nelle toilette dei cinema di periferia, nei cessi delle stazioni. E più laido era il luogo, più intenso era il mio desiderio. Con le unghie ho grattato un po' di amore dai sedimenti di sudiciume depositati sulle pareti delle latrine. L'ho pagato, rubato, implorato. Ho ricevuto sputi, insulti, percosse. Ho ricevuto carezze frettolose e godimenti tristi, ma sotto le mie unghie non è rimasto nessun frammento d'amore. C'è soltanto lo sporco che ho grattato. E allora ho pensato che non ce ne fosse nemmeno in me. Ho pensato di essere incapace di dare e di ricevere amore. Ho odiato il mio corpo perché non è fatto per l'amore che vorrei. Ho odiato la sua avidità di piaceri che come zolfanelli si infiammano e si spengono in un soffio lasciandomi al buio, lasciandomi con una fame d'amore inappagata che mi divora, che mi dilania a morsi giorno dopo giorno per saziare questo mio corpo sbagliato.» Di colpo libera le sue tempie dalla stretta dei pugni e si volta verso di me, fissandomi con intensità. «E ti ho creduta! Ho creduto che il tuo corpo bello e innocente fosse anche il mio! Ma poi... poi il mio ha ricominciato a trascinarmi per le strade di sempre... Se il tuo corpo è anche il mio, allora io l'ho portato in posti squallidi e sudici. Io... l'ho insozzato. Io ho soffocato l'amore che è in te nel mio vuoto...»

Nuovi singhiozzi di pianto spezzano il suo sfogo. China la testa per nascondere le lacrime. Anche il suo busto si inarca in avanti, quasi non avesse più la forza per sorreggersi.

"Dammi una parola per quest'uomo disperato..." Per un lungo momento temo che la mia invocazione si sia persa nel nulla. Riempio il silenzio con un gesto. Allungo una mano e la poso sulla sua nuca. Nel palmo dell'altra mano, quella che tengo stretta a pugno in tasca, sento un flebile palpito. E allora capisco che la mia invocazione non è caduta nel nulla.

«Flavio» lo chiamo perché alzi il capo. «Flavio.»

Timidamente solleva la testa. Il palpito sul palmo si ripete, e con il palpito anche le parole mi affiorano alle labbra. «Flavio, tu sei stracolmo di amore. Il tuo corpo è amore. Le tue lacrime sono amore» gli dico con una convinzione talmente profonda che lui pare smarrirsi.

«Il mio corpo è sbagliato» ribatte quasi con rabbia.

Lentamente tiro fuori il pugno dalla tasca.

«È sbagliato» mi ripete lui, con una rabbia che si scioglie nella desolazione.

«Posa la mano sulle mie ginocchia e aprila.»

Flavio obbedisce guardandomi stupito. Ha dita lunghe, sottili, fragili. La sua mano sembra quella di un bambino. La pelle liscia, le linee appena accennate. Avvicino il pugno chiuso al suo palmo. Lo distendo e lascio che il germoglio che stringevo gli cada sopra. È liscio e trasparente come la sua pelle. Lo sguardo di Flavio passa dalla gemma al mio viso e dal mio viso di nuovo alla gemma, pieno di interrogativi.

Io so che sta per accadere. Lo so perché ho immaginato che accadesse. «Guarda.»

Lui inarca di riflesso il palmo a conca per contenere meglio il germoglio, quasi per proteggerlo. "Sente il palpito" penso e vedo le sue pupille dilatarsi per la sorpresa. Che si trasforma in meraviglia quando la gemma si schiude.

Sul palmo di Flavio, si è aperto un fiore. Rosso come il sangue. Rosso come una stimmate.

Lui non riesce a staccare gli occhi dal fiore. Ha il volto ancora bagnato di lacrime, ma dalle sue labbra, come il fiore dalla gemma, sboccia un sorriso incredulo.

«Io?»

«Sì, tu. Il tuo amore. Il tuo corpo può dare vita.»

Con un dito, leggerissimamente, accarezza i petali. Si alza.

Lo guardo allontanarsi. Le sue mani, le spalle... è tutto raccolto intorno al suo piccolo fiore. Perché una folata di vento non glielo porti via.

18

Richiudo la mia mano a pugno e la infilo di nuovo in tasca. Una grande stanchezza è scesa su di me. Fatico a tenere eretto il capo. Lo reclino dopo che Flavio è scomparso alla vista. La pietra della panchina è fredda come quella di un sepolcro.

Nel pugno avverto ancora i palpiti. Sono più forti, quasi come fitte. Tiro fuori il pugno e lo apro. È rosso. Rosso come il fiore. È il sangue dello stigma che si è aperto sul palmo della mia mano. Mi soffermo a osservare la ferita. "È strano che ora non mi faccia più male..." Vi premo un dito, prima piano, poi più forte. Il polpastrello vi affonda. Ne sento la pressione, ma non provo alcun dolore. Ritraggo il dito. Si è macchiato di sangue. Sangue vivo. Allora capisco. Il fiore nella mano di Flavio, la ferita nella mia... "C'è stato uno scambio. A lui il fiore rosso e a me la sua pena, perché io la contenga. Nel farla mia, amore e dolore si fondono. Il rosso del fiore e il rosso del sangue in un unico colore. Non mi fa male, come a lui non fa male il fiore."

Richiudo la mano per paura che una folata di vento possa portarmi via il fiore delle stimmate. Anche se non c'è traccia di vento in questo vicolo e l'aria è ferma, imprigionata nello spazio angusto tra le case e i palazzi.

E in quell'aria stagnante la stanchezza continua a scendere in me. Si abbassa lenta e pesante come un sipario. "Come un sudario..." ho ancora il tempo di pensare. Sono pesanti anche le mie palpebre. Piano piano mi calano sugli occhi. I coni di luce proiettati dai radi lampioni cominciano a tremolare. "Dovrei alzarmi, cercare un posto" mi dico. Ma la stanchezza mi avvolge tutta. Con fatica riesco ad alzare il bavero per coprirmi le guance. Poi mi lascio andare e mi stendo sulla pietra della panchina. La sua durezza mi fa dolere le ossa. La sua freddezza penetra attraverso il cappotto e mi gela la pelle. "Ancora per poco avvertirò durezza e gelo di pietra" mi dico, perché il sonno sta giungendo a ghermirmi.

Un suono giunge inaspettato alle mie orecchie. Sembra un richiamo. "Forse è solo un'illusione, un riflesso della memoria..." Perché io sono nel silenzio. Da un tempo che non so se breve o infinito tutto è silenzio. Io sono silenzio. Ma il suono ostinato si ripete. Vibra nei miei timpani atrofizzati, insistente, finché non distinguo il verso del corvo. "Sì, il gracchiare di un corvo, anzi di più corvi" perché il suono si moltiplica, si spezza in echi simili e diversi. "Non sento il mio corpo, le mie membra, come posso riuscire a sentire il verso degli uccelli?" mi domando incredula. Ma i corvi continuano a gracchiare. Fuori. Fuori da dove mi trovo. Fuori da me. Tento di sollevare le palpebre. Le sento fredde come monete posate sugli occhi. Mi aggrappo al verso dei corvi per trovare la forza di aprirle. Mi sforzo. Un movimento minimo, quasi impercettibile, ma sufficiente a far cadere le monete. Nessuna luce ferisce le mie pupille. Se anche ho uno sguardo, affonda nella densità del buio. C'è un velo sottile tra me e l'oscurità. Come la membrana fine che riveste un germoglio. Dal viso, seguendone le fibre intessute, la sensazione del contatto con la tela si trasmette a tutto il mio corpo, dal torace alle braccia. Dalle braccia alle mani, alle gambe, ai piedi. Sotto la pelle i nervi trasmettono scariche di energia ai muscoli, che si tendono e si ritraggono spezzando la rigidità che li immobilizzava. Di scatto alzo il busto. Con gesti quasi frenetici mi libero dal bozzolo che mi avvolge. Sento la stoffa cedere e cadere aggrovigliata ai miei fianchi. È come se il gracchiare dei corvi fosse improvvisamente aumentato di volume. Rimbalza e rimbomba tra le pareti di questo luogo. Ma quale luogo? Non ho idea di dove mi trovi. Gli occhi sgranati vedono solo buio. Dilato le narici. Odore di chiuso, di polvere umida. Apro le dita delle mani perché i palmi saggino il suolo. "Terra, terra battuta..." Allungo il braccio ed esploro lo spazio intorno a me. La mano tesa cozza contro una parete di pietra dura, fredda. Cautamente mi alzo in piedi. Il telo scivola giù dai miei fianchi. "Devo seguire il verso dei corvi fuori" penso, perché deve esserci un fuori. La mia pelle ha ritrovato tutta la sua sensibilità, brividi di freddo la fanno accapponare. Protendo le mani a fendere l'oscurità. I miei passi sono incerti come quelli di un bambino. Le mani toccano altra pietra, pesante, massiccia. Il gracchiare è al di là di questa pietra. Spingo con tutta la forza che ho. Niente si muove. Nemmeno l'aria rafferma di questo sepolcro di sasso. I muscoli delle braccia e delle spalle mi fanno male, allora immagino che il grosso masso che si para tra me e il gracchiare dei corvi si scosti rotolando su se stesso.

Un rumore sordo. Dall'alto grumi di terriccio cadono sui miei capelli. Un tonfo si succede all'altro, la polvere sospesa nell'aria si incendia nella lama di luce che taglia improvvisa la coltre del buio. Il taglio si allarga. Ora è uno squarcio. Rovesciandosi al suolo, la pietra emette un ultimo rantolo di agonia. Nei miei occhi accecati dal sole appaiono le sagome nere dei corvi che volano in alto, spaventati dal sommovimento e dai rumori. Il loro gracchiare adesso si perde nel cielo. Muovo un passo in avanti e l'aria tersa e fresca placa la sete del mio respiro. Fiori rossi sulle mie mani e sui miei piedi. Brillano alla luce come petali di cristallo. Allargo le braccia perché l'aria soffi via i residui di polvere dai miei polmoni. L'aria è leggera. La luce si fa più intensa, quasi il Sole splendesse come non mai. Torno ad abbassare le palpebre, ma la luce filtra attraverso la loro pelle sottile. I miei occhi vivi si abbeverano di luce. Le braccia aperte come ali spiegate. La leggerezza dell'aria sta diventando la mia leggerezza. Mi pervade tutta, impalpabile, portando con sé la pace. Una pace viva come i miei occhi sotto il velo delle palpebre chiuse. Avverto un senso di beatitudine, pacato ma vivace come l'ebbrezza data dal vino. Sono ubriaca di leggerezza. La ruvidità della terra sotto i miei piedi pare scomparsa, quasi non toccassi più il suolo. Apro gli occhi e guardo in giù. Lentamente mi sto allontanando dal terreno. Più salgo in alto, più il panorama si amplia. La pietra rovesciata davanti all'antro cieco. La terra secca costellata di sassi. Le colline cespugliose che diradano in avvallamenti su cui si proiettano le loro ombre.

Il senso di beatitudine è troppo forte perché io riesca a tenere gli occhi aperti. Le palpebre calano da sole sul paesaggio nascondendolo alla mia vista. Arrivano improvvise a spezzare l'estasi fitte dolorose alle mani, ai piedi. Come se i petali di rosso cristallo si fossero frantumati e le loro schegge acuminate si stessero conficcando nella mia carne. E il dolore inizia a raccontarsi. Le sue voci si accavallano, ma io riesco a distinguerle. Riconosco la voce di Giuseppina bambina, del Lazzaro nel chiosco abbandonato, del migrante con il suo barattolo di mare, del vecchio zingaro... E anche quelle dell'ispettore di polizia e di Flavio... e tutte le altre. Tutte le voci che ho sentito quando le piante dei miei piedi calcavano il suolo. Ora le ascolto, come un richiamo dolente e accorato che riecheggia dal basso. Poi alle voci si aggiungono i suoni. "Il violino del piccolo Helver!" Sono note di gioia, che contrastano e si fondono con le voci del dolore formando un'unica melodia, triste e gaia nello stesso tempo. "Ecco la risata argentina di Andrea... e le parole mute di Mimmo che scaturiscono dal suo sorriso... Sì, anche il sorriso ha un suono" mi dico ascoltandole.

La melodia lenisce le fitte. E anche il senso di beatitudine sfuma, trasformandosi piano in nostalgia. Una nostalgia dolce e struggente. Non più costrette dalla forza dell'estasi, le mie palpebre si sollevano. "Voglio con tutta me stessa rispondere. Accogliere la chiamata. Preferisco ancora i suoni, le voci e la confusione dell'umanità alla solitudine dell'elevazione. Sì, è ancora all'umanità che appartengo. È ancora all'umanità che voglio appartenere. Questa è la mia volontà."

Tendo i nervi. Irrigidisco i muscoli. Sento il mio corpo assumere di nuovo il suo spessore, il suo peso. "La resurrezione è un'altra morte." Affermo in me il rifiuto dell'una e dell'altra.

Ora il paesaggio che vedevo dall'alto si avvicina al mio sguardo. I suoi confini si restringono. I particolari emergono uno per uno dall'insieme. Scorgo i contorni di ogni singolo sasso disseminato sulla terra arida. Le ombre proiettate su di essa dai radi ciuffi di erba ingiallita. Sempre più vicino, finché la distanza non è totalmente annullata. Finché la vicinanza è tale che i miei occhi non riescono più a contenerla ma cominciano a farne parte. La vista si annulla insieme allo spazio. Si perde nell'ombra dei ciuffi d'erba, nel suo buio timido, assoluto.

19

L'odore è la prima cosa che percepisco. Un odore asettico, estraneo. Mi pizzica le narici. "Non è l'odore della terra" penso confusamente. E non è più la durezza del terreno quella su cui giaccio sdraiata.

"Dove sono?" Nel momento stesso in cui formulo la domanda, la risacca dello stordimento la cancella dalla mia mente come fosse scritta sulla sabbia del bagnasciuga. Lentamente l'onda si ritira. Di nuovo, annaspando, tento di riemergere dall'ottundimento. Ho le membra intorpidite, provo a muovermi ma non capisco se ci riesco veramente o se è solo un'impressione.

«Si sta riprendendo.»

Più che una voce, è un riverbero appena decifrabile. L'eco di parole pronunciate chissà dove che mi giungono alle orecchie da un punto indefinito. Vorrei parlare, ma l'unico suono che riesco a emettere è una sorta di lamento sgraziato.

«Tranquilla, stia tranquilla» risponde la voce.

Mi sforzo di aprire gli occhi. Le palpebre però sono pesanti, come quando mi trovavo nel buio del sepolcro. "Il sepolcro, la pietra, il buio..." Un lampo di memoria proietta nella mia mente immagini sfocate. "La pietra fredda, dura... Pietra, panchina... La panchina di pietra." Mi aggrappo a questo ricordo piazzato sul confine tra il sogno e la veglia. «La panchina di pietra è il mio sepolcro...»

«Cos'ha detto?» È un'altra voce, diversa dalla prima.

Sento la prima voce risponderle: «Non ho capito. Credo che si tratti di deliri provocati dalla febbre».

"Però mi hanno sentita" penso, colta da una specie di frenesia. "Quindi ho parlato, posso parlare..."

«Non si agiti così. Calma, calma...» La voce giunge a placare la mia ansietà. Sento il palmo fresco di una mano posarsi sulla mia fronte. Vi indugia come in una carezza. E questo gesto fa sì che il peso scivoli via dalle mie palpebre. Apro gli occhi. Un biancore accecante mi ferisce le pupille, ma quasi subito si attenua. Nella luminosità diffusa si delinea l'ovale di un viso. I contorni e i tratti si confondono ancora alla mia vista con il chiarore della luce, ma capisco che è un viso femminile. Come femminili sono il tocco della mano ancora posata sulla mia fronte e il timbro della voce.

«Bentornata» mi dice con tono rassicurante, mentre sull'ovale mi sembra di scorgere un sorriso. «Va tutto bene. Stia tranquilla.»

Finalmente trovo la forza di sillabare qualche parola. «Dove sono?» bofonchio.

«In ospedale. Ma non deve spaventarsi. È tutto a posto. Ha solo bisogno di riposo. Non ha niente di grave.»

Non sono spaventata. Confusa, annebbiata, ma non spaventata. Cerco di mettere a fuoco lo sguardo per orientarmi. Il neon sul soffitto, una parete dipinta di verde acqua tenue, la finestra con la serranda abbassata e l'ovale del viso... Ora riesco a vederne bene i tratti. È una giovane donna, ma sotto gli occhi scuri ha occhiaie di stanchezza. Porta i capelli castani raccolti sulla nuca. Una ciocca è sfuggita dalla cuffia bianca da infermiera e le ricade lungo la fronte. Mi sta ancora sorridendo. Ha due solchi agli angoli della bocca, piccoli ma profondi: rughe di stanchezza, come le occhiaie.

«Come sono arrivata qui?» le domando, e sento che la mia voce sta riprendendo un po' di nitidezza.

«L'hanno trovata priva di sensi su una panchina...»

«Chi mi ha trovata?» ripeto, e forse è proprio l'urgenza a dare una nota di irritazione alla mia domanda.

L'infermiera ritrae la mano dalla mia fronte. «Non lo so.» Non è offesa dal mio tono, ma mi sembra che le ombre di stanchezza sul suo volto si facciano più marcate e più scure. Fa un cenno di lato con il capo: «Lo chieda a questo signore... Può darsi che possa esserle d'aiuto».

"L'altra voce!" Realizzo in questo momento che c'è un'altra presenza oltre la mia e quella dell'infermiera. Lei si allontana scomparendo dalla mia visuale. Volto con un po' di fatica il capo di lato.

Lui è lì. Seduto su una sedia di ferro dipinta di bianco, vicino al mio letto. Non indossa l'uniforme. Ha una giacca grigia piuttosto stazzonata, la camicia bianca e una cravatta scura, con il nodo allentato che pende dal colletto aperto al primo bottone. I baffi sono grigi come la giacca. Lo riconosco subito.

L'ispettore mi guarda e abbozza un sorriso impacciato. «Come sta?» mi domanda, e prima che possa rispondergli ha già abbassato gli occhi.

Quando torna a guardarmi, mi accorgo che sono verdi. "Verdi come quelli di sua figlia" mi dico, ricordando la foto posata sulla scrivania del suo ufficio. Prima non lo avevo notato, ora invece me ne accorgo perché luccicano: il brillio restituisce loro il colore.

«Come si sente?» chiede di nuovo, e nel suo sguardo colgo una preoccupazione autentica. Trasparente come il cristallino dei suoi occhi. Mi commuove.

«È lei che mi ha trovata?»

L'anziano ispettore si schermisce. «No, no. Qualcuno ha chiamato in questura segnalandoci una donna svenuta su una panchina in un vicolo. Si ricorda il mio collega? Quello... diciamo un po' sgarbato. Be', era di pattuglia. È lui che l'ha trovata e ha chiamato l'ambulanza. L'ha riconosciuta e ha pensato di avvertirmi, ma... Per favore, mi dica come sta...»

«Un po' stordita, però già mi sento meglio» lo rassicuro. Non avevo notato che teneva qualcosa in grembo. È un piccolo mazzo di margherite gialle. Lo prende e me lo porge con un gesto reso goffo dall'imbarazzo.

«Le ho portato questo» mi dice smozzicando un po' le parole.

Allungo il braccio per prenderlo, anche se la cannula della flebo mi impaccia i movimenti. «Grazie.»

«Li metto qui.» L'ispettore appoggia il mazzo sul comodino, vicino al letto. «Cosa le è successo alla mano?»

Me la guardo. È bendata, ma il rosso è filtrato attraverso la garza fine e spicca vivido sul bianco della fasciatura. «Un fiore» gli rispondo. «Un altro fiore bello come quelli che mi ha regalato lei.»

Mi guarda perplesso ma si astiene dal farmi altre domande. Gli sorrido. E lui mi restituisce il sorriso.

Ripongo sotto il lenzuolo il fiore rosso della mia mano. Cala il silenzio. Si sente solo l'eco dei passi affrettati degli infermieri lungo il corridoio e il cigolio dei carrelli. L'ispettore mi fissa con un'intensità particolare. Il verde delle sue iridi pare dilatarsi e illuminarsi. Gli stessi occhi di sua figlia. Di Laura...

Laura è seduta sul bordo di un letto, il capo chino, lo sguardo abbassato a guardare il pavimento. L'accumularsi della polvere ha tolto ogni colore alla moquette sporca. Distoglie gli occhi, alza la testa e si guarda attorno... Mi guardo attorno. Strappi sparsi sulla carta da parati ingiallita lasciano a nudo il grigio dell'intonaco. Un lavandino incrostato. Una finestra che si affaccia su un muro. Pochi mobili. Il comodino. Una sedia e un armadio di legno scuro con le ante sbilenche. È un ambiente angusto. L'aria è pesante, odora di polvere e di fumo stantio. C'è un foglietto stropicciato attaccato sulla porta chiusa con una puntina da disegno. Non riesco a decifrare cosa c'è scritto. Mi alzo e vado a leggere. *Pensione Aurora* recita l'intestazione, e sotto, battuto a macchina, *La stansa va liberata entro mezzogiorno*. Proprio così: "stansa", con la esse al posto della zeta. L'impulso sarebbe quello di aprire la porta e andarmene. Scappare da questo squallido albergo. "Ma dove?" mi chiedo ingoiando un boccone d'angoscia. "Non ho un posto dove andare e mi sono rimasti pochi soldi... Devo solo sperare che bastino per pagare la stanza." Il boccone mi chiude la bocca dello stomaco. Sento le gambe cedere. Torno a sedermi sul bordo del letto. Sul ripiano del comodino c'è un pacchetto iniziato di sigarette e un accendino di plastica. Allungo la mano per prenderlo ma interrompo il gesto a metà. "No. Non devo fumare. Non posso." La rinuncia non mi pesa affatto. In realtà, in tutta la mia vita avrò fumato sì e no una decina di sigarette, e tutte negli ultimi mesi. Era Jean-Claude a offrirmene una ogni tanto, e io le accettavo per darmi un'aria da grande. Perché non pensasse che ero una ragazzina. Anche il pacchetto sul comodino era suo. È rimasto qui per sbaglio. Le prime volte il fumo mi faceva venire la tosse. Facevo di tutto per bloccarla. Trattenevo il respiro. Diventavo paonazza. Ma era tutto inutile. E allora Jean-Claude scoppiava a ridere. Scuoteva la testa e diceva: «Ah, ma petite Laurà...». Sì, *Laurà* con l'accento sull'ultima "a". E io... io diventavo ancora più rossa per la vergogna.

È stato proprio per colpa delle sigarette che ho conosciuto Jean-Claude. Passeggiavo con Francesca e Simona. Lui era apparso come dal nulla di fronte a noi. Di fronte a me. «Hai da accendere?» mi aveva chiesto indicando la sigaretta che gli pendeva dalle labbra rosse.

Jean-Claude aveva labbra che paiono dipinte. Spiccavano sul pallore del suo viso come il naso posticcio sulla maschera di un clown. E i capelli... I capelli erano lunghi sin quasi al collo. Così biondi che parevano pallidi anche quelli. Un clown. Un clown pallido. "Ma bellissimo" esclamo tra me e me. La sua figura snella e un po' dinoccolata mi appare davanti proprio come se fosse qui, in questa camera desolata. E basta la fantasia della sua presenza perché il cuore prenda a battermi forte.

Rideva, Jean-Claude, con quella sua risata allegra, buffa come il suo forte accento francese. Quando parlava in italiano sembrava l'ispettore Clouseau dei film della Pantera Rosa. L'ho sempre pensato, ma non ho mai avuto il coraggio di dirglielo.

Jean-Claude mi divertiva molto, però mi incuteva anche soggezione. Aveva diversi anni più di me. Viaggiava. Aveva girato il mondo, lui. Io al massimo ero andata a casa dei nonni. Al mare. Giù al Sud, in estate. Mi faceva battere forte il cuore, ma mai avrei creduto che potesse provare interesse per me.

Ora mi pare di vedere anche la custodia nera della sua chitarra appoggiata al muro vicino al lavandino, tutta tappezzata di adesivi. Se la portava sempre dietro, a tracolla, come un soldato il fucile.

«Mi fai sentire qualcosa alla chitarra?» gli chiesi una volta. Già ci vedevamo da un po', e la confidenza che c'era tra noi mi aveva dato il coraggio di fargli quella richiesta.

«No» mi rispose, e quella negazione così secca mi indispettì tanto da farmi insistere nonostante la timidezza.

«Perché no, ti vergogni? Dai, per favore.»

«No. Ti ho detto di no.»

Allora assunsi un'espressione esageratamente imbronciata e incrociai le braccia sul seno. Cominciavo davvero ad arrabbiarmi.

Lui scoppiò in una delle sue risate spensierate. «Ah, ma petite Laurà, io non so suonare la chitarra. Mi dispiasce, Laurà...»

«Ma perché te la porti sempre dietro, se non la sai suonare?» ribattei piccata indicando la custodia nera.

Un'altra risata. «Mais non sc'è nessuna chitarra là dentro. Sci sono solo magliette, calzini, mutande. La mia roba...»

Sentii montare la collera. Quasi gli gridai: «Mi prendi in giro? E perché mai porteresti le tue cose nella custodia di una chitarra?».

Lui mi rispose con un ammicco: «Perché fa colpo sulle ragazze belle come te!».

Non riuscii più a contenere la furia. Mi sentii stupida e umiliata. Avrei voluto coprirlo di insulti, invece... Invece mi misi a piangere come una bambina.

Jean-Claude mi strinse subito in un abbraccio. «Scherzavo, scherzavo. Ma petite Laurà...» prese a sussurrarmi, ripetendo quella frase come una ninnananna, con la bocca accostata al mio orecchio. Io ascoltavo il soffio del suo alito come si ascolta quello del vento, e il vento smuoveva i suoi capelli, che mi accarezzavano leggeri la fronte...

I suoi capelli mi accarezzavano anche quel pomeriggio, a casa dell'amico italiano che lo ospitava. Ma il suo amico non c'era. Il piccolo appartamento era tutto per noi. Jean-Claude era steso sopra di me, sul piccolo letto a una piazza. Mi stupivo, perché non sentivo il peso del suo corpo. "È leggero, Jean-Claude. Leggero come i suoi capelli..." I baci non lasciavano il tempo né al respiro né alle parole, ma io sentivo di doverglielo dire, anche se solo all'idea provavo vergogna. Però era giusto che lo sapesse.

«Per me è la prima volta, Jean-Claude.»

Lo dissi tutto di un fiato, ansimando come dopo una corsa. E subito ebbi paura della sua risata. Del suo: "Ah, ma petite Laurà".

Jean-Claude staccò di scatto le sue labbra dalle mie, il suo viso dal mio. Non c'era traccia di riso sulla sua faccia. Il rossore dell'eccitazione aveva vinto sul pallore della sua pelle.

Lo fissai. Aveva le sopracciglia corrugate in un'espressione seria come non gli avevo mai visto prima. Quasi ne ebbi più paura che della sua risata. Temetti di averlo offeso o addirittura spaventato. Mi sentii sciocca e anche un po' cattiva.

«Laurà...» Pronunciò il mio nome in un modo così dolce che i miei timori svanirono al soffio del suo alito. «Laurà, excuse-moi. Perdonami, Laurà...» Fece il gesto di puntare le braccia per sollevarsi e staccarsi da me.

Ma non era quello che volevo. Quello che volevo con ogni fibra del mio corpo, con ogni palpito del mio cuore, era lui. Era Jean-Claude. Gli abbracciai forte la schiena e lo tirai verso di me.

Lui oppose resistenza. «Laurà, io dovrò andarmene. Dovrò partire presto, lo sai...» mi disse guardandomi negli occhi.

La sincerità del suo sguardo diede più forza al mio abbraccio. Lo strinsi finché non sentii il suo corpo fondersi nel mio...

Un sussulto. Una piccola fitta al ventre. Di riflesso porto una mano alla pancia e lo sguardo al lavandino incrostato attaccato alla parete. Per un secondo mi meraviglio di non vedere più la custodia nera della chitarra appoggiata lì. Di non vedere più Jean-Claude. «*Dovrò partire presto, molto presto, lo sai...*» Ora la sua voce parla soltanto nella mia memoria. Mi alzo dal bordo del letto. Le fitte mi hanno lasciato un leggero senso di nausea. All'interno di una delle ante dell'armadio di legno scuro c'è uno specchio intero. Lo apro e mi guardo riflessa. Lo specchio è incrinato. L'incrinatura è all'altezza del mio viso. Vi disegna uno sfregio. Come se avessi una lunga cicatrice che mi corre dalla tempia alla guancia. Un segno che non mi piace. Mi sembra un marchio. Un marchio di infamia. Immagino che, se mio padre e mia madre potessero vedermi, mi vedrebbero così: marchiata, incrinata in modo irrimediabile. Il riflesso stimola il mio senso di colpa. La nausea aumenta. "Eppure... Eppure a provocarmelo è soltanto il timore del loro sguardo. Perché dell'abbraccio di Jean-Claude non mi pento. Se tornassi indietro nel tempo vorrei riviverlo e riviverlo ancora. Così com'è stato."

Con un gesto brusco spingo l'anta spalancandola di più. Lo specchio ora ha un'altra angolazione. L'incrinatura è solo una crepa nel vetro, non più una cicatrice sulla mia faccia. Mi metto di profilo. Ho addosso una camicetta e sopra un maglione pesante, perché qui fa sempre freddo. Sollevo l'una e l'altro all'altezza del seno lasciando a nudo il ventre. E lo osservo attentamente. Il maglione è blu. La mia pancia bianca pare un'isola di sabbia chiara emersa da un mare increspato. Con lo sguardo ne misuro la rotondità. "C'è un piccolo naufrago nascosto in questa isola. Il mio piccolo naufrago. Mio e di Jean-Claude." Solo io ne conosco l'esistenza. Quando l'ho scoperto, Jean-Claude era già partito. "Ma se anche fosse stato ancora qui, non so se glielo avrei detto. Forse. Ma probabilmente no."

Quando mi è giunto il messaggio in bottiglia del piccolo naufrago – due striscioline colorate su uno stick di plastica – mi sono angosciata. Ho avuto paura. Ma per pochissimo tempo, perché subito una placida onda di tenerezza mi ha lambita, cancellando ansie e paure. L'ho amato dal primo istante. Ho sentito che lo dovevo proteggere. Che volevo proteggerlo... "Anche dal mio amore per Jean-Claude... e dallo sguardo di mio padre e di mia madre. Perché attraverso i miei occhi lo avrebbe potuto raggiungere e ferire. Più ancora di quanto avrebbe ferito me."

Raddrizzo la schiena. Sì, mi sembra proprio che il mio

ventre si sia gonfiato un po'. Un'incurvatura appena accennata, che però già si nota. Sorrido allo specchio perché attraverso i miei occhi il piccolo naufrago veda il mio sorriso. Poi un brivido di freddo fende la mia pelle nuda. Abbasso rapida i vestiti e tento di richiudere l'anta dell'armadio. Cigola sui cardini vecchi. Non c'è modo di serrarla. La premo con forza, ma il battente, sbilenco com'è, non si incastra nell'altro. Mi sale una rabbia irragionevole contro questo maledetto sportello scassato. Contro questo armadio scassato. Contro questa stanza scassata. Sferro un calcio all'anta, che sbatte e torna a spalancarsi. La rabbia si muta in disperazione. Mi butto sul letto e affondo la faccia nel cuscino. Le mie lacrime inzuppano il cotone della federa esacerbando l'odore di muffa che emana...

Lacrime affiorano trasparenti a bagnare anche le ciglia dell'ispettore. Ma sono diverse da quelle che ho lasciato sul cuscino nella stanza di Laura. Brillano di commozione e non sono offuscate dallo sconforto.

«Tu l'hai detto» mi sussurra. Nel suo tono c'è la confidenza della gratitudine. «Io ti ho creduto» prosegue a voce più alta, ritrovando nella gioia che inizia a trasparire sul suo viso la sicurezza perduta. «Ti ho creduto e mia figlia è tornata. È tornata come avevi detto.»

E l'ispettore racconta, come se narrasse una favola a una bambina o a se stesso. Racconta della sera in cui Laura è riapparsa sulla soglia di casa. Racconta dello stupore e dell'incredulità, dell'esplosione della gioia. Dell'entusiasmo impacciato, degli abbracci contesi alla moglie. Racconta di cumuli d'angoscia che si polverizzano all'istante come fossero stati di gesso. Di sguardi che si sfuggono, si cercano e finalmente si incontrano e si intrecciano. Di altre lacrime che li bagnano. Di risa e di sorrisi che finalmente li illuminano. Racconta di domande che premono, che si ammassano tanto da ostruire la voce. Del pudore, del rispetto dei silenzi e della voglia incontenibile di parole. Come narrasse una favola... al figlio che sua figlia porta in sé.

«Sa... Lei lo chiama il piccolo naufrago...» mi dice, mentre il suo sorriso si allarga ammorbidendo le rughe del volto. E poi scoppia a ridere: «Ma non sarà un piccolo naufrago, perché nella nostra casa troverà un porto sicuro».

20

C'è una strana luce. Il cielo appare coperto, ma in qualche punto della volta deve esserci uno spiraglio. Come una finestrella spalancata nella coltre di nubi. Raggi di sole vi passano attraverso indorando le mura gialle dei palazzi in fondo alla via. Il contrasto con il grigio piombo dello sfondo contro cui si stagliano conferisce loro un rilievo luminoso. È uno squarcio di primavera nel panorama invernale. Un vivo segno del riscatto imminente della nuova stagione sulla vecchia che tenta invano di resistere. La pioggerella sottile ha appena smesso di cadere. Con la mano mi asciugo la fronte bagnata. Ferma nella rientranza del portone in cui ho trovato riparo non riesco a staccare gli occhi dai raggi che fendono l'aria pregna di umidità. Le pozzanghere sul selciato li rifrangono intensificando la luminosità che va diffondendosi come una promessa. Su, in alto, la finestrella si è allargata. Adesso è una grande finestra spalancata. La luce ne scaturisce a fiotti, in una vampata improvvisa di colore. La fronte di nuovo si imperla di piccole gocce. Non più di pioggia, ma del mio sudore. So che non è il tepore del sole. È un calore che nasce dalle mie viscere. Imprevisto e repentino, avvampa in me fino a procurarmi un capogiro. Poi si attenua e si spegne. Quasi mi sono abituata ai suoi assalti. Si sono ripetuti in diverse occasioni da quando ho lasciato l'ospedale. Così come gli attacchi di nausea.

Nonostante sia primo pomeriggio, la strada è praticamente deserta. "Forse è domenica o un giorno di festa" mi dico. Raramente tengo conto dei giorni della settimana. Vivo il tempo come un flusso continuo, scandito dagli incontri e dalla solitudine che spesso li intervalla. E dal divino sopito che è in me. Dalle volte che lo invoco. Dalle volte che dubito perché è muto e da quelle in cui invece mi pervade con inusitata certezza. Ora mi sembra di riconoscerlo, in questa luce che pare risplendere solo per me. Esco di qualche passo dall'ombra sotto il portone perché mi avvolga. Nessuna vampata. Sento sul viso il tepore timido dell'aria intiepidita. È una carezza materna, un invito bonario e suadente. Rivolgo la faccia e le mani aperte verso la luce. Chiudo gli occhi per abbandonarmi al suo abbraccio. Non incontro il buio. La luminosità filtra attraverso le palpebre. I capillari le danno un tenue colore rossastro. Minuscole particelle più scure sembrano fluttuare davanti alle mie pupille. Piano piano la luce sotto le palpebre diventa liquida. Liquido lacrimale, tiepido come l'aria. Respiro profondamente e il mio fiato si riverbera nel liquido come una lieve corrente marina. Ritorna a me con l'eco di un altro respiro. Simile e diverso. Istintivamente vi sincronizzo il mio, affinché diventino un unico respiro... Ed ecco che, attutito dal fluido, percepisco un battito. Quieto e regolare come di chi sta dormendo. Ascoltandolo, per un secondo il mio cuore si ferma per lasciar posto al suo palpitare. Poi il battito accelera il suo ritmo. Comincia a vibrare netto. Risuona come il segnale di un sonar proveniente dalle profondità oceaniche. Chi stava dormendo ora segnala la sua presenza. Il mio cuore risponde al segnale riprendendo a battere tanto forte che quasi copre il palpito dell'altro.

L'altro. La consapevolezza esplode nella mia mente con

un maroso dell'anima. "Non io, non il divino. È altro da me. In me." Spalanco gli occhi allo stupore e alla commozione. "Un altro respiro, un altro cuore. Un'altra vita dentro di me." Sono incredula e sicura nel medesimo tempo. Fragile l'incredulità, solida la certezza.

Lentamente la cappa di nubi sta chiudendo la finestra di cielo. L'acqua delle pozzanghere ridiventa mercurio. La patina d'oro si dissolve dalle mura dei palazzi restituendo loro la banalità del cemento. Ma la luce che mi ha permeata non svanisce. "La sua fonte è divina" sussurro a me stessa e all'ultimo raggio di sole che ormai si sta spegnendo. Sì, sono sicura. "Il divino è ovunque sia uno sprazzo di vita. Il divino è in me con l'altro da me che sto custodendo in grembo."

Non appena il cielo si richiude nel suo grigiore, la nausea torna a farsi sentire. Mi sale dallo stomaco alla bocca il suo sapore acidulo. Ma sulle mie labbra anziché una piega di disgusto si delinea un sorriso. "Non è un calice amaro" penso. Assaporo l'acidità come fosse una cucchiaiata di miele. Inghiotto e inghiotto dolcezza. "Io sono vita. Noi siamo vita." Mai prima d'ora questa idea era sorta nella mia mente con una consistenza e una realtà così tangibili. Tanto che davvero provo il desiderio di toccarla. Porto le mani sul ventre. Ruvida al tatto, la spessa stoffa del cappotto si frappone tra i palmi aperti e il grembo. Ritraggo le mani, quasi le avessi posate su qualcosa di estraneo. "Non posso sollevare il cappotto come Laura aveva sollevato il suo maglione blu..." Allora le ficco nelle tasche. La fodera è più sottile e con le dita posso tastare l'addome. Lo cerco a tentoni premendo sul tessuto. Con i polpastrelli riesco a percepire un lieve gonfiore. Lo esploro toccandolo per farmene un'immagine, come se fossi cieca. E vedo. Vedo come vedevo sotto le palpebre chiuse penetrate dalla luce del sole. Vedo i riflessi purpurei del liquido amniotico e, immersa nella sua semitrasparenza, sfumata come una visione onirica, una minuscola figura rannicchiata su se stessa. Una figura della creazione. "Dello spirito che si fa carne, della carne che si fa spirito." Quell'essere svela il mistero del mio essere. "Il divino sopito dorme del suo sonno. Esiste della sua esistenza. Vita creata e creatrice."

Quando tiro fuori le mani dalle tasche, sento che qualcosa mi si è impigliato tra le dita. Qualcosa di leggero e sottile, appena palpabile. Guardo meglio. I mille colori del pesciolino di carta di Andrea, finito nella rete delle mie dita dal profondo della tasca. È un po' stropicciato. Lo poggio delicatamente sul palmo aperto e passandoci sopra l'indice cerco di lisciarlo. Di colpo, anche il viso di Andrea e quello di Mimmo riemergono dal profondo del mio animo. Vorrei poter parlare con loro. Dire alla piccola Andrea che il suo pesciolino è qui con me e dire a Mimmo che un po' di lui è qui dentro di me. Vive immerso nell'acqua del mio ventre come un pesciolino nell'acqua di un lago tranquillo... "Una distesa d'acqua piatta, placida." La immagino. La osservo con gli occhi della nostalgia.

Sul pesciolino di carta è rimasta qualche increspatura. Delicatamente torno a riporlo nella tasca del cappotto e poi mi incammino, a passo lento ma sicuro. "So dove devo andare." Seguo la memoria dell'acqua. Cammino e non mi guardo attorno. Non guardo le strade e i palazzi. È come se mi muovessi lungo un percorso noto, familiare, appoggiando i piedi sulle mie stesse orme. Ma in senso contrario. È la via del ritorno.

Conosco il rumore della ghiaia che sto calpestando. Mi giunge alle orecchie come un suono conosciuto di risacca, o come la musica di una vecchia canzone mai dimenticata che riecheggia improvvisa nell'aria. Man mano che accelero il passo, le note si susseguono a un ritmo più rapido. "Sono vicina" mi dico emozionata. Ed ecco che la musica cessa. Mi fermo anch'io. In silenzio lascio che il mio sguardo scivoli sulla superficie liscia dell'acqua. Luccica debolmente riflettendo gli ultimi bagliori del giorno. Mi avvicino e mi siedo sul muretto ai bordi della vasca. Distolgo gli occhi solo un istante per guardare nella direzione in cui vedevo arrivare la piccola Andrea quando questo era il luogo dei nostri appuntamenti. "Ma so che stasera non mi verrà incontro." Torno a fissare la vasca. "Sono venuta qui a cercare un segno. Un segno che mi dica che Andrea è viva, che sta bene e che ride ancora con la sua risata argentina..." Infilo una mano nella tasca del cappotto. "È un'idea assurda..." penso. Esito, ma è solo un secondo. "Per l'amore non c'è niente di assurdo" mi rispondo subito. "So che un impeto d'amore è capace di generare vita. Lo so. So che questo piccolo miracolo può accadere. E la mia volontà è che accada." Tiro fuori dalla tasca il pesciolino di carta ancora un po' sgualcito. È calata la sera. Il cielo è sempre coperto. L'acqua è scura. "Accadrà" mi ripeto. "Accadrà e sarà il segno." Lentamente, con accortezza, poso la sagoma del pesciolino sulla superficie dell'acqua. Galleggia immobile come una foglia secca. Ma piano piano l'umidità imbeve la carta lisciandone le pieghe. I colori si mescolano e si sciolgono nel buio liquido. I dubbi tornano ad assalirmi: "No, era proprio un'idea assurda...". Ma di colpo un refolo di vento sfiora il pelo dell'acqua e spinge in là il pesciolino ormai sbiadito, allontanandolo un poco dal muretto dove sono seduta. "Un pezzetto di carta. È solo un pezzetto di carta bagnato mosso dal vento..." Chiudo gli occhi per sostituire questa immagine un po' mesta con una più vivace dipinta dalla mia fantasia. Dal mio desiderio. Una nuova folata di vento, più forte e più fredda, mi punge la pelle del viso. La ventata ha aperto un varco tra le nubi, e dallo strappo si affaccia un brandello di Luna. Un raggio di luce lattea illumina l'acqua di riflessi argentati. Ed ecco che, proprio là dove galleggiava il pezzetto di carta, scintilla un riflesso ancora più argenteo. Un baluginio. E poi subito un altro. Il pesciolino guizza vivace e lucente fuori dall'acqua. Quando vi si rituffa, le perle degli schizzi formano increspature che si allargano in cerchi concentrici. Il cuore mi guizza in petto come il pesciolino guizza nella vasca. Ancora un salto, e un altro ancora. Poi il pesciolino scompare sotto la superficie. Le increspature si spengono. L'acqua e l'aria tornano ferme. Il vento cala e di nuovo le nubi nascondono la Luna.

Le mie palpebre... "Le mie palpebre sono chiuse sui miei occhi come le nubi sulla Luna? O sono aperte sul miracolo di vita che si imprime nelle mie pupille?" È la gioia a rispondermi. Arriva frizzante come il vento di prima. Il suo soffio gonfia la mia anima e mi colma di leggerezza. Andrea e Mimmo stanno sorridendo della mia stessa gioia. Le loro figure sono nette: il luccichio degli occhi di Andrea, i fili più bianchi tra i riccioli scuri di Mimmo. Li immagino soltanto, ma è proprio come se li vedessi. Perché ciò che immagino è.

21

Non so quali vie ho percorso. Se nuove o già battute. Non so quanto è durato il tempo. Tragitto e tempo del ritorno scorrono in una dimensione diversa da quella scandita da metri e chilometri, da giorni e mesi. Si dipanano lungo un cammino che attraversa la memoria, in un paesaggio multiforme fatto di timore e speranza, ansia e nostalgia. Ora sono qui. Dall'altra parte della strada. Di fronte al portone chiuso della canonica di don Mario. L'aria del mattino che si annuncia è frizzante ma già intiepidita dal respiro dell'estate che si avvicina. Il cinguettio improvviso degli uccelli nascosti tra il fogliame dei pochi alberi si innalza a salutare un'alba che ha lo stesso colore rossastro del tramonto. O forse sono i miei occhi arrossati dalla stanchezza e dal sonno a dare questo colore alla prima luce del giorno. Mi basterebbe muovere pochi passi e attraversare la strada, per arrivare alla porta e bussare. Ma adesso questa distanza mi appare invalicabile. Quasi il peso del cappotto che indosso fosse talmente grande da inchiodarmi al suolo. "È come in un sogno" penso. "Uno di quei sogni che rasentano l'incubo senza però averne la potenza. Dove vorresti correre per fuggire da qualcuno o per raggiungere qualcosa, ma assurdamente l'impulso che tenti di trasmettere ai nervi e ai muscoli delle gambe non arriva...” Il cinguettio degli uccelli ora suona assordante alle mie orecchie. Un baccano che confonde i pensieri. “E se non ci fosse nessuno, dietro quella porta? Se don Mario e Giuseppina se ne fossero andati chissà dove e chissà quando, spinti o trascinati via dagli infiniti casi della vita?” L’angoscia cala su di me più pesante del cappotto, aggiungendo immobilità alla mia immobilità. Aspiro aria profondamente per trovare l’energia di scaricarla. Aspiro ed espiro a occhi chiusi, concentrata. Un odore si insinua imprevisto tra quelli ravvivati dall’umidità del mattino. È forte, acre e dolce al tempo stesso, e riaccende in me il ricordo. “Sì, lo riconosco, è odore di sigaro...” Esito ad aprire gli occhi, perché ho paura che questo aroma caldo e familiare svanisca come brina ai raggi del sole.

«Sono felice che tu sia tornata.»

La voce arrochita dal fumo e dall’età. Il tono pacato. Familiare quanto l’odore del sigaro. Il cuore mi sobbalza nel petto. Apro gli occhi. Don Mario è qui. A meno di un passo da me. Da sotto la tesa gualcita del suo cappellaccio nero mi guarda e mi sorride. L’impulso di superare di slancio il breve tratto che ci separa per abbracciarlo è forte, ma non basta a smuovere le mie gambe irrigidite. Allora è lui, quasi avesse intuito la mia impotenza, ad allungare un braccio e a farmi una lieve carezza sul viso. Talmente lieve da rasentare l’impalpabilità.

«Sì, sono tornata» gli rispondo ricambiando il sorriso. Mi aspetto che mi domandi dove sono stata, come ho vissuto, cosa ho visto e chi ho incontrato...

Invece lui ribatte con un’affermazione. Il sorriso si dissolve tra le rughe del suo volto, che però ne conserva intatta la dolcezza: «Tu sai di essere» mi dice. Poi fa una pausa. Aspira il sigaro che ha tra le labbra. Una lunga tirata. La brace si attizza e per un momento i suoi occhi paiono rifletterne lo sfavillio. Quando riprende a parlare, le sue parole si confondono con il fumo che espira. Come i versi di un canto gregoriano nelle nuvole di incenso tra le volte di una cattedrale. «Tu sei nel dubbio e nella sicurezza. Tu sei nella gioia e nel dolore. Nella forza e nella fragilità. Nell'orgoglio e nell'umiliazione. Nella stanchezza e nell'entusiasmo. Tu sei nel vuoto e nella pienezza...»

Lo interrompo. Mi aspettavo delle domande, ma sono io a domandare, stordita dalle note vibranti della sua certezza. «Perché?» gli chiedo.

Sulla sua faccia ricompare il sorriso. Un sorriso diverso. Sì, sempre dolce, ma con una piega di ironia divertita. «Perché tu puoi tutto ma non puoi non essere.»

"Se non respiro non esisto, se non respiro non esisto..." Le parole di don Mario hanno risvegliato nella mia memoria l'angosciosa filastrocca di Giuseppina bambina che mi ripetevo rannicchiata sotto le coperte per sfuggire all'incombere dei passi di mio padre. Sono quelle che ora riecheggiano tra le volte della cattedrale. La nenia debole e struggente di una bambina spaventata.

Come se l'avesse sentita, don Mario allunga di nuovo il braccio in una carezza. Ma stavolta la sua mano si sofferma sul mio viso. È una carezza profonda. Le sue dita si muovono lungo le gote quasi a cercare le mie lacrime invisibili per asciugarle. È la carezza di un padre del quale non temo i passi. «Tu non puoi non essere» mi ripete con un tono più addolorato che consolatorio.

O forse no. Forse nel suo tono c'è la consolazione della comprensione del dolore, dell'accettazione della sua ineluttabilità... Perché in questo momento io Giuseppina bambina sto soffrendo dell'impossibilità di non essere. Così offro alle sue dita le mie lacrime affinché possa asciugarle con la sua carezza.

«E il male?» gli domando con angoscia. «Se io sono, perché il male è?»

Don Mario ritrae la mano dal mio viso. Ha le dita umide del mio pianto. Le rughe del suo volto paiono convergere tutte in un solo punto, in mezzo alla fronte. Per un attimo il suo sguardo si assenta lasciando una scia di tristezza. Poi si posa sui suoi polpastrelli. Infine, dopo una lunga pausa di silenzio, torna a incrociare il mio. «Non lo so. Sono solo un vecchio prete e ci sono misteri troppo più grandi di me» mi dice con la sua voce roca. Riprende a fissarmi. L'espressione è mutata. Le rughe si sono distese. Le mani sono sollevate, accostate, con le dita semiaperte. Come se stesse reggendo un calice. «Però so con certezza che tu non hai mai immaginato il male. Non lo hai concepito. Tu lo hai subito. Lo subisci. Chi soffre il male non può esserne parte.» Parla con foga, quasi non volesse dare il tempo a qualcosa o a qualcuno di incrinare la sua certezza. Poi si zittisce di colpo, come se gli fosse venuto a mancare il fiato. Sui suoi polpastrelli luccica ancora qualche goccia di lacrima colata dal calice che sorreggono. Li sfrega delicatamente l'uno contro l'altro per detergerli. «Ma tu...» La sua voce ora è un mormorio simile a un'orazione segreta, intima. «Ma tu, ma noi possiamo lenirlo. Possiamo lenire il male solo se lo assumiamo» conclude ficcandosi le mani nelle tasche dei pantaloni. A fondo. Perché il tessuto delle fodere asciughi bene le lacrime dalle dita.

È strano. Anziché addolcirmi o commuovermi, le sue parole così calde e piene di passione suscitano in me un moto di rabbia. Un singulto che non riesco a trattenere. «Allora Dio?» forte nelle orecchie prende a sibilarmi la musica del violino che accompagnava nella neve gli uomini alla morte. Grido per sovrastarla. «Dio non c'era... Dio non c'è!» grido di impotenza. Grido perché mi sento improvvisamente immeritevole, inadeguata alla creatura che porto in grembo. Grido perché ho paura, paura per lei. Poi il grido mi si smorza in gola. Diventa un lamento. «A cosa serve Dio?»

Don Mario non ha smesso di fissarmi. Il suo sguardo non sembra turbato. Al contrario, ha assunto il tocco di una carezza. Della carezza che mi ha dato per asciugarmi le lacrime. Mi sorride, il sigaro appeso a un angolo della bocca. Mi sorride con la tenerezza e la serietà con cui si dovrebbe sorridere a una bambina intimorita dalle prime pulsioni dell'adolescenza. E mi risponde. Con il tono pacato e attento con cui si dovrebbe rispondere alle sue domande tormentate. «Gli uomini non ci sarebbero, se Dio non ci fosse. E Dio non ci sarebbe, se non ci fossero gli uomini. Dio serve agli uomini come gli uomini servono a Dio. Gli uomini hanno bisogno di Dio, Dio ha bisogno degli uomini.»

Le sue parole mi colpiscono. Nel pensiero prendono a scorrere confusamente i frammenti della mia memoria umana. Poi, come spinti da una misteriosa corrente, i frammenti si ricompongono. Si saldano l'uno all'altro armonizzandosi in un flusso ordinato che, come un affluente in un lago, si riversa nella mia memoria divina. È un momento, un solo momento, ma profondo come le acque del lago e luminoso come il Sole che si riflette sulla sua superficie. In questo momento io vedo, io sento la grandezza della Verità. Ne resto abbagliata. Capisco il senso del mio essere, lo comprendo con la mente, con i nervi, con il sangue che mi scorre nelle vene. Tutto il mio corpo e il piccolo corpo che è in me abbracciano questa consapevolezza e se ne lasciano abbracciare.

«Grazie, don Mario» mormoro non appena mi riprendo dallo sbalordimento della rivelazione.

Il prete si schernisce alzando le spalle magre. Il sorriso sposta di nuovo il mozzicone di sigaro che ha tra le labbra. «Sei tu che mi hai insegnato tutto questo» mi risponde, e nel farlo prende le mie mani tra le sue.

Le riconosco. Al tatto riconosco le sue dita scarne, i rilievi delle vene indurite. "Sì, come la prima volta che lo incontrai e mi prese per mano per condurmi con sé...” Si ravviva in me la sensazione che provai allora. Il tempo che percepii fluire ed esaurirsi in quelle stesse vene. Il tempo che mi impose l’idea della morte. Mi turbai, quel giorno. Mi inquietò il sospetto che la morte si stesse già raggrumando nel sangue di questo uomo buono, e provai un brivido simile al gelo. “Ma ora no.” Mi accorgo con sollievo che le mani che sto stringendo adesso sono diverse dalle mani del ricordo. “Non c’è sotto la loro pelle sottile nessun grumo di morte.” Quasi che la vecchiaia di don Mario si fosse fermata a pochi passi di distanza dal suo epilogo. Che la sua età fosse divenuta una condizione perenne, fissa in un tempo privo di fine. Vorrei trattenere ancora quelle mani tra le mie, continuare ad ascoltare il loro misterioso racconto, carpirne i semplici segreti. Ma lui le ritira. Con un gesto naturale. Due foglie ingiallite che un alito di vento autunnale mi fa scivolare via dalle dita.

«Devo andare, adesso» mi dice.

Queste tre parole mi riempiono improvvisamente di ansia. “Dove deve andare? Forse a dire la messa del primo mattino? Perché non va a casa?” Queste e altre cento domande prendono a ribollirmi dentro. Forte è l’impulso di trattenerlo. Di afferrare di nuovo le sue mani o anche soltanto un lembo della sua giacca. Ma non parlo, non mi muovo, quasi che la mia immobilità potesse, per contagio, trasmettersi a lui e impedirgli di allontanarsi.

Don Mario sembra aver colto la mia apprensione. Allarga le braccia come a giustificarsi. Come a dire che non può farci niente. «Devo andare» mi ripete, aggiungendo una stilla di malinconia alla dolcezza del sorriso. Poi indica la porta della canonica. «Vai. Vai anche tu. Giuseppina vi aspetta.»

Fisso la porta al di là della strada. Quando, dopo un lasso di tempo che mi pare brevissimo, riporto lo sguardo su di lui, lo vedo di spalle, ormai distante. Quasi che il tempo fosse andato avanti d'un balzo. La sua figura scura e un po' curva si allontana con un passo che è al tempo stesso incerto e sicuro. Non si volta indietro nemmeno una volta, come se i miei occhi non potessero già più raggiungerlo. Eppure lo accompagnano. Lo accompagno finché non scompare alla vista e nell'aria rimane solo l'odore del suo sigaro. Resto ferma per un po' ad aspirarlo. Solo quando è svanito decido di muovermi e attraversare la strada. Lo faccio di corsa, colta da un'urgenza incontenibile. Poi, però, davanti alla soglia chiusa ho un ripensamento. La mia mano già sul battiporta di ottone esita a colpire il legno dell'uscio.

Invece è proprio come se avessi bussato. Giuseppina apre di colpo. La sua mole massiccia occupa quasi per intero il vano della porta. Mi sorride solo con gli occhi. Un sorriso tranquillo, senza un barlume di sorpresa, quasi fossi stata via pochi minuti. «Dai, entra» mi dice, spostandosi di lato per farmi spazio. «La caffettiera è sul fuoco» sono le sole parole che pronuncia mentre la seguo verso la cucina. L'aroma buono del caffè si spande nell'aria. «Sta bollendo!» esclama e ciabattando si affretta a raggiungere i fornelli prima che il liquido caldo trabocchi dal beccuccio.

Ci sediamo una di fronte all'altra al tavolo della cucina. Guardo Giuseppina attraverso il vapore che sale dalla ciotola di caffellatte che mi ha messo davanti. Il suo volto pare sbucare dalla nebbia della memoria. Il fumo gli dà contorni mobili, irreali, come l'immagine di un sogno. Per un momento temo sul serio che, come un sogno, si dissolva. Afferro la tazza per portarmela alla bocca. È bollente. Mi scotto le dita e subito ritraggo le mani. Il lieve bruciore mi convince che non sto affatto sognando.

«Hai proprio fame, eh?» La voce bonariamente irrisoria di Giuseppina mi riporta alla realtà.

«Un po'» mi schermisco. Il calore della ciotola unito al tepore della stanza mi vela di sudore la fronte.

«Aspetta che il caffellatte si raffreddi» mi suggerisce. «Devi scoppiare di caldo con addosso quel cappotto! Dai, levatelo e dammelo, che lo metto via.»

Le obbedisco. "Il vecchio riflesso di obbedire sempre ai saggi ordini di Giuseppina..." Mi alzo e mi sbottono il cappotto. Un po' goffamente me lo sfilo. Anche Giuseppina si alza e tende la mano per prendere il "suo" cappotto. Glielo porgo. Lei lo ripiega su un braccio e fa per allontanarsi, ma di colpo si blocca. Mi osserva per qualche istante. Non sono più solo i suoi occhi a sorridere, ma anche le sue labbra. Non è frequente il sorriso sul volto di Giuseppina. Ora è sbocciato come un fiore raro.

«Ah! Vedo che non sei tornata da sola» esclama. L'indumento informe e pesante che avevo indosso nascondeva la prominenza del mio ventre, che adesso invece fa bella mostra di sé. Il sorriso di Giuseppina si allarga in una risata gioiosa. Non ho il tempo di farmene contagiare che già mi ritrovo stretta nel suo solido abbraccio. «Brava, brava!» mi dice stringendomi in un abbraccio. «Brava, brava» ripete, come se avessi compiuto un miracolo... "E forse è così" mi dico. "Ogni vita è un miracolo."

Il caffellatte si è intiepidito, finalmente posso sorseggiarlo. Il liquido dolce mi scende giù per la gola come un balsamo. Sento una nuova energia pervadermi, molto simile alla felicità. Giuseppina è tornata a sedersi come me. Ha davanti la sua tazza ma non accenna nemmeno a toccarla, perché i suoi consueti silenzi si sono trasformati in un profluvio di parole. «Ho della lana da parte, domani inizierò a fargli un vestitino caldo.» Salta da una frase all'altra, da un progetto all'altro, senza pausa. «Possiamo sistemarlo nella tua stanza... È ancora libera, sai? Però bisogna subito procurarsi una culla.»

Non una domanda esce dalle sue labbra. Non mi chiede a che mese sono né chi è il padre della creatura che porto in grembo. Sono certa che non si tratti di riserbo. È piuttosto l'entusiasmo dell'accoglienza che prevale su ogni altra cosa. E l'accoglienza di Giuseppina è pratica, fatta di azioni, di gesti concreti, di cibo, come questa tazza di caffellatte.

«Il latte, eh, be'... Niente latte in polvere o altre schifezze del genere, sei d'accordo, no? Un bambino deve succhiare il latte della mamma e tu... Vedrai quanto latte ti verrà. Si capisce. Me ne intendo un po'. Tu avrai latte in abbondanza, non devi preoccuparti...»

Presa com'è dalla foga, si è dimenticata di andare a riporre il cappotto. Lo ha lasciato lì, buttato sullo schienale di una sedia. "Chissà se anche don Mario sarà così contento della mia gravidanza" mi domando. Cerco di ricordare. "Ma no. Non mi pare proprio di avergli detto, prima, quando ci siamo incontrati qui fuori, e certamente con il cappotto che avevo addosso non può aver notato nulla." Cerco di interrompere Giuseppina: «Non ho detto ancora niente a don Mario... Come pensi che la prenderà?».

Non mi aspettavo proprio che ammutolisse di colpo. Invece è esattamente ciò che fa. Deglutisce come se stesse inghiottendo le parole che stavano per affiorarle alle labbra. In un istante il suo sorriso si spegne. La bocca le si contrae, quasi fosse percorsa da uno spasmo. E ogni suo muscolo pare irrigidirsi nell'immobilità dell'espressione che le si imprime sul viso. Mi fissa con uno sguardo strano che non riesco a decifrare. Poi finalmente parla. Il tono della sua voce è mutato. Tanto era squillante prima quanto è basso ora. «Tu non sai niente, vero?» mi domanda.

Non capisco. «Cosa dovrei sapere?»

«Don Mario...» bisbiglia.

«Don Mario cosa?» la incalzo cercando di soffocare l'agitazione.

«Don Mario...» ripete ancora, e subito dopo, quasi avesse attinto alle sue ultime energie «don Mario è morto» esclama d'un fiato.

Per un secondo resto accecata. Come se un lampo intenso di luce bianca si fosse acceso davanti ai miei occhi abbagliandoli fino a farli dolere. La deflagrazione risucchia ogni mia forza. Sono stordita. «Ma... Ma...» riesco soltanto a balbettare. "Ma come è possibile? L'ho visto! Abbiamo parlato qui, davanti a casa, solo un attimo fa..." vorrei dire. Vorrei gridarlo. «Ma...» Ma non ne trovo la forza. Semplicemente abbasso il capo sulla ciotola ormai vuota. È la mano di Giuseppina che si poggia sui miei capelli a spingermi a risollevarlo per guardarla. Mi pare che abbia gli occhi lucidi, o forse li vedo così perché lo sono i miei.

«È successo cinque mesi fa» mi racconta. Il suo tono ha ritrovato la dolcezza, anche se è velato di dispiacere. «Se n'è andato sereno, sai? Nel suo letto. Senza soffrire.» Ritrae la mano dalla mia testa e indica la tazza vuota. «Vuoi ancora latte?»

Le faccio cenno di no con il capo. La prende. Gira intorno al tavolo e raccoglie anche la sua. Mi accorgo che è ancora quasi piena. Va al lavandino. Ne rovescia il contenuto nello scarico. Apre il rubinetto e si mette a lavare le due ciotole. Io mi soffermo a guardarla di spalle mentre trova consolazione nel ripetere i gesti che le sono consueti, familiari.

"Vai. Vai anche tu. Giuseppina vi aspetta..." Ripenso alle ultime parole che ho sentito pronunciare da don Mario. "Ma sì, sì, sono sicura che ha detto proprio 'vi aspetta'... Non 'ti', ma 'vi': io e la mia creatura... Allora lo sa! Sa che c'è anche lei, e ne è felice!" Questo pensiero non basta a suscitarmi un sorriso ma una brezza lieve di tenerezza scaccia un po' della mia malinconia.

22

«Buona sera alle mie belle donne!» e poi una risata allegra.

Giuseppina scuote la testa con ostentata disapprovazione. «Ma guarda se un sacerdote deve esprimersi così!» borbotta. «Se qualcuno la sente, chissà che idee potrebbe mettersi in testa...»

«Tipo che sono io il papà del bimbo in arrivo?» Don Carlo indica il mio pancione, ormai davvero grosso, e giù un'altra bella risata.

«Oh, Gesù, Gesù! Questo è proprio pazzo.» Stavolta Giuseppina si porta le mani alle tempie assumendo un'espressione tra lo scandalizzato e il disperato. «Non lo stare a sentire, bambina» prosegue rivolgendosi a me. Anch'io però sto ridendo. «Tutti matti in questa casa!» esclama allora esasperata. Ma lo so che in gran parte sta simulando. La scena con don Carlo che scherza e lei che recita la parte della vecchia perpetua bigotta si ripete ogni giorno, anche più volte. Giuseppina si divincola dalla presa di don Carlo, che nel frattempo l'ha afferrata per la vita seguendo il ritmo di una specie di valzer che sta suonando con la bocca: «Zumpapa, zumpapa... Mi concede questo ballo?». Respinto da Giuseppina, con un inchino galante, invita me. «Zumpapa, zumpapa...» Poso sul tavolo le zucchine per il minestrone che stavo tagliando e faccio per alzarmi, porgendogli entrambe le mani.

«Adesso basta!» sbotta Giuseppina. “Stavolta sembra davvero arrabbiata” penso guardandola con le braccia piegate sui fianchi in posa da combattente. «Devo preparare la cena e voi qui a fare gli sciocchi!»

Il mio riflesso di obbedirle scatta prontamente: riprendo subito in mano coltello e zucchina e mi rimetto al lavoro.

Don Carlo però non si fa intimidire. «E brava la mia cuoca» la blandisce. «Mi raccomando, lo sai che avremo ospiti. E tutti affamati.»

«E quando mai non abbiamo ospiti?» ribatte lei borbottando.

È giovane, don Carlo, anche se la stempiatura dei capelli che porta cortissimi lo fa sembrare un po’ più anziano. Però l’entusiasmo e l’allegria inesauribili sono davvero quelli di un ragazzo.

«Almeno il collare potrebbe indossarlo, no?» lo rimbrotta spesso Giuseppina. Perché lui alla tonaca o al clergyman preferisce i maglioni sformati o, nelle stagioni più calde, le T-shirt sbiadite dai troppi lavaggi. «Ma non lo sai che la gente quando vede i preti tutti neri fa gli scongiuri?» risponde lui ridendo. “A volte penso che, a forza di scuotere la testa, a Giuseppina si allungherà il collo” mi dico ripensando ai loro assidui battibecchi. Ma anche se mi ripete spesso: «È tutto matto, quello lì», so che gli vuole bene. «È tutto matto quello lì»: quando lo dice, non riesce mai a reprimere un accenno di sorriso e un luccichio negli occhi.

«A dadi! Tagliale a dadi più piccoli, quelle benedette zucchine, e cerca di non metterci tutta la notte, che tra poco arrivano» mi sollecita Giuseppina mentre ai fornelli si adopera con pentole e tegami. Accelero il ritmo.

“Tra poco arrivano, sì...” Ogni sera arrivano qui, alla mensa di don Carlo. “Ospiti” come li chiama lui. O “disgraziati" come li chiama lei. E ogni sera, vuoi per l'allegria del prete vuoi per qualche bicchiere di vino, è una festa. In mezzo al tavolo, tra le stoviglie unte e le briciole di pane sparpagliate, il bottiglione troneggia vuoto come un re spodestato.

Sazietà e stanchezza stanno lentamente smorzando le chiacchiere e le risate. Come sempre Antonio ha mangiato in silenzio, senza quasi mai alzare gli occhi dal piatto. Eppure è quasi un ospite fisso. Qualche volta non si presenta. Una sera, due al massimo. Quando sparisce per un periodo più lungo, don Carlo entra in ansia e comincia a preoccuparsi. Ma succede raramente.

Antonio è un vecchio pensionato. Indossa un completo grigio, liso ma pulito e stirato. Deve esserci stato un tempo in cui gli andava a pennello. Ma gli anni hanno rimpicciolito Antonio, e ora il vestito gli scende largo giù dalle spalle un po' ricurve. Anche la camicia bianca è larga. Il suo collo magro con il pomo d'Adamo prominente spunta dal colletto chiuso fino all'ultimo bottone facendolo assomigliare a un uccelletto implume che si affaccia dal nido. Il naso sporgente e ricurvo è il becco. I pochi capelli bianchi intorno alla nuca sono la lanugine.

La sua pensione non gli permetterebbe di mangiare ogni giorno. Ma lui porta sempre qualcosa, quando viene a cena qui. Certo, piccole cose: una bottiglietta di vino di quelle da un quartino, con il tappo a vite, due o tre mandarini, una pagnottella. Stasera, incartato in un pacchettino con nastro e fiocco, Antonio ha portato un vassoietto di cartone con sei pasticcini. Don Carlo accetta ogni volta con fervore questi doni modesti: «Ma non dovevi, perché ti sei disturbato?». E Antonio, contento, si schermisce con un timido sorriso.

Come di consueto, è lui il primo ad alzarsi da tavola. «Si è fatto tardi, io dovrei andare, scusate» dice con un filo di voce spostando la sua sedia piano perché non faccia troppo rumore. Arrivato alla soglia, prima di aprirla si volta e si porta una mano al petto: «Grazie, don Carlo... Grazie, Giuseppina... Grazie a tutti voi per la bella serata... Grazie». Si congeda con il garbo e la dignità dell'invitato a un ricevimento di classe.

Un rutto poderoso e una sghignazzata risuonano nella stanza come risposta al saluto.

"Antonio ha appena richiuso l'uscio alle sue spalle. Spero che non abbia sentito" mi dico lanciando una occhiataccia a Petar, che indifferente continua a sganasciarsi stravaccato sulla seggiola.

«Petar, sei un coglione.»

Solo l'intervento risentito di don Carlo pare sortire un po' di effetto. La risata sguaiata si riduce a un ridacchiare soffocato. Petar alza le spalle. «Ma dai, prete, si scherza» ribatte, ma intanto si risistema sulla sedia abbandonando la posizione sciatta che aveva.

Giuseppina gli dà il colpo di grazia: «Meriteresti un bel ceffone».

A lei Petar non tenta nemmeno di replicare. Abbassa il capo e si finge intento a cercare sulla tovaglia le briciole rimaste dei pasticcini di Antonio. Se le porta alla bocca prendendole tra l'indice e il pollice. Sembra stia mangiando formiche. È giovane, Petar. Giovane e robusto. Una zazzera di sottilissimi capelli castani gli scende sulla fronte fin quasi a coprirgli gli occhi. Occhi abituati a nascondersi. Sguardi vigili, rapidi nello spostarsi. Sguardi imprendibili. Lui ha la stessa velocità del suo sguardo nel mutare d'umore. Sa essere gentile e un momento dopo volgare. Passa dal sorriso aperto a una cupa chiusura senza che si abbia il tempo di capirne il motivo. C'è un sospetto di violenza, in lui, ma forse è soltanto il suo appetito di vita. Vorace quanto può esserlo la passione. Inappagabile quanto può esserlo la curiosità di un ragazzo. Petar è una nuvola di temporale estivo: ora incombe scura, ora scompare portata via dal vento. Così lui oggi è qui, ma non si può sapere se domani ci sarà o se il vento se lo porterà via. Capita che sparisca per periodi anche lunghi. «Gli avranno dato il foglio di via?» domanda allora con apprensione Giuseppina a don Carlo. E lui le risponde ridendo: «Ma figurati. Chi può acchiappare il vento? Vedrai che quando meno ce lo aspetteremo si rifarà vivo». E infatti ora Petar è qui a mangiare formiche di pasta dolce.

«Hai ancora appetito?» gli chiede Giuseppina osservandolo. Non ha ancora finito di formulare la domanda che già ha piazzato sotto il naso di Petar una grossa fetta della sua famosa crostata di amarene al vino. In cambio, quando lui la ringrazia lo fa già a bocca piena, sputacchiando briciole tutto intorno.

Giuseppina si gira. «Ne vuoi un po' anche tu?» domanda alla ragazza.

È la prima volta che la vedo qui. Non conosco il suo nome. Lei non lo ha detto. Non ha detto una parola. È perfino più silenziosa di Antonio.

«Allontana da me quella delizia, tentatrice!» strilla Laila con voce rauca ma impostata sul falsetto coprendo il mutismo della ragazza. «Tu vuoi farmi diventare una grassona!» Si alza in piedi di scatto e fa un giro su se stessa allargando le braccia. «Vuoi rovinare questo mio splendido corpo da libellula, vero? Sei invidiosa...»

Giuseppina ride ma piazza comunque una fetta della crostata davanti a Laila. Ridiamo tutti eccetto la ragazza. Laila non è propriamente una libellula. I seni grossi e rotondi paiono sul punto di strabordare dal corpetto attillato color fucsia che le fascia il busto lasciandole nude le spalle larghe e le braccia robuste. Alta e vigorosa com'è, più che una libellula sembra una guerriera amazzone. Va orgogliosa del suo corpo, Laila, perché proprio come una guerriera se lo è conquistato pezzo per pezzo. Seno, fianchi, glutei, le labbra carnose... Si è presa tutto ciò che la cieca biologia avrebbe voluto negarle. Prima di tornare a sedersi dà una stropicciata energica ai capelli corti di don Carlo. «Ah, se tu non fossi prete...» sospira con un tono maliardo volutamente esagerato. Poi si siede e si butta sulla torta senza nemmeno accorgersi che, pur sorridendo alla sua battuta, don Carlo è diventato rosso come la marmellata di amarene al vino della crostata.

Giuseppina sparecchia e comincia a lavare le stoviglie.

«Dai, ti aiuto io» si offre Laila.

«No, no, ci mancherebbe altro. Non voglio che ti rovini lo smalto.»

Le ultime risate. Poi anche Petar e Laila se ne vanno. Mentre si avviano verso la porta, lui le cinge la vita con un braccio, ma Laila lo scosta con un movimento sbrigativo.

Sono io ad aiutare Giuseppina a rigovernare. «Guarda che nel tuo stato non devi affaticarti» mi ammonisce lei, ma mi lascia fare.

Al tavolo è rimasto don Carlo. Centellina le ultime gocce di vino che gli sono rimaste in fondo al bicchiere. Ogni tanto mi volto a sbirciarlo. Guarda fisso e accigliato verso un punto indefinito. Sembra rincorrere un pensiero sfocato e sfuggente. Di rado ho visto sul suo volto un'espressione così seria. "È come se il vino gli avesse sottratto l'allegria, anziché portargliela" penso.

Anche la ragazza è ancora seduta. Silenziosa, immobile, quasi stesse cercando di non far notare la sua presenza.

Asciugo gli ultimi piatti e li impilo sul ripiano del lavandino. Giuseppina si toglie il grembiule slacciandolo da dietro. «È ora di andare a dormire» sentenzia appendendo il grembiule a un gancetto fissato alla parete.

Don Carlo posa il bicchiere vuoto e si alza: lentamente, faticosamente, come se all'improvviso fosse calata su di lui una stanchezza pesante, antica.

La ragazza non accenna a muoversi. «Dai, su...» la sollecita Giuseppina. «Vai a riposare pure tu.» Indica me e poi, sempre rivolta alla ragazza, prosegue: «Ti ho preparato una brandina in camera sua. Bisogna arrangiarsi, il posto è quello che è».

La guardo un po' sorpresa. "Quando l'ha preparata? Non mi ha detto niente..."

Quasi avesse intercettato il mio stupore, Giuseppina mi domanda: «Per te va bene, vero?».

«Ma certo» le rispondo subito.

«Allora accompagnala tu.»

Mentre le faccio strada verso la nostra stanza, la ragazza mi segue a capo chino. Mi giro a guardarla. I suoi passi sono così leggeri che quasi non si sentono. Non le vedo la faccia, nascosta sotto una chioma di capelli crespi come nel folto di un sottobosco.

Nella camera, sulla parete, il crocifisso di legno con il Cristo di plastica è al suo posto, a coprire la traccia del tempo. Lo spazio è poco. La brandina, pur di dimensioni ridotte, ne occupa una buona parte.

"Se vuoi ci dormo io" sto per dire alla ragazza. Ma lei, facendo leva con un piede sul tallone dell'altro, si è sfilata rapidamente le scarpe da ginnastica sformate e si è buttata vestita sul giaciglio. Rannicchiata, con le braccia a cingere le ginocchia, mi dà le spalle – la testa sul cuscino, il viso rivolto verso il muro. Pare decisa a non condividere altro che il poco spazio di questa stanza. Tento comunque di stabilire un contatto.

«Come ti chiami?» le domando.

Non si volta. «Non importa come mi chiamo. Tanto domani me ne andrò da qui.»

Parole scortesi, eppure nel tono della sua voce non c'è un filo di arroganza. Rabbia sì, ma una rabbia rassegnata, spenta.

Non voglio forzarla a parlare e non le chiedo altro. La guardo. Le sue spalle si alzano e si abbassano, quasi che già il suo respiro fosse il respiro del sonno. Inizio a spogliarmi per stendermi anch'io. Mi sfilo il vestito tirandolo su per farlo passare dalla testa. Lo spazio esiguo e il ventre ingombrante rendono impacciati i miei movimenti. Per qualche secondo resto con il viso imprigionato nel tessuto. È spesso e non vedo più niente, come se fossi bendata. Faccio qualche goffo tentativo per liberarmi ma subito mi fermo. È solo una sensazione minima. Eppure sento su di me lo sguardo della ragazza. Non voglio che lo distolga. Non voglio che torni ad attaccarsi al muro come il crocifisso sulla parete. Voglio sorprenderlo. Con una mossa decisa riesco a districarmi dall'abito. Nel farlo, anche la sottoveste di cotone si è sollevata. La stoffa arricciata sulla mia pancia la incornicia e ne evidenzia la liscia rotondità.

Occhi piccoli, che paiono più chiari in contrasto con l'ombra delle occhiaie che li contornano. Occhi attenti come quelli di un uccello predatore. Gli occhi della ragazza sono puntati sul mio ventre. Per impulso, per un immotivato istinto di protezione, mi affretto a coprirlo riabbassando subito la sottoveste. "Forse la ragazza stava per chiedermi a che mese sono. Forse mi avrebbe domandato cosa provo... forse..." Ma il mio pudore ha scacciato il suo sguardo. Di scatto si gira su se stessa e torna a darmi le spalle. «Buonanotte» le sussurro prima di premere l'interruttore della piccola abat-jour. Nessuna risposta. La luce si spegne e il mio saluto si perde nel buio.

Sto distesa supina. Gli occhi aperti presto si abituano all'oscurità. Giro il capo verso la ragazza. Vedo poco più di un'ombra scura raggomitolata sulla brandina. Il suo corpo è minuto. Se non sapessi che è lì, potrei scambiarla per un mucchietto di lenzuola. Torno a rivolgere lo sguardo verso il soffitto che appena si intravede sopra di me. Percepisco un suono flebile, una specie di lamento, e poi più forte il ritmo del respiro. A tratti è poco più di un sibilo. "Si è addormentata" penso. Ascolto la voce del suo respiro come fosse un racconto fatto di parole non dette. E piano piano, senza che me ne accorga, il mio respiro si sincronizza con il suo. Lentamente aspiro il suo sonno. Le palpebre calano a chiudermi gli occhi. Nell'assopimento mi segue la voce del respiro. È un'eco, ora, lontana e costante. Una vibrazione di sottofondo.

«Perché?» Secca, aspra, la domanda risuona improvvisa come uno stridore nella quiete. Si riverbera in me generando un sussulto dei nervi. «Perché?» si ripete in tono più ostile.

Non mi volto né sollevo le palpebre, eppure la vedo. Non è più un'ombra, un mucchietto di lenzuola. Se ne sta seduta sul bordo della brandina, il busto irrigidito in una posa eretta. I suoi occhi chiusi mi fissano, quasi la membrana sottile della pelle non riuscisse a contenere l'intensità di questo sguardo cieco.

«Perché entri nel mio sogno?» Le labbra della ragazza sono tese, immobili, ma la sua voce muta mi giunge affilata, netta come un taglio.

Le rispondo. O almeno credo, perché le mie parole non hanno suono e non si definiscono nella mia mente: sono di nebbia, un vapore evanescente. E quando questo vapore si dissolve, attraverso le palpebre chiuse della ragazza vedo me stessa distesa sul letto. La sagoma del ventre prominente sotto le lenzuola è come un grosso frutto rotondo velato, un frutto proibito. Lo sto fissando. Cattura tutta la mia attenzione. La sua floridezza è per me un insulto. Sento salirmi dalla bocca dello stomaco una rabbia acida quanto un rigurgito. Vorrei strappare via il velo che lo copre e colpirlo. Le mani mi si stringono a pugno. «Vattene! Vattene dal mio sogno!» grido alla donna gravida stesa sul letto. Una delle mie mani serrate si apre. Me la porto al ventre per palparlo, quasi temessi di sentirlo teso, gonfio come il frutto. “No. È piatto e freddo...” Constatarlo non mi rasserena, perché so che rintanato nel mio utero, artigliato alla sua parete, c’è un esserino alieno ancora minuscolo che si prepara a crescermi dentro, a deformarmi, a squassarmi. Me lo hanno inoculato quella sera, dietro la stazione. L’odore, la puzza di urina, è la cosa che ricordo meglio. Era sporco di pisciate stantie il muro contro cui mi hanno sbattuta. E anche il selciato era sudicio, in quell’angolo buio. Due, quattro, sei mani, e ginocchia dure, e braccia che mi inchiodavano a terra. Non ricordo se mi sono divincolata, se mi sono ribellata. Mi veniva da vomitare per l’odore, per tutta la birra e il vino che avevo bevuto. All’improvviso sento una risata sguaiata, isterica. Singhiozzi di riso come singhiozzi di pianto. Rabbrividisco riconoscendola. È la mia, la mia di quella sera. No, non mi dibattevo: ridevo. Sì, ridevo. Forse ridevo di paura, ma ridevo. Un getto di vergogna raffredda la rabbia che provo. Soffocavo. Il palmo ruvido e sporco della mano premuta sulla mia bocca per impedirmi di urlare... di ridere. E poi corpi, corpi che pesavano su di me. Corpi senza volto. Ansiti che si confondevano con il mio soffocare...

«È un grumo!» grido alla donna sdraiata, al frutto carnoso del suo ventre. In me c’è solo il grumo che mi è stato ficcato dentro a forza. Un grumo di aliti fetidi, di sporcizia del selciato. Un grumo senza volto come quei corpi... Grido, ma lei sembra non sentirmi, sprofondata com’è nel sonno. «Devo strapparlo via, quel grumo, lo capisci?» strillo, la voce arrochita dallo sforzo. «Capisci? Capisci?»

Vorrei che la donna distesa si mettesse a sedere o anche solo aprisse gli occhi per guardarmi. Vorrei che per un momento non fosse soltanto una pancia pregna di vita che mi accusa come se la creatura che contiene potesse vedermi e puntarmi contro il suo indice embrionale. Vorrei che la donna mi sorridesse. Vorrei che rispondesse: "Sì, ti capisco". Vorrei che mi assolvesse... E io...

"Io vorrei svegliarmi dal sogno della ragazza" penso confusamente annaspando tra il mio sonno e il suo. Ma la sua disperazione è pesante... "Come i corpi senza volto." Mi schiaccia sul letto. Annichilisce la mia volontà impedendomi il risveglio. Vorrei darle almeno il sorriso che mi ha chiesto, ma le mie labbra sono paralizzate, chiuse come se una mano forte vi stesse premendo sopra. Invoco angosciata il mio divino sopito perché mi risponda, perché le risponda. Ma è soffocato, stretto tra la mia ansia e la rabbia della ragazza, due forze contrapposte che si annientano a vicenda finché la pressione è tale da farle implodere in un buco nero che risucchia ogni energia. Vi precipito dentro. Il mio sonno si fa assoluto: buio come il buco nero, risucchia il tempo e la memoria in un nulla siderale. In un oblio infinito dove non esistono né domande né risposte. Dove non esisto.

È un rumore debolissimo, quasi impercettibile. Pare provenire da distanze smisurate, al di là dell'infinito. Ma lo sento. Si insinua nel nulla ridandogli forma e confine. È un palpito, e mi riporta in me. Si avvicina sempre di più e batte forte riempiendo di vibrazioni il vuoto. "Un cuore!" Riconosco il palpito della creatura che vive nel mio grembo, e anche quello del mio cuore che riprende a battere. Pulsazioni che si susseguono e si confondono in un ritmo che accelera fino a frantumare il nulla. Mi sembra di sentire la voce di don Mario: «*Tu non puoi non essere...*». Spalanco gli occhi di colpo. Il soffitto in penombra pare scendere verso di me. Di scatto mi metto a sedere sul letto. "La ragazza!" Il mio primo pensiero va a lei. Mi volto verso il suo giaciglio. La stanza è ancora avvolta nella semioscurità, ma mi pare di vederne la sagoma rannicchiata sul materasso. Cerco affannosamente le parole giuste da dirle. "Anche una sola, ma che non suoni stonata rispetto al suo dramma..." Nulla. La mente è muta o ammutolita. Sono i palpiti dei nostri cuori, il mio e quello della mia creatura, a parlare. Mi alzo, mi avvicino alla brandina, mi chino. Allungo una mano per accarezzarle il capo. "Mi ha chiesto comprensione, posso darle vicinanza..." Cerco i suoi capelli scostando un poco il lenzuolo ma un attimo dopo, con gesto allarmato, strappo via tutto gettando il mucchietto per terra. Il coprimaterasso sgualcito è l'unica traccia rimasta della sua presenza. Il lettino è vuoto. La mia carezza cala a sfiorare la sua impronta sulla stoffa ancora tiepida. All'improvviso la porta si apre. Sobbalzo. "Forse è lei, forse è ancora qui!" Il chiarore invade la stanza. I miei occhi ancora intrisi d'ombra faticano a mettere a fuoco la figura che si affaccia sulla soglia.

«Ah, ti sei già alzata! Buongiorno.» La voce pacata di Giuseppina ha il suono della mia disillusione.

La luce che penetra sempre più vivida nella stanza dissipa gli ultimi brandelli di oscurità. La brandina vuota ora si mostra in tutta la sua mestizia. Giuseppina segue il mio sguardo e vi si sofferma. «Poveretta» esclama scuotendo la testa. «Se n'è andata che non era ancora l'alba. Cercava di non far rumore, ma io alla mia età ho il sonno leggero. L'ho sentita, mi sono alzata di corsa per prepararle una tazza di caffellatte, ma lei si era già chiusa la porta alle spalle.»

Si china a raccogliere da terra le lenzuola. Mi faccio da parte per lasciarle spazio. Posa tutto sul giaciglio. «Lo rifarò dopo» dice come parlando con se stessa. «Vieni a fare colazione.»

"E lei?" mi domando in silenzio presa da un desolante senso di impotenza.

«Lei non tornerà» mormora Giuseppina, quasi mi avesse letto nel pensiero, allargando le braccia in un gesto di rassegnazione.

«Come lo sai?»

«Lo so perché in questa casa ho visto passare tanti disperati. Ormai riconosco chi ritroverà la strada per tornare qui, chi troverà la sua e chi invece non ne troverà nessuna e si perderà.» Lascia ricadere le braccia sui fianchi e aggiunge: «Ma forse sono proprio quelli che si perdono che verranno trovati da Dio».

«Forse...» le faccio eco.

"Forse" ripeto dentro di me. Come in una preghiera.

23

Giorni, settimane... Il tempo è fluito senza che io me ne sia accorta. Ho vissuto contenuta nel mio stesso ventre. Sono divenuta una cosa sola con la creatura che vi cresce dentro, immersa nel liquido amniotico. Al riparo come lei dal trascorrere e dal mutare del tempo nell'intima luminosità uterina di questo universo chiuso e infinito.

L'unico tempo percepito in questo universo è l'eternità. Mobile e costante. Immutabile e cangiante. Dove l'Io ha coscienza di sé solamente attraverso il tutto. La fragilità è onnipotenza. Lo spazio è onnipresenza. L'altro non può mai essere altro da sé. L'altro è respiro, nutrimento, vita. L'altro è madre. Senza necessità che questa parola sia concepita e formulata. Perché madre non può essere altro da sé, è il tutto. "Io sono il tutto e io sono nel tutto." Ho invocato il divino sopito, l'ho respinto, creduto e negato, pregato e bestemmiato. L'ho cercato in me e fuori da me. L'ho trovato, perduto e ritrovato nel dubbio vano e nell'ancor più vana certezza.

«Guarda che così rischi di cadere...»

Non rispondo al monito di Giuseppina. Rimango ostinata nella mia postura, quella in cui mi ritrovo spesso. La assumo naturalmente, senza pensarci. Seduta sulla sedia, le gambe alzate, piegate intorno al mio ventre pieno, le braccia a cingerlo, le mani che sfiorano le ginocchia. La posizione del feto. Feto che abbraccia feto. Improvvisamente mi viene da ridere. L'idea del divino si è palesata in un'immagine. Vedo la testa sproporzionata, i grandi occhi coperti da palpebre gonfie, gli arti sottili, le dita minute... «Dio è un feto.»

«Cos'hai detto?»

«Niente, niente» mi affretto a rispondere, ma una risatina mi affiora alle labbra.

«Guarda che c'è poco da ridere» borbotta stizzita Giuseppina. «Se cadi nelle tue condizioni, c'è il rischio che tu possa far male anche a quella povera creatura» dice indicando la mia pancia come se già fosse un bimbo che tengo tra le braccia.

«Va bene, va bene.» Distendo le gambe e poso i piedi sul pavimento. "Non si può disobbedire a Giuseppina."

Il tempo torna a irrompere. È una lacerazione nell'uniformità dell'infinito. Riprende a fluire liquido come le acque che improvvise sgorgano dal mio ventre a bagnarmi le cosce. Il tempo è un grido nato da una fitta violenta: un grido di dolore e di stupore. Il tempo è arrivato. È strappo, è annuncio di separazione. Emergo boccheggiando dal liquido amniotico che si sta rovesciando fuori. Strappati via dalle fitte, la mia carne e i miei nervi si staccano dalla carne e dai nervi della creatura che è in me. La sento distinguersi da me. Sento la sua immobilità spaventata. Sento a tratti i suoi movimenti, ora timidi ora convulsi, quasi stesse tentando di aggrapparsi alle pareti del mio utero per resistere al tempo che sta per ghermirla. Vorrei aiutarla, vorrei aggrapparmi insieme a lei ai lembi dell'universo chiuso e protetto che sta implodendo. Ma il mio dolore non è più il suo. La mia paura non è più la sua. Un'altra fitta più forte. Basta questo dolore acuto a cambiare il mio vorrei. Ora vorrei che la creatura mi lasciasse, che smettesse di aggrapparsi a me e mi liberasse dalla sua lacerante presenza. «*È un grumo!*» Acide come un rigurgito, le parole della ragazza in sogno mi salgono alla mente, reclamano la mia voce per essere gridate, mi afferrano la gola mozzandomi il respiro. La loro disperata crudezza mi atterrisce. Reagisco con disperato amore. Quando arrivano a colmarmi la bocca, stringo forte i denti per sbarrare loro l'accesso alle mie labbra. Tra i denti le mastico, le trituro, le riduco in una poltiglia amara... "Amara come un calice amaro." Le inghiotto.

«Oh Gesù, oh Gesù!»

Il grido allarmato di Giuseppina mi fa spalancare gli occhi. Soltanto quando vedo la sua figura portarsi le mani alla bocca mi rendo conto che avevo le palpebre chiuse, serrate. Seduta sulla solita sedia, le gambe distese, aperte, mentre una pozza di liquido si allarga sul pavimento. È così che Giuseppina mi sta vedendo.

«Ci siamo. Bambina mia, ci siamo.» Dal suo tono è subito scomparsa ogni ansietà. «Stai tranquilla, ho aiutato tante ragazze a partorire, io.»

Si avvicina, e il suo sorriso rassicurante lenisce l'amaro delle parole che ho inghiottito.

«Cosa sta succedendo?»

Richiamato dal trambusto, intravedo don Carlo affacciarsi alla porta della cucina.

«Via!»

La voce di Giuseppina risuona secca e perentoria tra le pareti della stanza. Il viso del sacerdote scompare all'istante dal vano della porta. "Non si può disobbedire agli ordini di Giuseppina" mi dico. Quando sento le sue braccia robuste afferrarmi con delicatezza per sollevarmi dalla sedia, la paura e il dolore mi concedono una tregua. Muovo qualche passo incerto, impacciata dalla mole della pancia. I piedi nudi, le piante bagnate dal liquido amniotico. A un certo punto scivolo sul pavimento e rischio di cadere. Ma la presa di Giuseppina è salda e mi sostiene.

«Piano, piano, bambina. Non c'è fretta, va tutto bene.» Cerca di tranquillizzarmi, ma la scivolata mi ha fatto contrarre i muscoli provocandomi una nuova fitta dolorosa al ventre. La tregua è già finita.

Giuseppina mi accompagna nella sua stanza. Il letto lì è grande, il doppio del mio. Mi aiuta a sedermi sul bordo del materasso. Le fitte ora si susseguono penetranti come morsi. «Respira, bambina mia. Fai dei bei respiri profondi.» Mi chiama bambina e la sua voce ha la pacata dolcezza di quella di una madre che racconta una fiaba alla figlioletta.

I dolori sono strazianti. Provo l'impulso di gridare ma non cedo, perché non voglio interrompere la fiaba. Per lo sforzo di trattenere le urla la mia fronte si imperla di grosse gocce di sudore. Le sento stillare come sangue dai pori dilatati.

«Povera bambina, coraggio. Vedrai, tra poco sarà tutto finito.»

Giuseppina fruga nell'ampia tasca cucita sul davanti del grembiule che porta sempre addosso, ne estrae un fazzoletto lindo, grande come quelli che usavano un tempo. Lo spiega e mi deterge la fronte e il viso. Lo fa con mosse decise e leggere, un gesto che pare scaturito da un'antica memoria. Nelle mie narici allargate penetra il profumo del lino pulito, del fiore di lavanda riposto tra le sue pieghe quando era chiuso nel cassetto. «Grazie» le dico con un filo di voce.

«Su, su, adesso stenditi e cerca di rilassarti.» Mi spinge piano le spalle finché non sono adagiata supina sul letto, la nuca sul cuscino. La federa emana lo stesso profumo del fazzoletto di lino. «Ti lascio sola per un momento. Torno subito, non ti preoccupare. Vado a scaldare l'acqua e a prendere gli asciugamani puliti.»

«No, ti prego, non mi abbandonare...» Vorrei implorarla, ma una contrazione violenta e dolorosissima mi strozza in gola le parole. Ho appena la forza di voltare il capo per guardarla uscire di fretta dalla stanza.

Ondate di dolore mi travolgono. Il letto è un relitto sballottato dalle onde. La solitudine senza speranza del naufrago rende più acuta ogni fitta. Allargo le braccia per aggrapparmi alle travi. Le mie dita stringono le falde del lenzuolo. Flutti più potenti mi sommergono a tratti. L'acqua salata della sofferenza fisica cancella con i suoi scrosci pensiero e coscienza. Ho paura di respirare, paura di inghiottire acqua salmastra anziché aria... La paura vince su ogni cosa, è più intensa del dolore, più assoluta della solitudine. Mi arrendo a lei. Le dita delle mani si decontraggono. Giro i polsi, i palmi aperti rivolti verso l'alto, e sul soffitto vedo come riflessa la mia immagine: gli occhi sbarrati, le braccia spalancate... Le braccia diafane del Cristo di plastica inchiodato alla piccola croce di legno sulla parete della mia stanza... Ora è sul soffitto che lo vedo appeso. Si sovrappone al mio riflesso cancellandolo. Poi di colpo scompare e sull'intonaco rimane soltanto la traccia più chiara della croce, impressa nella patina del tempo. La fisso. Vorrei raschiarla via con la forza dello sguardo. L'impronta di quel patibolo giocattolo mi dà la nausea. La nausea mi dà l'energia di ribellarmi. "No!" grido dentro di me. "Non è la morte che dà la vita!"

Il divino mi fa eco: "Io sono la vita".

"Soltanto la vita può generare vita" gli rispondo.

Sì. Io sono la vita, e la sofferenza che sto provando non è quella del supplizio o dell'agonia. È la sofferenza del sangue che genera sangue, della carne che genera carne. È il dolore sano e fruttuoso del distacco di una vita dall'altra, della separazione dei corpi che consente l'incontro delle coscienze... Le mie mani si schiodano dal legno, si sollevano dalle pieghe del lenzuolo. Le porto sul ventre e sotto i palmi sento che la vita preme per dischiudersi al mondo. Il dolore delle contrazioni ora non mi investe più a ondate furiose. È ancora forte, ma mi lambisce come schiuma sulla sabbia del bagnasciuga. E io lo accetto, lo assecondo. Come un segno astrale lo seguo perché mi conduca incontro alla creatura che sta nascendo in me, da me.

«Brava bambina, vedo che va meglio.»

Non ho sentito la porta della stanza riaprirsi, ma Giuseppina è tornata vicino a me. Regge tra le mani un catino pieno di acqua calda, e il vapore che si leva confonde i tratti del suo viso rendendoli fluidi e incerti. Ma è lo stesso viso che ho visto tante mattine avvolto dal vapore del caffellatte. Mi sembra perfino di percepirne il profumo, e il vapore che esala mi riscalda l'animo. Ho la sensazione che si diffonda e si addensi in una nuvola. E la nuvola ammanta tutto. La memoria divina di me che genero me stessa affiora sfocata nella nebbia, resa quasi irreale dalla consapevolezza del presente. "Non sto generando me stessa, sto generando altra vita... Vita che si aggiunge alla vita" mi dico. Attutito dalla nube tiepida, il dolore si stempera in un'emozione sempre più simile alla gioia.

«Spingi... Dai, bambina... Brava, così, spingi...»

Avvolta come sono nella nuvola densa e impalpabile, non riesco a vedere Giuseppina ma sento la sua voce che mi incita e mi accompagna. Sento il suo tocco, la pressione delle sue mani. Il dolore esplode. La nube si fa rovente. Il suo calore ardente mi esalta, mi riempie di una forza insospettata e ostinata. Stringo i denti.

«Grida, se vuoi gridare. Grida, bambina mia...»

Stringo le mie grida tra i denti. Solo qualche scampolo sfugge al loro morso con il suono di un mugolio roco. Il vapore e il sudore mi inzuppano il viso e i capelli. Ora le onde sono di carne. La mia carne. I miei muscoli si tendono e si distendono. Spingono con la forza della marea la creatura verso il suo approdo. Sopraggiunge un'onda più alta e più potente delle altre. Mi pare di sentirne il fragore mentre si infrange al di sopra della nuvola. Gli spruzzi di schiuma squarciano il vapore e lavano via la nube. Una luce bianca più intensa di quella solare, dolorosa e liberatoria, mi acceca investendomi all'improvviso. L'acqua ricadendo rifluisce in me e poi scivola via con la naturalezza di uno sgorgare sorgivo. Tra le pareti del sesso dilatato percepisco lo spessore umido e vivo del piccolo corpo che vi guizza sgusciando via dal mio ventre.

«Eccolo! Eccolo!» erompe squillante la voce di Giuseppina.

Nei miei occhi la luce abbagliante si attenua e si accende una paura repentina. Una scintilla di allarme. Vorrei gridarle: "Prendilo, non lasciare che cada!". Vorrei alzare il capo e guardare le sue mani che accolgono la creatura, ma mi sento svuotata. Il vuoto che è in me si colma di sfinimento. Una stanchezza invincibile spegne il mio grido. Le palpebre mi si chiudono. Tento di resistere ma è tutto inutile. Sprofondo in un torpore sordo per un tempo che mi sembra infinito.

L'infinito è un attimo. Prima debole, poi stridulo e penetrante, si leva il vagito. Vibra nell'aria come il battito d'ali di una libellula. Non è pianto: è chiamata. Le sue vibrazioni pervadono ogni mio nervo restituendomi l'energia perduta. Apro gli occhi ansiosa di rispondere al richiamo. È con la pelle, però, che vedo la creatura per la prima volta.

«Tieni» dice Giuseppina posandola delicatamente sul mio petto. È leggera come un sollievo. È la sua pelle liscia, bagnata, a carezzare la mia, in un contatto che è incontro e reincontro. È il palmo della mia mano, ora, a contenere la sua nuca, come prima era il mio ventre a contenere i suoi palpiti. Ancora incredula volgo lo sguardo verso Giuseppina.

«È una bambina» mi sussurra piano, come se mi stesse rivelando un segreto o svelando un mistero. La stanchezza torna ad afferrarmi, ma stavolta non mi assale: mi sfiora semplicemente. Dolce e appagata come il sonno di un bambino.

"...Di una bambina" mi dico prima di abbandonarmi al suo abbraccio.

«Su, su, ora può entrare... Be', allora?»

Nonostante la perentorietà dell'invito di Giuseppina, don Carlo esita. Lo intravedo affacciarsi appena sulla soglia della camera.

«Ma non aveva tanta fretta di vederla?» lo stuzzica lei.

«Posso?» mi domanda il sacerdote.

Gli faccio cenno di sì con il capo e con un sorriso.

Finalmente si fa avanti, a piccoli passi timidi e si ferma ai piedi del letto. La bambina ammorbidisce la presa delle sue labbra sul mio capezzolo. Allargo le braccia e la allontano un poco dal petto perché la possa vedere meglio. Cerco di girarla verso di lui.

Gli occhi di don Carlo si riempiono di lacrime. La sua bocca si muove, trema, assetata di parole che non riescono a scaturirgli dalle labbra. Solo distogliendo lo sguardo dalla bambina e rivolgendolo a Giuseppina riesce finalmente a parlare. «È bella...» dice d'un fiato. «È bella come una dea.»

«Don Carlo!» lo rimprovera burbera Giuseppina simulando scandalo. «Dei e dee sono roba da pagani!»

Il prete pare incassare il colpo. Si guarda intorno smarrito, quasi avesse proferito una bestemmia, ma subito si riprende e sorridendo esclama: «Allora è bella come Dio!».

Giuseppina aggrotta le sopracciglia come se stesse per sbottare in un impeto di indignazione... Invece scoppia a ridere.

Mi unisco alla sua risata. Anche don Carlo ride.

Badando che nessuno possa udirmi, accosto le labbra al minuscolo orecchio della bambina e accarezzandole la nuca le bisbiglio: «Dio è tornata».

Stampato presso ELCOGRAF S.p.A. – Stabilimento di Cles (TN)